# POTTENBAKKEN
het complete handboek

TONY BIRKS

# POTTENBAKKEN
het complete handboek

CANTECLEER

Blz. 1: Uit plakken opgebouwde pot met decoraties van Bruce McLean.
Blz. 2-3: 'Twenty Four Hours' in terracotta, door Antony Gormly. De individuele figuurtjes variëren in hoogte van 2-30 cm; het hele stuk is 9 m lang.
Blz. 4: Samengestelde aardewerkkruik door Betty Woodman.

Oorspronkelijke titel: The Complete Potter's Companion (new edition)
© Tekst 1993, 1997 Tony Birks
© Engelse uitgave 1993, 1997 Conran Octopus Limited

Gebaseerd op The Potter's Companion,
eerste editie in 1974 en herzien in 1982

© Nederlandse uitgave: Uitgeverij Cantecleer bv, De Bilt 1997
Vertaling: Bookmakers, Nijmegen
Vormgeving omslag: Studio Herman Bade, Baarn
Vormgeving binnenwerk: Bosch & Keuning, Baarn
Fotografie: Peter Kinnear
Illustraties: Paul Bryant

Tweede druk 1999
ISBN 90 213 2543 8
NUGI 440

Niets uit deze uitgave mag worden verveelvoudigd en/of openbaar gemaakt door middel van druk, fotokopie, microfilm of op welke andere wijze dan ook, zonder voorafgaande schriftelijke toestemming van de uitgever.

Printed in China

# INHOUD

INLEIDING 6
1. AARDE, VUUR EN WATER 8
2. PREPAREREN VAN DE KLEI 15

DE MAGISCHE DRAAISCHIJF 19
3. BEGINNEN AAN DE DRAAISCHIJF 21
4. OPENEN 25
5. MODELLEREN OP DE DRAAISCHIJF 31
   **GEDRAAIDE POTTEN** 38-39
6. DEKSELS, SCHENKTUITEN, HANDVATTEN EN SAMENGESTELDE POTTEN 41
7. AFDRAAIEN EN AFWERKEN 57
   **SAMENGESTELDE POTTEN** 64-65

HANDGEVORMDE POTTEN 67
8. POTTEN VAN KLEIROLLEN 69
   **KLEIROLPOTTEN** 76-77
9. POTTEN VAN PLAKKEN KLEI 79
   **POTTEN VAN PLAKKEN KLEI** 86-87
10. ANDERE HANDVORMTECHNIEKEN: DUIMPOTTEN, STOKPOTTEN EN PAPIERKLEI 89
    **HANDGEVORMDE POTTEN** 94-95

11. EEN BEETJE MECHANISCHE HULP 97
12. MALLEN MAKEN EN GEBRUIKEN 101
13. GIETKLEI 107

KLEURIGE KLEDIJ 111
14. BESTANDDELEN VAN GLAZUUR 113
15. DOMPELEN EN OVERGIETEN 119
    **GEDECOREERDE POTTEN 1** 128-129
16. RECEPTEN, RESULTATEN EN REMEDIES 131

DECORATIE EN VORMGEVING 141
17. VEELKLEURIGE KLEI 143
    **POTTEN IN GEMENGDE KLEI** 146-147
18. DECORATIE VAN DE RAUWE SCHERF 149
    **GEDECOREERDE POTTEN 2** 162-163
19. BISCUIT- EN GLAZUURDECORATIES 165

VUUR EN RUIMTE 173
20. KERAMIEKOVENS EN HET STOKEN 175
21. RAKU- EN KAPSELSTOKEN 181
22. THUIS POTTENBAKKEN 185

VERKLARENDE WOORDENLIJST 188   LEVERANCIERS 190
INDEX 191   FOTOVERANTWOORDING 192

# INLEIDING

*Vijftig jaar geleden was er voor ambachtelijke pottenbakkers vrijwel niets meer te doen. Borden en kopjes werden in de fabriek gemaakt en handgemaakt vaatwerk hoefde niemand meer. Beeldhouwers werkten met metaal en steen en op kunstacademies zag je nog maar zelden een keramiekafdeling.*

*Maar de tijden blijven veranderen. Nu de eeuw ten einde loopt is klei weergaloos populair als materiaal voor beeldende kunst en kunstnijverheid. In elke stad en op veel scholen zijn er bloeiende pottenbakcursussen. Keramisten worden alom gerespecteerd als kunstenaars en hun werk heeft een voorname plaats gekregen in musea en particuliere collecties. Klei, een nog altijd rijkelijk voorradig en goedkoop materiaal, beleeft een werkelijke renaissance als creatief medium. In de handen van hedendaagse kunstenaars leent het zich dan ook voor de wildste fantasieën, zoals je in dit boek zult zien.*

*Lang niet iedereen die zich in het pottenbakken wil bekwamen zoekt echter naar de uiterste grenzen van dit medium; velen willen gewoon mooie en praktische gebruiksvoorwerpen maken. Toen ik in 1972 de eerste* Potter's Companion *schreef, was deze bedoeld als een heel praktische gids voor die studenten die aan twee uurtjes cursus in de week niet genoeg hadden en thuis hun kennis wilden verbreden. Ik wilde er ambitieuze amateurs de weg mee wijzen, tot aan het punt dat ze geheel zelfstandig hun eigen atelier konden runnen. In de jaren na die eerste uitgave zijn er vele andere keramiekboeken verschenen, gespecialiseerde en algemene, en is mijn eigen benadering van zowel de keramiek als het onderwijs veranderd. Latere uitgaven van mijn boek besteedden veel aandacht aan technische ontwikkelingen – vooral op het gebied van ovens – en het toenemend samengaan van technieken die traditioneel gescheiden waren. Het is opvallend hoe de strakke scheidslijnen tussen methoden en technieken vervaagd zijn en hoe het meest dynamische moderne werk juist het product is van een combinatie van technieken, zoals handvormtechnieken, gieten en draaien. Technieken die op hun beurt weer worden gerevolutioneerd door de introductie van een bijzonder nieuw materiaal genaamd papierklei.*

*Deze geheel bijgewerkte uitgave, waarin de nieuwste handvorm- en glazuurtechnieken, ovenontwerpen en glazuurrecepten worden voorgesteld, heeft echter ook een ander doel. Nu probeer ik pottenbakkers aan te moedigen heel breed te experimenteren en hoog te mikken. De oriëntatie is dus niet slechts op een adequaat resultaat, maar op aansluiting bij die wereldwijd groeiende stroom kunstenaars die sprankelend werk maken en voor wie keramiek hun leven is geworden. De illustraties tonen ons stukken waarvan we, ook al zijn ze nog nieuw en zeer uiteenlopend, nu al kunnen zeggen dat ze van blijvende artistieke waarde zijn.*

*Er zitten aan het pottenbakken natuurlijk veel meer kanten dan in één boek behandeld kunnen worden. Pottenbakker word je niet vanzelf, maar pottenbakken kan iedereen leren. Dit boek is dan ook opgedragen aan de nieuwe generatie pottenbakkers.*

T.B. 1997

Gemarmerde stroken gemaakt van witte, rode en zwarte klei, deels geglazuurd en op hoge temperatuur gebakken, worden op hun plaats gehouden met kralen en klosjes van klei in dit keramische scherm door Cornelia Klein. Totale hoogte: 150 m.

# 1
# AARDE, VUUR EN WATER

Het woord 'aardewerk' is op een verrassende manier dubbelzinnig. Je hoeft in je eigen tuin maar een schep in de grond te steken en je vindt kleine blauwe of witte geglazuurde scherfjes, maar bovendien is die grond zelf precies datgene waarvan aardewerk is gemaakt. Potscherven blijven in de klei eeuwenlang goed.

Een paar jaar geleden vond ik een doffe geelbruine scherf, de bodem van een handgedraaide en ongeglazuurde pot met aan de onderkant de afdruk van de draad waarmee hij van de schijf was losgemaakt en aan de zijkant een vingerafdruk van de maker. Ik vond het stuk op een bekende Romeinse vindplaats, dus het kwam, zoals zo vele scherven die er te vinden waren, uit de handen van een pottenbakker die tweeduizend jaar geleden leefde. Nu gaat het pottenbakken zo ver terug als de beschaving, dus er is aan het vinden van wat oude scherven niets bijzonders. Keramiek vergaat niet zoals ijzer of hout, daarom zijn er bij archeologische vindplaatsen vaak evenveel potscherven te vinden als onkruid. Toch ontroerde die vingerafdruk me, alsof ik een boodschap kreeg van een collega van tweeduizend jaar geleden. Het stuk was de bodem van wat waarschijnlijk een kruik was geweest en duidelijk op de schijf gedraaid uit de lokale klei, precies zoals dat ook vandaag nog gaat.

De technieken zijn natuurlijk verfijnd, en in de keramiekindustrie wordt volgens heel precieze specificaties gewerkt, maar de basisprincipes zijn hetzelfde gebleven. Zo ook de aantrekkingskracht van het pottenbakken zelf: met je handen iets vormen uit ruwe klei dat ook als gebakken product prettig aanvoelt en mooi is, kan een heel opwindende bezigheid zijn.

Dit boek is bedoeld als een praktische gids voor al die mensen die, om welke reden dan ook, meer willen weten van het pottenbakken. Het is een immens breed terrein en velen weten niet goed waar te beginnen. In de volgende hoofdstukken worden de eerste beginselen dan ook zo volledig mogelijk weergegeven. De meer ervaren pottenbakker vindt verderop in het boek gevorderde technieken. Voor de beginner moeten echter eerst enkele begrippen uit de doeken worden gedaan.

**Het ruwe materiaal**
Keramiek wordt gemaakt van een gewoon in de natuur voorkomend materiaal dat we klei noemen en dat in een oven enorm wordt verhit. Klei wordt pas keramiek als al het water dat het bevat, in vrije of chemisch gebonden vorm, door de hitte is verdampt. Na gebakken te zijn is de klei hard, sterk en langer houdbaar dan veel steensoorten. Ze kan dan natuurlijk nog in stukken breken, maar de stukken raak je niet gauw kwijt. Ze smelten niet, lossen niet op en verbinden zich niet met andere chemische stoffen, zeker niet als ze geglazuurd zijn.

Deze prachtige Waterweed schaal (rechts) uit het Victoria and Albert Museum in Londen toont de vloeiende stijl waarin de schilder dit holle oppervlak heeft ingevuld met een verfijnd asymmetrisch ontwerp. Rond de zijkant zwemmen 14 vissen. De schaal werd ongeveer 750 jaar geleden in Perzië gemaakt. Het Romeinse fragment (onder), gevonden in Berkshire in Engeland, is meer dan duizend jaar ouder.

# AARDE, VUUR EN WATER 9

Klei is geërodeerd en verweerd graniet en bestaat hoofdzakelijk uit aluminiumoxide en siliciumoxide. Als de klei gevonden wordt in diepe bedden bij de oorsprong is ze meestal vrij zuiver, zoals het geval is bij de afzettingen van kaolien rond de granietlaag die in Bodwin Moore in Cornwall aan de oppervlakte komt. De klei geeft de beekjes die daar lopen een witte kleur en de terreinen waar ze wordt gedolven zien er zo spookachtig uit als maankraters. Kaolien of porseleinaarde die in zulke gebieden wordt gevonden is de 'moederklei', alleen bestaande uit alumina, silica en water. Alle zogenaamd 'secundaire' kleisoorten bevatten verontreinigingen, maar grappig genoeg zijn het juist die verontreinigingen die elke soort klei zijn eigen karakter, kleur en structuur en dus gebruikswaarde voor de pottenbakker geven.

Hoe verder de alumina-silica door de wind en het regenwater van hun oorsprong weggevoerd worden, hoe meer ze andere elementen oppikken. De klei die men overal kan aantreffen als bezonken materiaal (aangevoerd door water en wind) bevat siliciumoxide in de vorm van zandkorrels. Waar je klei ziet verschijnen bij graafwerkzaamheden kan ze van geel tot blauwgrijs gekleurd zijn onder invloed van de stoffen, vooral ijzer, die onderweg in het bezinksel terecht zijn gekomen. De ruwe bakstenen die in de Engelse Midlands worden gebruikt, kleuren tijdens het bakken roestig roze door het ijzeroxide dat de klei bevat. Naast ijzer worden andere elementen in kleine, maar belangrijke hoeveelheden in de klei opgenomen, zoals calcium, titanium, natrium en kalium.

De pottenbakker hoeft zich niet in scheikunde te verdiepen om erachter te komen dat 'onzuivere' klei veel gemakkelijker te bewerken is dan zuivere. Dit betekent niet dat de klei uit je tuin, vol wortels, rottende bladeren of zelfs schelpjes, geschikt is om ér een pot mee te draaien. Wél is het zo dat je aan klei die van dergelijke ongerechtigheden is gezuiverd weer stoffen moet toevoegen (additieven) als fijn zand of bentoniet om haar weer 'plastisch', kneedbaar te maken. Het lijkt verleidelijk de klei zo, gratis, uit de tuin te scheppen, maar het is een vermoeiende klus deze voor gebruik geschikt te maken. Niet alleen moet de klei soms jaren 'rijpen' aan de

De krimp tijdens het bakken geïllustreerd met twee foto's van dezelfde schaal. Links als hij net gedraaid is, rechts na gebakken te zijn op steengoedtemperatuur.

open lucht, ze moet worden gezeefd en getest op bewerkbaarheid, krimp en sterkte na in de oven gebakken te zijn. En als de zelf gewonnen klei dan, vermengd met additieven, goed plastisch is geworden, kan ze je nog teleurstellen door in de oven haar bijzondere kleur te verliezen, te barsten of mogelijk te exploderen onder invloed van de hitte.

De pottenbakker die niet voor de markt werkt heeft waarschijnlijk meer aan de industrieel geprepareerde klei – meestal samengesteld uit verschillende soorten – die in de handel verkrijgbaar is. Voor hen die in scheikunde geïnteresseerd zijn is de chemische samenstelling altijd via de leverancier te achterhalen. De klei waarvan de pot wordt gemaakt wordt de 'massa' (of 'body-klei') genoemd en na het bakken de 'scherf'. Deze scherf wordt 'bekleed' met glas in de vorm van glazuur, hoewel sommige potten, zoals poreuze bloempotten, ongeglazuurd worden gelaten.

### Een pot maken

In essentie gaat pottenbakken als volgt. De klei wordt gevormd volgens één van drie methoden: op een schijf gedraaid (zie hoofdstuk 3-7), met de hand gevormd, zonder mechanische hulpmiddelen (zie hoofdstuk 8-10), of gegoten of gevormd met mallen of andere hulpmiddelen (zie hoofdstuk 11-13). Nadat de pot uit vochtige of vloeibare klei zijn vorm heeft gekregen, moet de klei eerst helemaal aan de lucht drogen voordat ze in de oven verhit kan worden. De klei krimpt, nu het 'vrije' water verdampt.

In de oven krimpt het werkstuk nog meer, als ook het chemisch gebonden water uit de klei trekt bij rond 600°C, grofweg de temperatuur van het element in een elektrische radiatorkachel of het puntje van een brandende sigaret. De temperatuur in de oven wordt gewoonlijk opgevoerd tot 1000-1100°C, en als deze weer is afgekoeld wordt de pot eruit gehaald en is de klei hard, onoplosbaar, duurzaam en poreus geworden. Het product van deze fase wordt 'biscuit' genoemd en de bewerking die het heeft ondergaan noemt men 'biscuitbranden'. De pot wordt dan bedekt met verpulverd glas of de ingrediënten van glas en opnieuw verhit in de oven zodat het poeder smelt en opnieuw stolt op het oppervlak als glazuur. De pot is nu niet meer poreus en klaar voor gebruik. Dit tweede stookproces wordt 'gladbranden' of 'glazuurbranden' genoemd.

Beide stookprocessen vinden vaak plaats in dezelfde oven. Als er dus gesproken wordt van een 'biscuitoven' of een 'glazuuroven' kan het ook simpelweg gaan om dezelfde oven, gevuld voor 'biscuitbranden' respectievelijk 'gladbranden'.

Om de zaak nu nog even ingewikkelder te maken, maakt men in keramiekbedrijven vaak gebruik van een bakproces waarin biscuit- en glazuurbranden worden gecombineerd tot een proces dat men het éénbrandprocédé of rauwglazuren noemt. De pot hoeft hier maar eenmaal door het vuur te gaan en dat scheelt brandstof, maar levert wel een hoger percentage mislukkingen op.

Decoreren van het werkstuk kan op elk moment plaatsvinden, van het vormen van de pot uit plastische klei tot aan het inkleuren van de glazuurlaag. In het laatste geval komt er nog een derde bakproces bij (of tweede 'gladbrand'), maar dat gebeurt vrijwel alleen in industriële pottenbakkerijen.

### Aardewerk en steengoed

Met aardewerk en steengoed duiden we de twee voornaamste vormen van keramiek aan. Het verschil zit hem in de temperatuur van het tweede bakproces, het gladbranden. Aardewerk wordt gebakken op een temperatuur tussen de 1000 en 1100°C, heet genoeg om het glazuur te doen smelten, maar niet om de eigenschappen van de scherf daaronder te beïnvloeden. Rond de 1150°C begint de klei zelf te verglazen en te versmelten tot een dichte, niet-poreuze massa, en als deze verglazing heeft plaatsgevonden, noemen we het resultaat steengoed. Steengoed wordt meestal gebakken op tussen de 1250 en 1300°C, omdat het glazuur bij deze temperatuur de beste kwaliteit bereikt.

Gladbranden kan bij allerlei temperaturen tussen de 650 en 1500°C bevredigende resultaten geven, maar in de industrie en in ateliers worden de producten bijna altijd op 1000-1100°C ofwel 1250-1300°C gebakken om de beste kwaliteit te verkrijgen. Zowel de klei, het glazuur als de oven moeten geschikt zijn voor een bepaalde temperatuur. Het glazuur is altijd zo samengesteld dat het bij een precieze temperatuur 'gaart' en voor een goed resultaat mag men daarvan niet meer dan 10°C afwijken. Ook voor de verschillende kleisoorten en

Bij steengoed verdicht de kleimassa zich en wordt relatief zwaar. De glazuren blijven vaak wat somber, zoals bij deze kruik van Richard Batterham. Hoogte 35,5 cm.

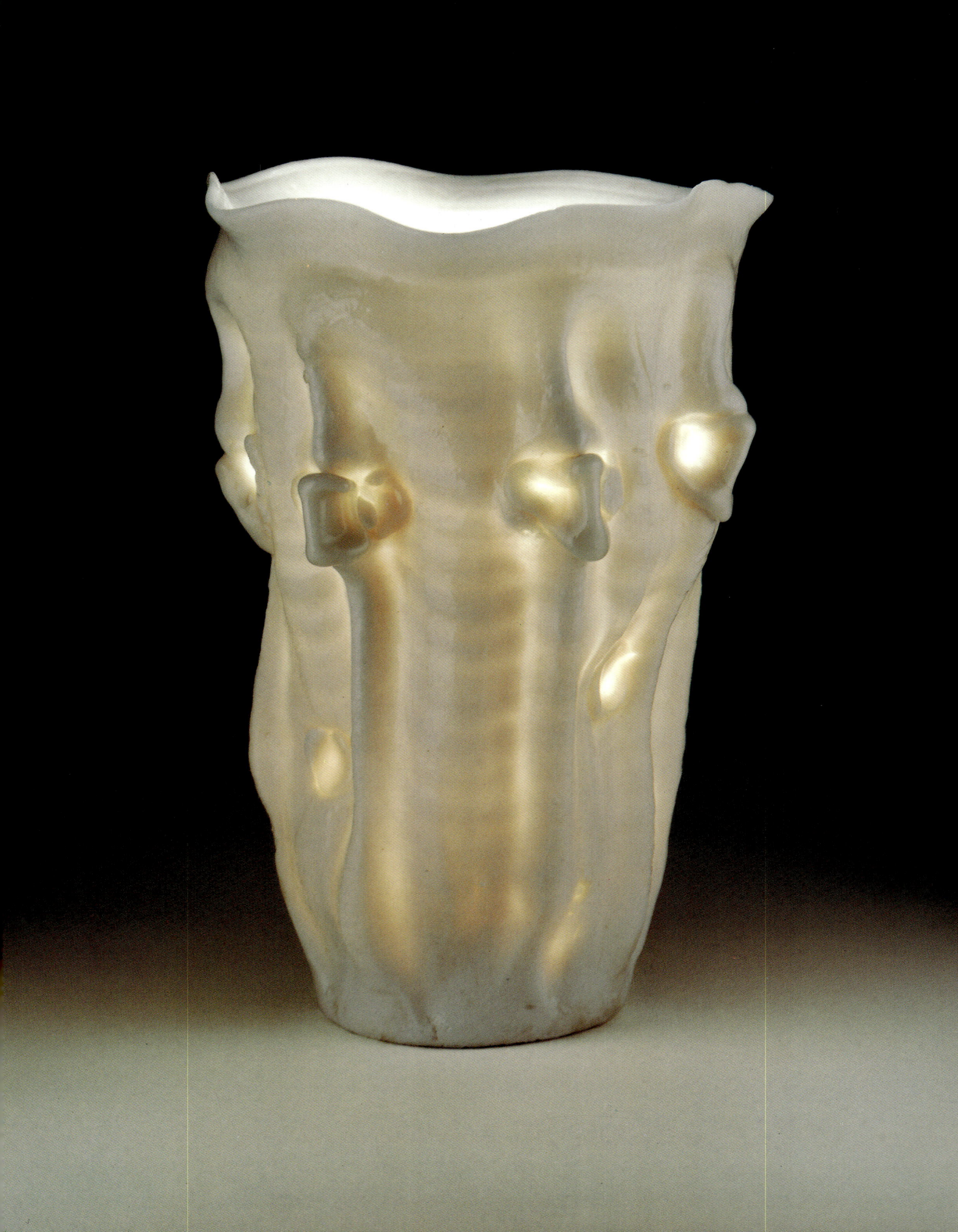

ovens is er echter een ideale temperatuur. Sommige kleisoorten gaan boven de 1000°C bijvoorbeeld opzwellen, er komen blazen in of ze ontploffen zelfs, terwijl een oven soms gewoon niet heter kan zonder het risico te lopen dat de elementen doorbranden.

Ovens en kleisoorten worden vaak aangeduid aan de hand van deze maximumtemperaturen. Zo heb je bijvoorbeeld aardewerk- (max. 1100°C) of steengoedovens (max. 1300°C). Niet dat je ze niet voor lagere temperaturen kunt gebruiken – de regel is eigenlijk simpel: probeer geen kleisoort of oven te gebruiken op een hogere dan aangegeven temperatuur en gebruik alleen het glazuur dat bij die temperatuur past. Een 'hard' glazuur vergt een hoge temperatuur en smelt eenvoudigweg niet bij een lagere, daarentegen smelt het in plasjes van de pot af (en beschadigt je oven) als de temperatuur te hoog wordt opgevoerd.

Aardewerk is poreus, niet erg dicht of zwaar en heeft meestal heldere en glanzende glazuren. Steengoed is dichter omdat de klei versmolten is en is dan ook zwaarder dan een aardewerkpot van dezelfde maat; de glazuren zijn gewoonlijk matter en vaak gespikkeld. Een bekend soort steengoed is porselein, dat heel dun wordt verwerkt en daardoor vaak doorschijnend en licht in gewicht is. Het wordt gemaakt met speciale zuivere klei en glazuur, maar wordt gebakken op steengoedtemperaturen.

Als je de geschikte apparatuur tot je beschikking hebt, kun je je als beginner aan elk soort materiaal wagen. Helaas wordt aardewerk van oudsher beschouwd als het materiaal bij uitstek voor de beginner, terwijl steengoed en porselein als wat mistige beloften voor de toekomst gelden. Veel ateliers zijn alleen voorzien van aardewerkovens en de 'rode' kleisoorten die je voor aardewerk gebruikt. Toch heb je er als beginner veel bij te winnen als je met de ruwere steengoedkleien en eenvoudige steengoedglazuren kunt beginnen. Aardewerk moet zorgvuldiger worden behandeld om er even goede resultaten mee te bereiken. Veel individuele pottenbakkers en ateliers hebben zich gespecialiseerd in steengoed. Een van de redenen waarom het leeuwendeel van de industriële keramiek aardewerk is ligt in het feit dat het gewenste resultaat bij een lagere stooktemperatuur te behalen is. De extra 150°C hitte die je voor steengoed nodig hebt kost immers nogal wat dure extra kilowatturen.

Misschien is het omdat industrieel geproduceerd aardewerk ondanks zijn meestal nogal futloze ontwerpen zo mooi is afgewerkt dat men een levendig ontwerp is gaan associëren met een

Hiernaast: Porselein kan doorschijnend zijn en is door de dunne wanden vaak ook licht in gewicht. Deze vaas van Rudolf Staffel werd gedraaid op de draaischijf en vervolgens met de hand 'bijgewerkt' terwijl de klei nog zacht was.

knullige afwerking. Massaproducten hoeven echter helemaal niet futloos en saai te zijn, laat staan dat handgemaakte potten knullig hoeven te zijn. Er is een wonderlijk soort dubbele moraal ontstaan die mensen ertoe brengt innig tevreden thuis te komen met stuitend slecht gemaakte koffiemokken en ovenschotels, terwijl ze een eetkamerstoel of scheerapparaat om het geringste gebrek bij het grof vuil zouden zetten. Ze zijn het niet meer gewend ambachtelijk vakmanschap te beoordelen naar de strenge maatstaven die ze op industriële producten toepassen. Het pottenbakkersatelier is geen computerfabriek, maar dat is geen excuus voor plompe of slecht afgewerkte producten, te meer als je de totale tijdsduur in aanmerking neemt die het kost om een individuele pot te maken.

Natuurlijk moet je in het begin geen al te strenge eisen aan jezelf stellen: pas als je een pot gemaakt hebt, weet je wat je bij de volgende moet verbeteren. De beginnende cursist die hoopt de eerste avond al beladen met koffiepotten en bonbonschalen thuis te komen zal erg teleurgesteld zijn als hij merkt dat hij aan het eind van het trimester maar een paar potten heeft afgemaakt. In het begin boek je frustrerend langzaam vooruitgang. Pottenbakken leren gaat niet in een vloeiende lijn omhoog, maar met sprongen en weer terugvallen. Maar als een sprong echt is geslaagd en je ineens een serie nieuwe werkstukken uit je handen tovert ben je zo opgewonden dat je alle frustraties weer vergeet.

Links: Kenmerkend voor twee heel bekende typen aardewerk – majolica en Delfts Blauw – is het blauwe (kobaltoxide) en witte (tin) glazuur. Aardewerkkruik met deksel uit rode klei, door Catherine Vanier. Hoogte 30,5 cm.

# PREPAREREN VAN DE KLEI

Net als melk koop je pottenbakkersklei niet in haar natuurlijke gedaante, maar voorbewerkt en in een handzame verpakking. Mits goed luchtdicht verpakt is klei jaren houdbaar. Maar zodra de verpakking verbroken is begint de klei vocht te verliezen en hard te worden. Dit vochtverlies tast de kwaliteit van de klei niet aan, maar het kost nogal wat werk om de klei weer vochtig en soepel te maken. Klei is natuurlijk ook in poedervorm verkrijgbaar – in Amerika is dit meestal het geval – hetgeen de transportkosten drukt, maar wel veel meer voorbereidend werk met zich mee brengt. Klei in plastische of kneedbare vorm bestaat voor 30% uit water, dus vertegenwoordigt een ton kleipoeder een grotere waarde dan een ton verpakte klei. Maar beginners hebben niet met zulke hoeveelheden te maken en zullen dus liever voorverpakte klei gebruiken, dan wel 'tweedehands' klei uit de kleiton waarin je klei voor hergebruik bewaart. Veel klei die je gebruikt haalt de oven nooit en deze 'afvalklei' kan opnieuw gebruikt worden. Als je haar grondig kneedt, liefst met behulp van een strengenpers, is ze de tweede keer zelfs beter verwerkbaar. Maar of je nu nieuwe of oude klei gebruikt, je zult haar voor het gebruik moeten prepareren.

## Doorslaan en kneden

Klei prepareren is soms zwaar werk en wordt maar al te vaak afgeraffeld; toch breekt het je tijdens het maken van je pot of later altijd op als je klei niet goed geprepareerd is, en dan is er niets meer aan te doen. Het kneedbaar maken van de klei gebeurt altijd op dezelfde manier, ongeacht wat je ermee gaat doen. Deze voorbereiding is erop gericht de klei volkomen gelijkmatig van structuur te maken en bestaat uit twee onderdelen: het 'doorslaan', waarbij je de kleiklomp met nylondraad of metaalkabel doorsnijdt en de plakken weer met kracht in elkaar duwt op je werkbank en het kneden waarbij met beide handen druk op de klei wordt uitgeoefend. Deze laatstgenoemde techniek is de allereerste die de beginner moet leren en heeft eigenlijk geen goede benaming omdat deeg en klei zich anders gedragen.

De pottenbakker neemt een stuk vochtige klei niet kleiner dan twee vuisten groot en zet dat op een schoon en vlak werkblad. Een pottenbakker beschikt meestal over een zeer stevig gebouwde werkbank die flink wat gewicht kan dragen en ook onder de zijwaartse druk van de handen op de klei niet gaat schuiven of wiebelen. Als werkblad is een plaat leisteen heel geschikt; dat neemt meer vocht op dan marmer, maar minder dan hout of gips. Met de 'hiel' of muis van beide handen duw je de klei in en weg van je lichaam. Met de vingertoppen haal je de verste rand van de klei weer naar je toe en je begint weer te duwen vanuit de pols. Zo ga je verder in een constant ritme van kneden en oppakken.

De klei moet niet aan het oppervlak blijven plakken. Is dat wel het geval, dan is de klei ofwel te vochtig en moet je een ander stuk nemen (of dit stuk drogen met additieven – zie volgende bladzijde), of je werkt te snel en je moet een rustiger ritme zoeken. Als je bonk klei door het kneden een lange worst wordt, zet hem dan rechtop, druk hem ineen tot een bal en begin opnieuw. Beginners klagen er soms over dat de klei 'plakkerig' wordt. Dit komt doordat ze de klei meer aaien dan

---

**KNEDEN**

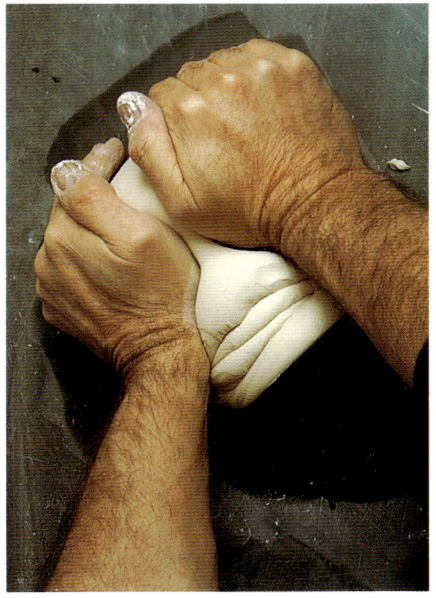

1 Om het kneden te beginnen wordt de bal klei op de werkbank gedrukt. De kracht komt van de sterke spieren net onder de polsen.

2 Met de vingertoppen trek je de klei weer omhoog en terug, en je drukt de bal weer samen met de muizen van je handen.

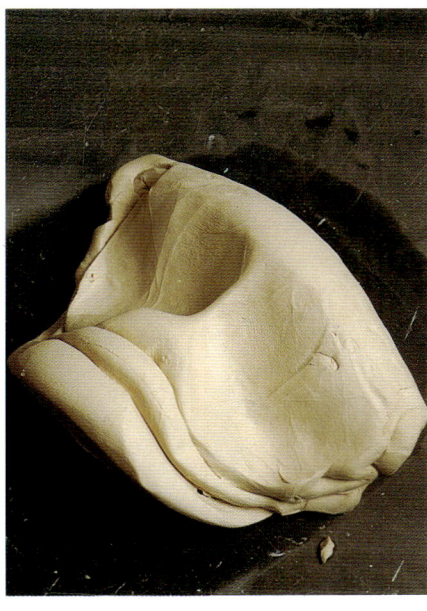

3 Als je met beide handen gelijke druk uitoefent neemt de kleimassa de vorm aan van een 'ossenkop'.

met kracht kneden; ze zouden de hiel van hun hand meer en hun vingertoppen minder moeten gebruiken. Bij sommigen ontstaat zelfs een combinatie van plakkerig worden én barsten; de reden hiervoor is meestal dat ze cosmetica aan hun handen hebben. Sommigen krijgen droge handen van het werken met klei; toch kun je met het gebruik van handcrème beter wachten tot je klaar bent met je pottenbakkerswerk. Een stuk klei waarvan het oppervlak is gaan barsten kun je niet gebruiken; doe het terug in de kleiton en laat het een tijdlang rusten.

De klassieke kneedmethode heb je waarschijnlijk al in enkele minuten onder de knie. Is dit het geval, dan kun je deze methode gaan afwisselen met spiraalsgewijs kneden. Als je op de muis van je linker- of rechterhand meer druk uitoefent krijg je al snel een spiraalsgewijze beweging waarmee je, als je haar goed beheerst, snel een homogene massa bereikt. Een kleibonk die je spiraalsgewijs kneedt, houdt steeds dezelfde vorm, dus dat werkt sneller. Je hoeft deze methode niet te leren, maar ervaren pottenbakkers gebruiken haar vaak als ze een grote hoeveelheid klei snel willen prepareren.

Met een stuk dubbelgeslagen en in elkaar gedraaid koperdraad of nylon vissersgaren, aan elk uiteinde voorzien van een handgreepje of klosje, snijd je de gekneed klei door, ongeveer zoals je het een kaasboer wel ziet doen, om het binnenste van de klomp te inspecteren. Beter is het nog er meerdere plakken van af te snijden die je dan elk nakijkt. In de klei die je in een cursus gebruikt vind je normaal gesproken stukjes spons, resten gips, schroeven, haren (enorm schadelijk voor werkstukken die je op de schijf draait) of andere ongerechtigheden, en die moeten er allemaal uit. Als je een gemiddeld grote klomp klei horizontaal doorsnijdt in plakken van ongeveer een centimeter, de plakken nakijkt en weer samenvoegt en dan verticaal nog eens zulke plakken snijdt, zul je de meeste van deze verborgen verontreinigingen wel aan het licht brengen, evenals barsten, luchtbellen en harde stukjes. Als je een enkele plak plat op de werktafel slaat, zet hij door de klap wat uit en zie je gebreken in de klei direct als een barst of holte. Als je de plakken weer tot een bonk samenvoegt is het handig ze niet precies op elkaar te leggen zoals ze zaten, maar juist om en om, zodat je een betere menging krijgt. Als je eens precies wilt zien wat er tijdens het kneden in de klei gebeurt, leg dan eens twee plakken klei met contrasterende kleuren op elkaar als een dubbele boterham en kneed die dooreen. Steeds als je de klomp doorsnijdt zie je hoe de lagen van binnen ronddraaien tot ze volledig met elkaar vermengd zijn. Als je goed kneedt, heb je geen last van luchtbellen die door het vouwen tussen de lagen opgesloten raken. Beginners zien vaak ook na lang kneden nog geen vooruitgang in de kwaliteit van hun klei; de reden hiervoor kan zijn dat ze een te grote klomp klei proberen aan te pakken. De halve hoeveelheid nemen is dan meestal de oplossing.

**Additieven**
Met bepaalde additieven kan de bewerkbaarheid van de klei, haar kleur of textuur worden verbeterd. De meest gebruikte is chamotte, in feite niets anders dan reeds

---

**SPIRAALKNEDEN**

Door met de muis van een van beide handen meer druk uit te oefenen kneed je de klei in een compacte spiraalvorm als van een amoniet.

**EEN HOMOGENE MASSA**

1 Het doel van het kneden is de kleimassa soepel en homogeen te maken. Als je de kleibal doorsnijdt zie je de luchtbellen en harde stukken die er nog in zitten.

2 De bonk klei eenmaal doorsnijden brengt niet alle gebreken aan het licht; snijd de klomp klei een aantal malen door met een draad.

gebakken klei die opnieuw is fijngemalen, en daarom ook 'schervenmeel' genoemd. Chamotte kan zo fijn zijn als bloem of zo grof als kandijsuiker en omdat het vocht absorbeert heeft het een direct drogen effect op de klei. Chamotte wordt tijdens het walken door de klei gemengd, als fijne krenten door de pudding. Door toevoeging van chamotte gaat de klei gewoonlijk langer mee op de draaischijf, want je kunt de pot verder omhoog werken zonder dat deze inzakt. Bovendien geeft grove chamotte (of zilverzand) het voltooide werkstuk een aantrekkelijke textuur, al schrikken beginners soms van het prikkelende gevoel aan hun handen. Tijdens het kneden kun je ook kleurstoffen toevoegen, meestal in de vorm van metaaloxiden of carbonaten; heel kleine hoeveelheden zijn al genoeg om de kleur van de klei tijdens het bakken te veranderen. De kleuren worden beschreven in hoofdstuk 14. Sommige pottenbakkers kiezen ervoor de kleurstof niet al te gelijkmatig door de klei te mengen omdat ze juist op zoek zijn naar het effect van de kleurvlekken die tijdens het bakken tevoorschijn komen.

Hoe hard de klei moet zijn is iets waar je al snel achter komt. Te harde of te zachte klei maakt het werk alleen maar moeilijker. Duw om de hardheid te testen je duim in het stuk klei dat je hebt geprepareerd. De klei moet makkelijk meegeven, maar niet aan je duim blijven plakken als je die terug trekt.

## Geprepareerde klei opslaan

De ervaren pottenbakker verdeelt de klomp geprepareerde klei in kleinere hoeveelheden en vormt er bollen van voordat hij aan de schijf begint te werken. Een goed voorbeeld; zorg dat je zeker een stuk of vijf kleibollen klaar hebt liggen, ook al wil je maar even aan de schijf werken. Als je het draaien nog moet leren, gaat zo'n stuk klei misschien maar een paar seconden mee en het is enorm frustrerend als je het draaien ineens moet onderbreken om nieuwe klei te gaan prepareren.

Klei verliest snel vocht; als je een klomp klei op een absorberende ondergrond legt wordt de onderkant snel droog en hard. Het is daarom handig de geprepareerde klei als kanonskogels op te stapelen op een stuk plastic dat je er zo nodig omheen kunt slaan. Eenmaal geprepareerde klei kan ingepakt in plastic lang worden bewaard.

Het walken en doorslaan kan nogal inspannend zijn. Sommigen prepareren daarom eerst een flinke hoeveelheid klei, nemen een rustpauze en beginnen dan aan het draaien, terwijl anderen het juist prettig vinden als 'warming-up'.

Potten die je met de hand maakt, bijvoorbeeld uit kleirollen, krijg je maar zelden in één keer af. Zorg dus dat je genoeg goed ingepakte klei klaar hebt staan om het werk later af te maken.

## HET EFFECT VAN HET KNEDEN

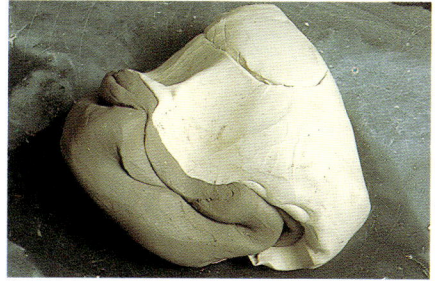

## AFWEGEN

1-4 Om te zien hoe de kleideeltjes zich bij het kneden verspreiden kun je twee ballen klei van verschillende kleuren samenkneden en nu en dan doorsnijden.

Geleidelijk aan worden de kleurlagen dunner, tot ze met elkaar versmelten en de klei qua kleur en structuur homogeen is geworden.

Verdeel de klei na het kneden in handelbare ballen. Als je stukken van dezelfde grootte wilt maken, gebruik dan kleiballen van gelijk gewicht.

# DE MAGISCHE DRAAISCHIJF

*Het is een magisch schouwspel: een bonk klei die in enkele seconden verandert in een sierlijke en symmetrische vaas. Het draaien is niet per se de techniek waarmee je de 'beste' potten maakt, wel is het de beste manier om met klei om te leren gaan. Als je niet de beschikking hebt over een draaischijf, kun je direct doorgaan met het volgende gedeelte over handvormtechnieken. Toch zou ik je aanraden jezelf zo snel mogelijk vertrouwd te maken met het werken op de draaischijf. In de volgende vijf hoofdstukken volgen we de verschillende fasen die in alle draaitechnieken gelijk zijn en geven we een aantal mooie voorbeelden van wat je kunt bereiken als je deze technieken leert.*

Hiernaast: Zelfvertrouwen aan de draaischijf opbouwen kost tijd en oefening. Deze schaal van Takeshi Yasuda toont zijn vloeiende stijl.

# BEGINNEN AAN DE DRAAISCHIJF

## Draaischijven

De keuze van de pottenbakkersschijf is een onderwerp waarover de meningen sterk uiteen lopen. Wezenlijk is de ronde schijf die op verschillende snelheden – meestal trouwens langzamer dan je als beginner denkt – kan ronddraaien, aangedreven door de voet van de pottenbakker op een pedaal of vliegwiel, dan wel door een andere krachtbron, zoals elektriciteit. Om het draaien te leren is een goede elektrische draaischijf het beste. Als je de schijf met de voet aandrijft ga je, net als wanneer je fietst, een beetje schommelen en dat kan je afleiden van het toch al moeilijke werk dat je handen moeten doen. De meeste pottenbakkers werken het liefst met een trap- of schopschijf, maar het kost enige tijd om te leren hoeveel kracht je nodig hebt en hoe je het vliegwiel naar je hand kunt zetten.

De grootste en meest voorkomende gebreken van draaischijven zijn versleten lagers waardoor het plateau gaat trillen en deinen of een haperende 'transmissie' waardoor de schijf schokkerig op gang en tot stilstand komt. Zulke schijven zijn voor de meest ervaren pottenbakkers al een beproeving dus als beginner kun je er maar beter helemaal bij uit de buurt blijven.

## Centreren

De eerste opgave bij het draaien van een pot op de schijf is het centreren van de klei. Daar zijn verschillende methoden voor, maar één ding is zeker: uit een bal klei die niet perfect in het midden van de schijf draait krijg je nooit een perfect werkstuk. Centreren moet je echt eerst onder de knie krijgen. Een beginner die sommige latere fasen van het vormen en afwerken wel beheerst maar voor het centreren steeds hulp nodig heeft, kan in zijn of haar eentje niets beginnen.

Er is waarschijnlijk niets dat beginners zo kan ontmoedigen als dit probleem van het centreren. Dat komt omdat het een handigheid is; als je er eenmaal de slag van te pakken hebt is het niet alleen gemakkelijk, het is een genot als de klei bij alle snelheden op haar plaats blijft en gewillig reageert op de druk van je handen. Als het zover is mag je jezelf gerust feliciteren.

De middelpuntvliedende kracht die de draaiende schijf uitoefent zal een niet centraal geplaatste bal klei van het plateau afduwen, en hoe harder de schijf draait hoe sneller. Pas als het gewicht van de klei zo perfect is verdeeld rond het midden van de schijf dat de middelpuntvliedende krachten elkaar in evenwicht houden, draait je kleibal gelijkmatig en gehoorzaam rond.

Het spreekt voor zich dat je het jezelf gemakkelijker maakt als je de bal klei voor je begint al zo rond mogelijk maakt en als je goed geprepareerde en niet te harde klei gebruikt. Hoeveel klei je als beginner aankunt hangt af van de grootte van je handen, maar als vuistregel zul je je aan een stuk van ongeveer een pond, of zo groot als een grote sinaasappel, niet vertillen.

Gooi de bal klei nooit op een draaiende schijf. De kans dat je precies het midden vindt is klein, de kans dat je bal er direct weer af geslagen wordt daarentegen groot. Zet de schijf eerst stil, plaats de bal klei dan zorgvuldig in het midden van de droge schijf en druk hem stevig aan, zonder hem uit vorm te duwen. Voordat je aan deze eerste stap begint

**CENTREREN 1**

1 Leg de bal klei eerst in het midden van de droge draaischijf en besprenkel hem met water voor je de schijf in beweging zet.

2 Laat de schijf snel ronddraaien, plaats beide handen als een kom op de kleibal en duw deze stevig naar beneden.

3 Met je linkerhand veel kracht zetten aan de zijkant van de bal om deze op z'n plaats te houden. De rechterhand geeft steun, maar zonder druk uit te oefenen.

moeten zowel je handen als de schijf droog zijn. Water werkt op klei als een smeermiddel, daarom blijft de bal op een natte schijf niet goed liggen.

Als je de schijf in beweging hebt gebracht wordt de oneffenheid van de bal klei al snel zichtbaar. Het centreren kan nu beginnen. Je hebt er geen gereedschap voor nodig, alleen je handen, 'gesmeerd' met water. Hoewel water de klei uiteindelijk verdunt en zacht maakt, heb je toch een laagje water op je handen nodig om te voorkomen dat de klei er bij het draaien aan blijft plakken. Als je te weinig water gebruikt wordt de klei log en onhandelbaar. Aan de andere kant: als het water van je schijf af komt druipen werkt dat niet prettig en worden je kleren nat.

Als je nu je handen losjes laat rusten op de ronddraaiende bal klei, wiebelen ze mee met de oneffenheden. Als je ze absoluut stil kon houden als een stalen matrijs zou de klei eronder zich automatisch naar het midden richten, maar dat is moeilijk en de bulten en bobbels lijken almaar groter te worden. Zorg, of je nu zittende of staande werkt, dat je je ellebogen stevig kunt vastzetten op de rand van de spatbak naast de kopschijf; vaak zijn daar speciale rubberen kussentjes voor aangebracht. Probeer met beide handen de hele bal klei te omvatten; elke hand aan een kant bijvoorbeeld, zodat je vingertoppen elkaar raken en je duimen de bovenkant afdekken, of met je linkerhand aan de zijkant van de bal en je rechter bovenop.

De schijf moet vrij snel draaien; als je de snelheid laag houdt wordt het alleen maar moeilijker. Het gaat om de handigheid: een ervaren pottenbakker centreert een bal klei in een oogwenk en laat de schijf veel sneller draaien dan in welke van de latere fasen ook. Zeker met een schopschijf moet je eerst snelheid maken voor je begint te centreren, anders kun je je daar niet genoeg op concentreren.

Door van opzij met je handen naar binnen te drukken, rijst de klei in het midden op als een kegel, en als je van boven drukt zakt ze weer omlaag. Door deze afwisselende beweging vlakken de bobbels af. Je laat de klei niet los, maar je oefent beurtelings meer druk uit met de ene of de andere hand. Een andere techniek is de bal klei met beide handen te omvatten en met toenemende kracht naar je toe te trekken. De klei komt dan heel snel omhoog – ze zoekt de weg van de minste weerstand. Als je dan gelijkmatig druk uitoefent met je duimen, duw je de kegel weer in tot een soort koepelvorm. Door de kleiklomp nu met een van deze twee methoden een aantal malen te laten oprijzen en weer dalen help je de klei als het ware het middelpunt te vinden. Je bent zover als je je handen volkomen stil kunt houden terwijl de klei eronder ronddraait. In feit bestaat er geen 'wet' die voorschrijft hoe je je handen bij het centreren moet houden, er is alleen de algemene regel dat ze de klei moeten omvatten en goed stil gehouden moeten kunnen worden.

In het begin kan het gebeuren dat er bij het aandrukken wat klei tussen je handen of duimen ontsnapt die dan een paddestoelvorm aanneemt. Of dat er, als je de klei te hard omlaag hebt gedrukt, een modderige holle 'navel' in valt als je de bol weer omhoog duwt. In beide gevallen moet je de positie van je handen aanpassen tot je de klei goed kunt om-

---

## CENTREREN 1

4-5 Als je de kleimassa met de linkerhand hebt opgewerkt tot een flinke kegel, kun je de druk verminderen en komt de rechterhand in actie.

Met de spieren onder je pink duw je de kleikegel weer plat.

## CENTREREN 2

Een andere veel toegepaste manier van centreren is die waarbij je de kleibal met beide handen omvat en naar je toe trekt. Probeer beide methoden.

vatten. Als er in de gecentreerde klei holtes met lucht of water ontstaan, krijg je daar bij het vormen van de pot problemen mee; daarom moet de kleibal zo compact mogelijk worden gehouden.

### Draaien van de mast
Hier wordt zo veel nadruk gelegd op het centreren, zul je misschien zeggen, terwijl je wel eens Spaanse boeren-pottenbakkers bezig hebt gezien, of Japanse, op televisie, die hun klei helemaal niet centreren en lijken te werken met één grote bobbelige massa.

Het antwoord hierop is dat zij 'draaien van de mast'. Om tijd uit te sparen centreren zij van een grote bonk klei (ook wel de 'mast' genoemd) alleen het topje. Zo kunnen ze achtereenvolgens misschien wel 12 kleine kommetjes draaien zonder dat ze steeds weer nieuwe klei nodig hebben. Ze centreren dus steeds alleen het gedeelte dat ze gebruiken.

### Draaien voor linkshandigen
Ik heb zelf twee linkshandige zonen, dus ik ken de problemen van linkshandigen in een rechtshandige wereld. Elektrische draaischijven draaien tegen de klok in, wat rechtshandigen het beste uitkomt, ook al zou het qua constructie geen enkel probleem zijn er een te maken die met de klok mee draait.

Een schopschijf met een pedaal of vliegwiel kun je beide kanten op laten draaien, maar als je als linkshandige leert werken met een schijf die rechtsom draait, zit je met de handen in het haar als je ooit overstapt op een elektrische draaischijf. In feite heb je overigens bij het draaien beide handen bijna even hard nodig en speelt het idee van een 'goede' hand lang niet zo'n rol als bij biljarten bijvoorbeeld. Zo wreed is het dus niet als een leraar een student zegt dat hij of zij maar gewoon 'rechtshandig' moet leren draaien.

## OPENEN

1 Laat de schijf draaien en verwijder met je vinger overtollig klei van de schijf en de rand van de mast.

2 Als de kleimassa stabiel midden op de schijf draait en je handen ook stabiel zijn, duw je met beide duimen omlaag zodat in het midden een holte ontstaat.

## DRAAIEN VAN DE MAST

Deze techniek is vooral nuttig voor het draaien van kleine stukken zoals deksels. Alleen de top van de mast hoeft gecentreerd te zijn.

# 4
# OPENEN

Nu de klei mooi gecentreerd op de schijf ronddraait is de pottenbakker klaar voor de volgende fase. Het openen van de klei om er een pot van te maken is de eerste keer weer een vuurproef. Het is de bedoeling dat je met de duim van je rechterhand, of met beide duimen samen, een gat maakt in het midden van je bol klei, maar velen vinden het moeilijk daarbij hun duim recht te houden. En dat moet, want anders komt het gat niet precies in het midden van de klei en wordt de wand van de pot aan de ene kant dikker dan aan de andere.

Om dit te leren begin je ermee een kuiltje te maken in de bovenkant van de kleibol. Dat doe je met de wijsvinger van je rechterhand: laat de bol draaien en leg je vinger iets naar beneden wijzend op de klei en beweeg hem naar het midden. Licht je vinger voorzichtig weer op en je ziet dat je een ondiepe holte hebt gemaakt. Nu weet je waar je je duim straks moet plaatsen.

Er is nog een hulptechniek om het 'richten' te vergemakkelijken: zoek voor je beide onderarmen een goed steunpunt aan weerszijden van het draaiplateau en vouw je handen zo samen dat je je rechterhand van achteren met je linkerhand vasthoudt en je rechterduim vrij is. Wijs verticaal met je duim naar beneden en laat hem langzaam in de kleibal zakken. Ga je te diep, dan kom je het harde oppervlak van de draaischijf tegen. Ben je te voorzichtig, dan heb je straks een pot met een zo dikke bodem dat hij altijd blijft aanvoelen alsof er lood in zit, als hij al niet barst in de oven. Idealiter maak je een gat tot op 1,5 cm van de onderkant. Alleen door oefening leer je dat goed inschatten, maar als je de kopschijf rond je werkstuk een beetje schoonhoudt heb je toch wel een referentiepunt.

Als je het gat hebt gemaakt, trek dan je duim niet terug maar duw hem van je af om de onderkant van het gat groter te maken. Probeer het topje van je duim wel steeds op gelijke hoogte te houden, anders wordt de bodem niet vlak, en maak elke beweging langzaam.

Langzaam is het devies voor alles wat je aan de schijf doet. Snelle bewegingen geven lelijke spiralen die je pot verzwakken. Bewegingen die je langzaam inzet moet je ook langzaam afmaken. Plotseling ophouden met het wijder maken van de bodem geeft hetzelfde resultaat als plotseling beginnen: een wiebelende pot.

Het kan in deze fase gebeuren dat de klei zich sluit om je duim en er een vacuüm ontstaat. Is dat het geval, trek je duim dan langzaam terug tot het vacuüm is verbroken, doe wat water in het gat en ga verder.

De vingers van de rechterhand, die buiten de geopende kleivorm bleven, komen nu in actie. Zet ze stevig tegen de buitenkant van de vorm aan, dus van jezelf uit gezien aan de achterkant. Trek je hand dan langzaam omhoog en naar je toe. Tussen je vingers aan de buitenkant en de duim aan de binnenkant, ongeveer 2 cm van elkaar, rijst de kleiwand dan omhoog en als je de klei dan voorzichtig loslaat heb je, als alles goed gaat, een holle vorm gemaakt. Dit wordt wel het 'inktpotje' genoemd, maar lijkt misschien meer op een omgekeerde bloempot. Dit proces, waar je zoveel woorden voor nodig hebt om het te beschrijven, en vaak vele uren om het te leren, verloopt straks in één vloeiende beweging

---

**EEN CILINDER MAKEN**

1 Maak met je wijsvinger een kuiltje in het midden van de gecentreerde klei. Het openen van de klei is veel gemakkelijker als de bovenkant al hol is.

2 Met de duim van je ene hand maak je de holte groter, terwijl je steun geeft met de andere hand. Zonder die steun glijdt je duim uit het midden weg.

3 Als het gat diep genoeg is, duw je de duim van je af, nog steeds met steun van je andere hand, om het gat wijder te maken.

Rechts: Een ingetogen kleine cilindervorm zoals deze, door Ursula Scheid, is ook voor een beginner nog wel te doen. Het aparte aan dit potje zijn de ingekraste decoratie en de oxidevlekken in de klei.

Pagina hiernaast: Een cilindrische vaas door Herbert Wenzel. De fijn afgewerkte rand, zowel naar binnen als naar buiten afgeschuind, geeft de pot een eigen gezicht. Hij is gedecoreerd met uitlopende houtasglazuren (zie hoofdstukken 16 en 19).

## EEN CILINDER MAKEN

4 Met de vingertoppen van je linkerhand duw je de wand van binnenuit naar buiten. De buitenkant wordt alleen met de zijkant van je wijsvinger ondersteund.

5 Met je linkerduim maak je een brug tussen de twee handen, zodat ze beide in gelijk tempo langs de wand omhoog komen; dit verschillende malen herhalen.

6 Voel met de wijsvinger van je rechterhand of de rand vlak is. Doe dit voorzichtig en steun de wand met je andere hand.

en hooguit tien seconden. Doelen waar je bij het oefenen op kunt mikken zijn een strakke hoek tussen bodem en wand en een wand die overal even dik is.

### Een cilinder draaien

Tot nu toe hadden we alleen werk voor de rechterhand, zij het ondersteund door de linker. Sommige pottenbakkers beginnen al bij het openen liever met twee handen die elk precies hetzelfde doen. In de volgende fase hebben de twee handen elk een andere taak. Maak ze eerst beide goed nat. De linkerhand wordt binnenin de pot gebruikt, waar je met zoveel vingers als erin kunnen (behalve de duim) zachte druk uitoefent tegen de wand, van onderaf aan. De rechterhand gebruik je buiten de pot; je buigt je wijsvinger zo dat je het vlakke gedeelte tussen de eerste en tweede knokkel op de draaischijf kunt drukken. De zijkant van de wijsvinger sluit dan goed aan op de buitenwand van de pot. Als je nu met beide handen drukt, kan de klei nergens anders heen dan omhoog en trek je binnen enkele seconden een hoge cilinder op.

Nu ga je zo in je werk op en gebeurt er zoveel dat je je misschien moeilijk kunt voorstellen dat er nog drie dingen zijn om op te letten. Het zijn de drie 'constanten': constante snelheid van de draaischijf (minder, misschien wel half zo snel als bij het centreren), een constante afstand tussen je handen en een constante beweging omhoog. Deze drie factoren zorgen voor een gelijkmatige wanddikte. Het kost enige oefening, maar dan laten je handen ook voorzichtig een regelmatig gevormde cilinder los die volkomen rechtop in het midden van je schijf staat. Door de beweging enkele malen te herhalen, steeds vanaf de bodem naar de rand, verminder je de hoeveelheid klei in de kleiwand tot de juiste dikte en bereikt de cilinder zijn 'natuurlijke' hoogte.

Hoe je de cilinder nu verder vorm geeft is eenvoudig te beschrijven en te begrijpen, terwijl je op de toepassing ervan misschien je hele leven lang niet uitgekeken raakt. Nu komt het immers aan op zowel je praktische vaardigheid als je gevoel voor esthetiek. Kort gezegd bolt de cilinder op door druk van binnenuit

### DOORSNEDE VAN EEN CILINDER

De wanden van een cilindervorm zijn van uniforme dikte, maar worden in de richting van de bodem iets dikker. De bodem zelf moet vlak zijn.

Dit kost veel oefening; het is de moeite waard eens een net gedraaide pot doormidden te snijden om te kijken of je vorderingen maakt.

uit te oefenen, zodat je hem een 'buik' geeft, terwijl je hem met druk van buitenaf smaller maakt en een 'nek' of hals geeft. Als je de cilinder simpelweg op de draaischijf zou laten rondtollen, dan zou hij door de middelpuntvliedende kracht steeds wijder worden en uiteindelijk als een gebroken pannenkoek op de schijf in elkaar zakken. Daarom heb je weinig kracht van binnenuit nodig om de cilinder breder te maken en moet je meer kracht zetten van buitenaf om hem smaller te maken, tegen de middelpuntvliedende kracht in. Een vernauwing maak je het best met beide handen, duimen naar je toe en vingers rond de achterkant, alsof je de pot wurgt. Wil je een heel nauwe hals maken, zorg dan dat er in de pot geen overtollig water staat, want later kom je er met een spons niet meer in.

Dit zijn de basisprincipes van het werken aan de draaischijf: de handen werken samen om de vorm langer en dan breder of nauwer te maken. Eén aspect van de vorm is met de techniek gegeven: met het draaien maak je een ronde vorm. Het profiel van de buitenkant kies je zelf en met ervaring leer je fouten die optreden herstellen en andere voorkomen.

### Leren van je fouten

De meest voorkomende fout bij alle beginners is dat ze de wand van de pot onderaan te dun maken, zodat de ring erboven op een gegeven moment los raakt en in de handen van de pottenbakker achterblijft, terwijl de bodem vrolijk verder draait. De verleiding is groot om dan van de nood een deugd te maken en van het restant maar een asbak te maken. Niet doen; er zijn veel betere manieren om een asbak te maken, als je die al nodig hebt, en van voortmodderen met zo'n restantje leer je weinig. Als je dit overkomt, en dat zal zeker gebeuren, stop dan de schijf, verwijder het restant klei met een breed paletmes en begin opnieuw met een verse bal klei.

Je zult vanzelf merken hoe handig het is als je een voorraadje geprepareerde ballen klei klaar voor gebruik hebt liggen en je hoeft niet gedeprimeerd te raken als je de een na de ander in de restantenbak moet gooien. De klei kun je weer gebruiken en je zult nu eenmaal toch tientallen fouten moeten maken voor je een vaas hebt gemaakt die de moeite waard is om te bewaren.

Als de wand bij de bodem te dun is, kan hij het gewicht erboven eenvoudigweg niet dragen. Als het bovenste gedeelte niet los draait, zal de zwakke wand spiraalvormig gaan rimpelen als je bij het modelleren druk uitoefent op het bovenste gedeelte, of inzakken als een lekke band. Gewoon weggooien, al doet het pijn, aan zo'n pot heb je niets. Spiraalvormige rimpelingen kunnen zich ook voordoen als je te snel of met te veel kracht een hals probeert te maken. Een wand die, vooral aan de bovenkant van de pot, eenmaal is verwijd tot een brede ring, kun je alleen met veel geduld weer smaller maken. Als er toch rimpels verschijnen, gooi de pot dan weg, begin opnieuw en ga bij het insnoeren voorzichtiger te werk.

Onvoldoende geprepareerde klei, zeer grove klei, eigenlijk alle soorten klei kunnen bij de rand van de pot ongelijk worden of gaan barsten als je deze te snel wijder maakt. Barsten, maar ook oneffenheden aan de rand, moeten direct

---

**VORMGEVEN**

Door van binnenuit druk uit te oefenen maak je de vorm breder en krijgt de pot een 'buik'. De andere hand geeft steun aan de buitenkant.

**INSNOEREN**

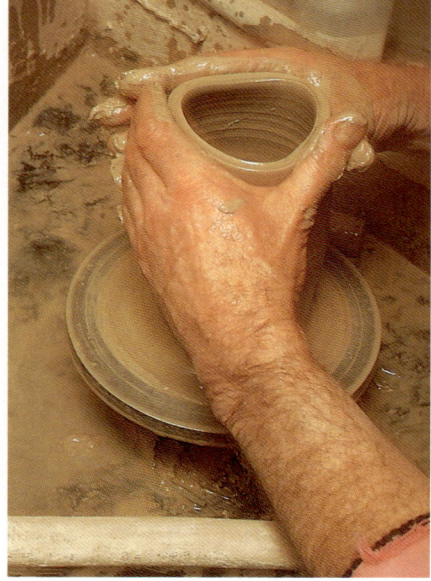

1 Je hebt beide handen nodig om een smalle hals te maken. Je krijgt de slag sneller te pakken als je je voorstelt dat je met beide duimen en wijsvingers de pot wurgt.

2 Als de hals driehoekig lijkt te gaan worden (links), hoef je alleen maar even wat minder druk uit te oefenen en neemt hij weer een ronde vorm aan.

gecorrigeerd worden, want ze lopen al gauw helemaal naar beneden door. Hier is echter een simpele oplossing voor: je kunt de rand helemaal verwijderen terwijl je de pot laat doordraaien op de schijf. Je gebruikt hiervoor een speld of naald waarvan je het ene uiteinde voor de veiligheid in een kurk vastzet. Met je rechterhand duw je de naald nu net onder de rand langzaam in de klei, tot je de punt ervan met je linkerhand binnenin de pot goed kunt voelen. Als de pot éénmaal rond is geweest heb je de hele rand afgesneden. Til de naald nu kordaat, maar niet met een schok, op en de schone nieuwe rand wordt eronder zichtbaar. Met deze in al zijn eenvoud heel aantrekkelijke oplossing maken beginners toch nog veel brokken, omdat ze proberen de ring te verwijderen voordat de naald een hele toer lang door de klei heeft gestoken. Dezelfde techniek is ook bruikbaar als de rand van ongelijke dikte is geworden door een fout bij het centreren of openen. Ook de 'nieuwe' rand zal echter aan de ene kant dikker zijn dan aan de andere, dus je moet de pot dan verder opwerken en nieuwe randen verwijderen tot het probleem verholpen is.

In deze fase zijn er ontelbaar veel dingen die mis kunnen gaan. Een luchtbel die als een blaas aan het oppervlak verschijnt kan de pot uit zijn evenwicht halen, tenzij je de schijf snel stilzet en de blaas doorprikt met een naald. Door schokkerige bewegingen, vooral als je je handen van de klei loslaat, kan de kleiwand hobbelig worden. Ook dit hoeft niet fataal te zijn – door de klei weer met vaste hand vanaf de bodem op te trekken kun je hobbels wegwerken – maar je moet wel direct ingrijpen, anders wordt het probleem alleen maar erger. Met oefening worden je handen gevoeliger voor de klei, naarmate je hersenen en de zenuwen in je vingertoppen beter gaan 'samenwerken'. Alleen oefening baart kunst, maar het helpt als je een paar slechte gewoonten kunt vermijden. De ene: de pot maar door je handen laten glijden terwijl je niets doet, en de andere: je adem inhouden. Beginners brengen met beide veel tijd zoet, vaak tegelijkertijd, hetgeen zowel ongezond is voor de pot als voor de pottenbakker zelf. De juiste houding is voorovergebogen, met het hoofd boven de pot en de ellebogen zo mogelijk rustend op de rand van de spatbak.

## VLAK MAKEN VAN DE RAND

3 Laat de klei altijd heel rustig los. Beginners zijn geneigd hun handen schichtig terug te trekken waardoor ze de pot aanstoten of zelfs de hals afbreken.

1-2 Als de rand ongelijk is geworden, steek dan vlak onder de rand een in een kurk vastgezette naald door de wand, tot je de punt tegen je vinger aan de binnenkant voelt.

Wacht tot de schijf een keer helemaal is rondgedraaid. Nu is er een ring klei losgesneden; til deze voorzichtig op.

# 5
# MODELLEREN OP DE DRAAISCHIJF

De vorm die de klei natuurlijkerwijze het meest gemakkelijk aanneemt is die van een bloempot, met een rand die breder is dan de voet. De klei steeds weer in een cilindervorm dwingen is een saaie, maar heel belangrijke oefening. Juist als je je aandacht een tijdlang weet te concentreren op deze weinig fantasierijke vorm leer je de techniek sneller. Als je de verleiding van curven niet weet te weerstaan, heb je goede kans dat je potten nog tijdenlang vast blijven zitten in een nogal plompe bolronde vorm. Gebogen vormen die ontstaan doordat je de klei haar eigen gang laat gaan, zien er vaak 'uitgezakt' of bijna uitgezakt uit; op de draaischijf gemodelleerde vormen zijn meestal veel mooier als ze strak en fris zijn. Voor diepe, dikbuikige rondingen zijn de handvormtechnieken die in de hoofdstukken 8 en 10 worden beschreven meer geschikt.

**Een profiel kiezen**
Er is geen grammatica of stijlboek dat absolute voorschriften levert voor de vorm van potten, maar als je twee gedraaide vormen vergelijkt is het niet moeilijk het verschil te herkennen tussen een sterk en helder profiel en een aarzelende en onzekere lijn. De gratie van een bolling of de kracht van een hoekige vorm trekt je aandacht zonder dat je het merkt. Sommige potten hebben karakter, ook al zou je ze niet direct mooi noemen en niet goed kunnen definiëren waar dat karakter nu in zit. Een schouder of taille kan een visueel zwaartepunt bieden en zo het profiel versterken. Elke curve die qua diepte gevarieerd is trekt de aandacht meer dan een constante. Zo is een kettinglijn of parabool dynamischer dan een halve cirkel en een ojiefcurve of S-boog levendiger wanneer de twee delen ervan niet gelijk zijn. Wie geïnteresseerd is in proportie en de verhoudingen tussen vormen zal met pottenbakken heel bevredigende experimenten kunnen verrichten en merken hoe de ene vorm bijna als vanzelf naar een andere leidt.

Op het moment dat je als beginner afwijkt van de cilinder is het heel belangrijk dat je duidelijk voor ogen staat welk profiel je je werkstuk wilt geven. Teken de vorm eerst eens, desnoods met je kleivinger op de muur van je werkplaats, dan heb je een geheugensteun.

Alle profielen die hier zijn geschetst zijn 'maakbare' of 'natuurlijke' vormen die niet onder de zwaartekracht zullen bezwijken.

## EEN KLEIN SCHAALTJE

1-2 Een ervaren pottenbakker draait een klein schaaltje met één vloeiende duwbeweging van zich af. De beginner kan het beter wat rustiger aan doen: duw de klei van je af en ondersteun de wand van buiten met je hele linkerhand.

3 Laat de draaischijf langzamer draaien nu de schaal wijder wordt; zelfs bij een klein schaaltje draait de rand al gauw zo snel rond dat je fouten gaat maken.

## Een kom draaien

Een open kom, van oudsher zowel om esthetische als functionele redenen zeer populair, is een van de grondvormen van de pottenbakkerskunst waarbij het meer dan bij welk ander type ook aankomt op de harmonie van de vorm. Zeker voor beginners zijn kommetjes de allerbeste toetssteen voor hun inzicht en kunnen.

Om een open kom op de draaischijf te maken is een speciale techniek vereist, die al vanaf het openen afwijkt van de techniek waarmee je een 'inktpotje' of cilinder maakt. De pottenbakker laat de duim binnen de bal klei een wijder wordende holte maken zonder de klei naar zich toe te trekken. Je duwt je duim vanaf het begin zachtjes van je af, zodat de komvorm al direct zichtbaar wordt. In plaats van de wand omhoog te trekken is er nu een fase waarin de schaal nu geleidelijk en tegelijkertijd wijder en hoger wordt gemaakt. De handen staan hierbij, zoals op de afbeeldingen is te zien, in een schuine hoek op de kopschijf. Een ondiepe vorm is moeilijk te maken omdat de wanden naarmate ze wijder worden minder steun hebben; daarom is het verstandig met een vrij brede voet te beginnen, waarvan je bij het afdraaien weer wat kunt verwijderen (zie hoofdstuk 7).

Naarmate de diameter van de kom groter wordt, stijgt ook de snelheid waarmee de omtrek ervan door je vingers glijdt behoorlijk, ook al hou je de snelheid van de draaischijf bij het maken van kommetjes laag. Zelfs als de schijf maar 60 omwentelingen per minuut maakt, heeft de omtrek van een schaal met een doorsnede van 30 cm onder je vingers een snelheid van meer dan 1 m per seconde – en dat is vragen om moeilijkheden. Een trilling, even teveel of te weinig druk, heeft dan heel snel – en vernietigend – effect.

Met wanden die zonder steun uitwaaieren als vrij zwevende tribunes kan de kom de zwaartekracht alleen weerstaan door zijn eigen samenhang. De klei moet niet te zacht zijn, de rand niet te fijn en de doorsnede moet bij de rand iets toelopen. Het kan gunstig zijn de bodem wat dikker te maken dan bij een 'staande' pot. Een open vorm als deze ziet er lichter uit als hij wat los komt van het oppervlak waarop hij staat. Door van de onderkant wat klei weg te schrapen als deze harder is kun je de kom een voetje geven (zie hoofdstuk 7).

Iets om te onthouden: als je open vormen als een kom of schaal maakt, kun je het profiel in de beginfasen van je werk het beste nogal 'steil' of hoog houden; het is gemakkelijker de wanden wijder en lager te maken vanuit een steil uitgangspunt dan een kom die te wijd of te ondiep is geworden weer nauwer te maken. De kom krijgt pas op het allerlaatst zijn definitieve profiel en de binnenkant krijgt meer aandacht dan de buitenkant, die je later nog kunt bijwerken (zie hoofdstuk 7). Het draaien van een heel wijde, ondiepe kom vergt grote kundigheid – zelfs ervaren pottenbakkers moeten daarvoor heel goed in vorm zijn – en perfect geprepareerde klei.

## Het belang van de rand

Veel door beginners gedraaide potten, zelfs de cilindervormige, zien er te kort uit, alsof de klei ineens 'op' was. De verklaring is soms dat de rand een paar

4 In de al wat vertrouwde houding, met je linkerhand aan de binnenkant en de rechterhand buiten, werk je het profiel van het schaaltje verder af.

Bladzijde hiernaast boven: Een wijde vorm op een smalle voet is moeilijker te maken dan een meer dikbuikige schaal. Lucie Rie maakte dit eigenwijze exemplaar.

Boven: Bij een schaal komt het grotendeels op het profiel aan. Een fijne en elegante welving komt in porselein het best uit de verf. De schaal is van Tony Birks.

keer afgesneden moest worden, maar vrijwel altijd gaat het erom dat er in de wanden niet genoeg klei over was om de rand behoorlijk af te werken. Dat is een esthetisch probleem dat je sneller weet te overwinnen als je jezelf ervan bewust bent, maar ook een praktisch probleem: een dunne rand is lastig om te bewerken en snel beschadigd.

Potten van massief steengoed door Edouard Chappallaz. Deze ronde pot met celadonglazuur (zie hoofdstuk 16) ontleent zijn karakter aan de vorm en afwerking van de rand. De kleine opening is hier geaccentueerd met een tijdens het draaien opgewerkt ringetje. Hoogte 38 cm.

## HET AFWERKEN VAN DE RAND

## DE JUISTE MAAT

1 De rand moet zorgvuldig worden afgewerkt. De meeste beginners maken de rand te dun in vergelijking met de dikte van de wand.

2 Een van de beste 'gereedschappen' voor het afwerken van de rand is een reepje zeemleer. Als je het zoals hier vasthoudt krijg je een gladde en afgeronde rand.

Je kunt opzij van de draaischijf een latje of iets dergelijks vastzetten waaraan je kunt aflezen of je pot de juiste hoogte of breedte heeft bereikt.

De rand is de 'final touch' die van grote invloed is op het voorkomen van de pot als geheel. Als je ruim klei over hebt, kun je de rand stevig en vol maken en komt de hele pot stevig en vol over. Of een pot prettig in de hand ligt – en een werkelijk goede pot vraagt er eenvoudigweg om te worden opgepakt – wordt gedeeltelijk bepaald door het gewicht, dat overeen moet komen met wat je er op het oog van verwacht. Een pot met een te dunne rand blijkt bij het aanpakken ineens zo zwaar als lood aan te voelen omdat de bodem veel zwaarder is dan je had verwacht. Omgekeerd voelt een pot met een te dikke rand juist lichter aan dan je had verwacht. Natuurlijk kun je dit effect ook bewust zoeken, dat hangt van je ontwerp af en daar zijn geen vaste regels voor. Zolang je je maar bewust blijft van het feit dat de rand een pot een gelaatsuitdrukking geeft, zoals de mond het in het gezicht doet.

Maak je geen zorgen als het afwerken van de rand je even veel tijd kost als het opbouwen van de vorm als geheel en schroom niet om gereedschap en hulpmiddeltjes te gebruiken om de rand mooi glad of bijvoorbeeld contrasterend met de buitenkant af te werken. Met een reep zeemleer die je over de draaiende rand houdt krijg je een gladde, schone afwerking. Met een rubberen of metalen schraper of 'lomer' kun je een wat sterkere vorm maken, met een spons een minder nadrukkelijke; met een spons heb je bovendien het voordeel dat deze de natte en kleffe klei die zich soms bij de rand verzamelt gemakkelijk opneemt.

### Het afwerken van de buitenkant

Ook de buitenkant kan met allerlei gereedschappen worden afgewerkt. Je vingers laten tijdens het draaien altijd zowel aan de binnen- als aan de buitenkant sporen na die zo karakteristiek kunnen zijn als je eigen handschrift. Sterke lange draailijnen zijn vaak zo mooi en passend voor de vorm dat je de pot zou bederven als je er iets aan veranderde. Zeker een grote pot zou er zonder zo'n 'nerf' al gauw te gladjes uit gaan zien. Bij kleinere potten zijn ze lang niet altijd zo aantrekkelijk en kun je ze met zachte druk van een sponsje verwijderen en vervangen door de zachtere groefjes die de spons achterlaat.

Sommige pottenbakkers werken graag met een metalen of rubberen lomer. Een rubberen lomer is zacht voor de klei, laat een fijn glad oppervlak achter en is bij uitstek handig voor de binnenkant van een kom of schaal. De metalen versie is moeilijker te gebruiken maar geeft, naast vele andere metalen en houten gereedschappen die bruikbaar zijn om de buitenkant van gedraaide potten te bewerken, een afwerking die je met de handen nooit kunt bereiken. Een stuk gereedschap heeft echter, in tegenstelling tot je vingertoppen, geen zenuwen die je vertellen dat de klei lastig is en er iets mis kan gaan. Zo kun je voor nare verrassingen komen te staan als je een metalen werktuig te droog of te ruw gebruikt.

Met een puntig metalen gereedschap kun je een horizontale groef in de wand van een op de schijf draaiend werkstuk maken. Dit verzwakt de wand en kan dus alleen maar als deze dik genoeg is. Zo'n groefje rondom kan het profiel benadrukken, maar ook een zwak of niet goed gelukt profiel verhullen. In het laatste geval zijn zulke versieringen voor de beginner eerder een lapmiddel dan een hulpmiddel.

**HET AFWERKEN VAN HET OPPERVLAK**

1-2 Met de verschillende rondingen van een lomer kan de pottenbakker vrijwel elke gedraaide vorm afwerken. Met een metalen schraper (rechtsboven) krijg je het oppervlak uiteindelijk spiegelglad. Veel pottenbakkers geven toch de voorkeur aan een houten of buigbare rubberen lomer (linksboven).

## De pot van de draaischijf nemen

De beginner die tot op deze fase alle horden met succes heeft genomen, kan nu alsnog in de problemen komen. Het gedraaide werkstuk van de draaischijf halen schijnt zelfs de meest stoïcijnse pottenbakkers de stuipen op het lijf te kunnen jagen, en helaas is juist nu zelfvertrouwen en een vaste hand vereist.

Terwijl de schijf nog draait wordt de binnenkant droog gedept met een spons. Ook de natte klei die rond de voet van de pot is blijven hangen wordt nu, met de vingers, zoveel mogelijk verwijderd. Als je wilt kun je nu, ook met draaiende schijf, met een metalen gereedschap helemaal onderaan de voet een V-vormige inkeping maken waar je het werkstuk straks met de snijdraad lossnijdt.

Dezelfde snijdraad als die je bij het prepareren van de klei gebruikt trek je nu zo dicht mogelijk op het draaiplateau onder de pot door. Als je de twee uiteinden van de snijdraad elkaar kunt laten kruisen terwijl je de draad onder de pot door trekt, snijd je de pot in een keer los en kun je hem direct van de draaischijf af tillen, maar dat vereist nogal wat oefening. In het begin kun je de draad er beter onderdoor trekken zonder de uiteinden elkaar te laten kruisen. Je giet dan een beetje water op het draaiplateau en herhaalt dezelfde procedure nog eens, zodat je wat water mee onder de pot door trekt. De pot komt dan los van het draaiplateau en beweegt een beetje mee. Natuurlijk kijk je ondertussen bezorgd binnenin, naar de bodem van je pot om te zien of de snijdraad daar zichtbaar wordt. Dat zou jammer zijn, want een pot zonder bodem kun je beter direct weggooien. Als de bodem binnenin wat beweegt terwijl de draad er onderdoor gaat, is dat alleen maar een goed teken: je weet nu dat de bodem niet te dik is.

Elke keer dat je de pot nu nog met je vingers beroert laat je er afdrukken op achter, dus dat moet je tot een minimum beperken. Je kunt bijvoorbeeld een geglazuurde tegel naast de draaischijf houden en je werkstuk daar met twee vingers tegen de onderkant voorzichtig op schuiven. Zo'n tegel moet schoon, koud en nat zijn. Als hij vuil, warm of droog is, blijft de pot plakken zodra je hem erop schuift en vervormt als je hem er verder op probeert te duwen. Dat gebeurt natuurlijk ook als je hem van de draaischijf probeert te schuiven terwijl hij niet van zijn plaats wil. Haal eerst de snijdraad er nog eens onderdoor om de pot goed los te maken van het draaiplateau. De pot van het draaiplateau op de tegel schuiven moet in één vloeiende beweging gaan en niet meer dan een paar seconden vergen. Hou de tegel stevig vast, zodanig dat hij niet kantelt door het gewicht van de pot.

Zet de tegel met de pot nu ergens weg waar niemand er per ongeluk met een elleboog, schortpunt of jaspand tegenaan kan stoten, maar liefst wel op een plaats waar je ernaar kunt kijken terwijl je aan je volgende pot werkt. Als je de pot op de tegel laat drogen plakt hij er onherroepelijk aan vast. Haal er daarom nu eerst nog eens de snijdraad onderdoor zodat de pot weer loskomt van de tegel.

Veel potten die er op de draaischijf reusachtig groot uitzien lijken op de plank tot heel gewone afmetingen te krimpen. Natuurlijk krimpen ze in

## UITSPONZEN VAN DE KOPSCHIJF

Laat de spons (terwijl de schijf draait) voorzichtig in de pot zakken om de wanden niet aan te stoten. Als je de bodem droog hebt gemaakt kun je zien of deze vlak is.

1 De pot van de kopschijf afhalen moet één vloeiende en zelfverzekerde beweging worden. Aarzel niet als je de draad onder de pot door haalt.

2 Let erop dat het vlak waarop je de pot wegzet schoon en nat is, zodat de pot er niet op blijft 'hangen' als je hem erop schuift.

werkelijkheid ook tijdens het drogen, en nog verder in de oven, en soms worden ze dan ineens veel minder imposant. Ook ziet een pot er van opzij bezien heel anders uit dan van boven, zoals je er tijdens het maken tegenaan kijkt. Daarom is het goed al tijdens het draaien de pot nu en dan eens goed van opzij te bekijken.

Kleine potten zijn gemakkelijker van de draaischijf te verwijderen dan grote. Je kunt ze met twee vingers van elke hand zelfs bij de onderkant oppakken, en veel ervaren pottenbakkers doen dat ook om tijd te sparen. Maar bij een werkelijk grote pot wordt schuiven een hachelijke onderneming en is optillen al helemaal ondenkbaar.

De eenvoudigste oplossing voor dit probleem is de pot te draaien op een ronde schijf multiplex die je met nogal natte klei op de kopschijf vastzet. Als de pot klaar is, maak je de houten hulpplaat gewoon los van de klei eronder en je tilt het geheel in een keer op. Door de zuigende werking van de klei blijft de hulpplaat stevig vastzitten op de kopschijf; toch is hij gemakkelijk los te maken door hem stevig vast te houden en de draaischijf in beweging te brengen. Ook nu moet je het werkstuk als je het op de plank wegzet lossnijden van de hulpplaat, want als het droog is, krijg je het er waarschijnlijk niet heel meer van af.

Ook al is je werkstuk nu af, toch kun je er tijdens het drogen nog allerlei bewerkingen op toepassen. De meest gebruikelijke daarvan is het 'afdraaien' als de pot ongeveer zo hard als kaas of leer is geworden. Dit afdraaien wordt beschreven in hoofdstuk 7. Er zijn echter ook werkstukken als theepotten en kannetjes, waaraan je terwijl de klei nog nat en zacht is elementen wilt veranderen en toevoegen. Deze bewerkingen worden dan ook in het volgende hoofdstuk beschreven.

## DRAAIEN OP EEN HULPPLAAT

1-2 Het is erg lastig om een ondiepe schaal of een bord van de draaischijf af te halen. Het beste kun je zo'n stuk draaien op een rond houten draaibord. Dat wordt op de draaischijf vastgezet door middel van een plak klei die je inkerft voor een betere hechting. De voltooide pot neem je dan met hulpplaat en al van de schijf (boven).

## IN DE VITRINE
# GEDRAAIDE POTTEN

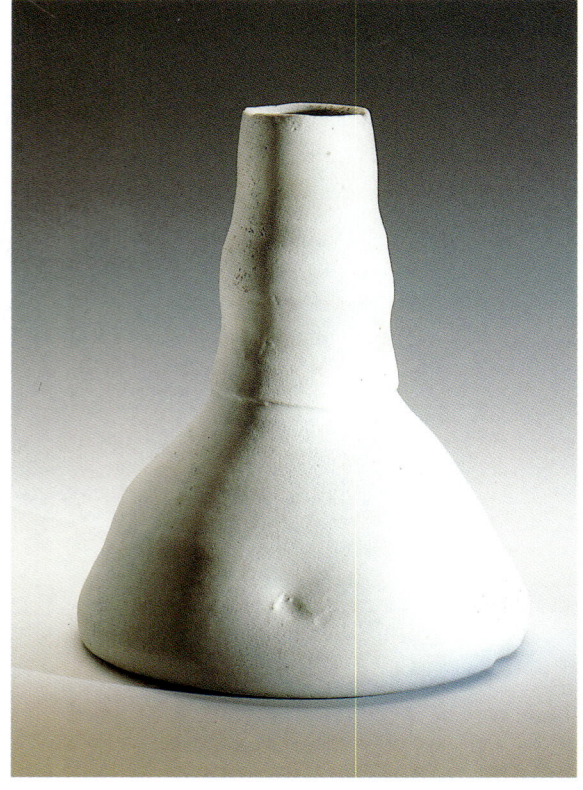

**Onder**
HEIN SEVERIJNS
Een prachtige ronde vorm, waarbij het kristalglazuur goed past. Steengoed.

**Boven**
ROBERT TURNER
'Beach', gedraaid en handgevormd, een uit de serie zachte gedraaide vormen waarom de kunstenaar bekend staat. Hoogte 32 cm.

**Rechts**
JANET MANSFIELD
Een staande vorm, gedraaid maar met duidelijk zichtbare afdrukken van het metalen gereedschap waarmee de nog natte pot werd bewerkt. De korrelige textuur werd verkregen door aan de klei granietzand toe te voegen en het matte en vlekkerige patina van het asglazuur ontstond door langzaam opstoken in een anagama-oven. Hoogte 30,5 cm.

Boven
PETER VOULKOS
Peter Voulkos, de ruigste onder de pottenbakkers, bakte deze grote doorgestoken schaal bij steengoed-temperatuur in een houtoven. Doorsnede 59 cm.

Onder
MICHAEL CASSON
Deze elegante kom met zijn sierlijke rand is de ideale achtergrond voor de geschilderde decoratie afgewerkt met zoutglazuur.

Rechts
LUCIE RIE
Deze slanke vaas werd na het draaien nauwer gemaakt en rauwgeglazuurd. Het mangaan in de klei brandt door het glazuur. Hoogte 35,5 cm.

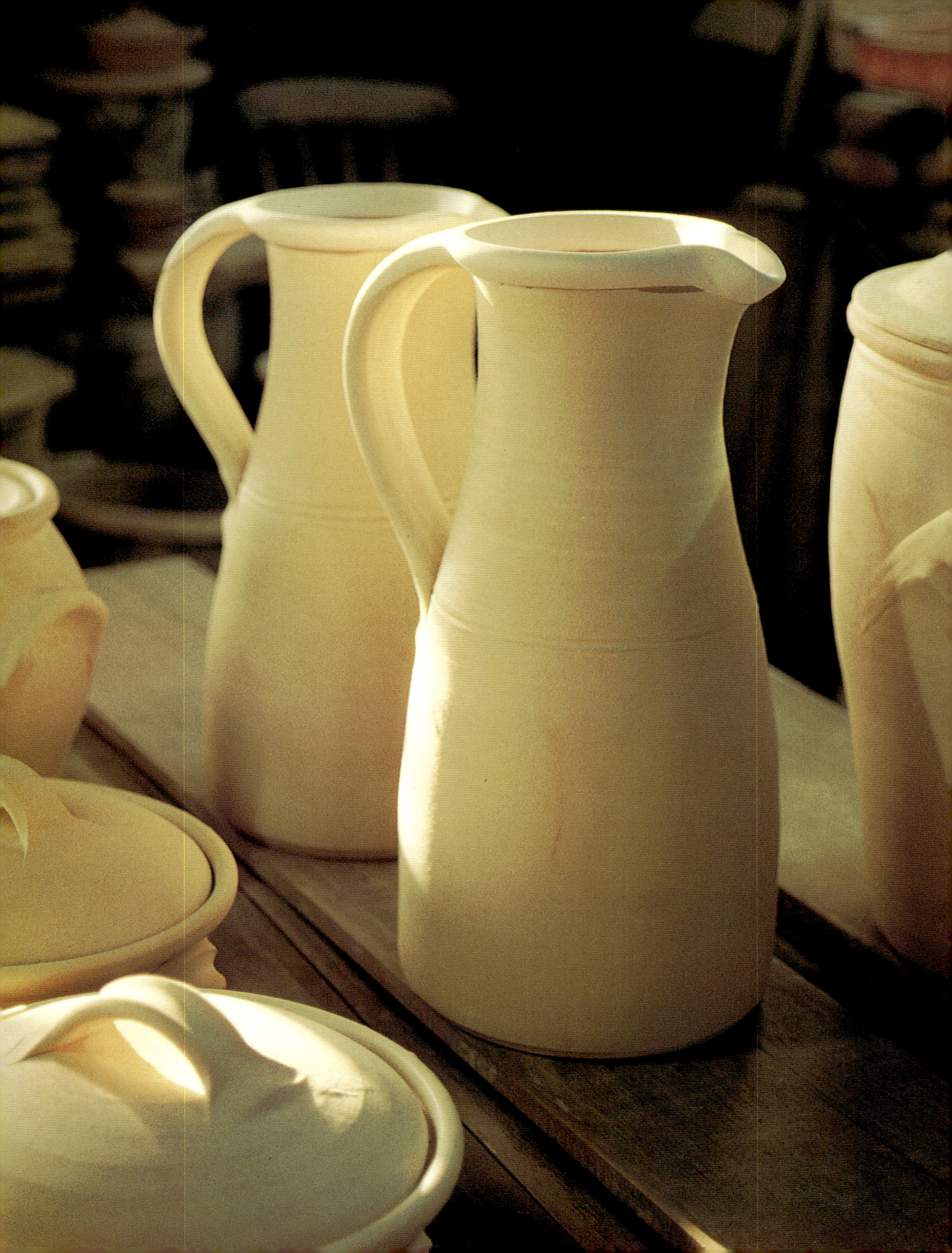

# DEKSELS, SCHENKTUITEN, HANDVATTEN EN SAMENGESTELDE POTTEN

Veel potten worden niet in één keer op de schijf gedraaid, maar samengesteld uit verschillende onderdelen op het moment dat de klei leerhard is geworden. Een theepot bijvoorbeeld heeft naast de pot en het deksel ook een tuit en een handvat. Dit hoofdstuk wordt besloten met het fascinerende onderwerp van de samengestelde potten – het samenstellen van complexe sculpturale vormen uit gedraaide of handgevormde onderdelen – maar moet toch beginnen met een meer alledaagse beschrijving van de deksels, tuiten en handvatten die je voor gebruiksartikelen maakt.

Als je de techniek van het draaien eenmaal beheerst is het maken van deze accessoires kinderspel. De moeilijkheid ligt hem nu in het samenvoegen van deze onderdelen tot een harmonisch geheel. Het handvat moet niet alleen goed in de hand liggen, maar er ook uitzien alsof het bij de pot hoort. De schenktuit van een kan moet passen bij de vorm van de pot waarop ze is aangebracht. De 'buik' van een theepot mag er pas volmaakt uitzien als alle andere onderdelen op hun plaats zitten.

De toevoegingen dragen veel bij tot het karakter van de pot en kunnen elk op verscheidene manieren worden gemaakt. We geven een overzicht van de gebruikte technieken door de werkwijze bij het maken van een kan en vervolgens een theepot gedetailleerd te beschrijven. Als beginner kun je het beste zo veel mogelijk combinaties uitproberen.

## Tuiten

De schenktuit van een kan maak je met de vingers, terwijl de pot nog op de (stilstaande) schijf staat. De techniek is verbluffend eenvoudig. De rand van de pot wordt met één vinger (meestal de wijsvinger van je rechterhand) opgerekt en naar buiten getrokken, terwijl je er met twee vingers van de andere hand (meestal de duim en de middelvinger) voor zorgt dat je de rand niet uit zijn verband trekt. Als je voorzichtig te werk gaat en de klei niet scheurt of doet barsten, kun je een mislukte tuit weer terugduwen, de draaischijf in beweging zetten en de rand opnieuw in vorm draaien, en je bent klaar voor de volgende poging.

Let erop dat de tuit en het handvat van boven gezien precies in één lijn liggen. Zo niet, dan schenkt de kan niet goed.

### EEN SCHENKTUIT AAN EEN KRUIK MAKEN

1 Terwijl je de rand met duim en wijsvinger van een hand tegenhoudt, trek je met de wijsvinger van de andere hand de rand daartussen naar buiten.

2 Doordat je de rand tegenhoudt, trek je hem iets omhoog en ontstaat een golvende lijn die er voor zorgt dat de vloeistof naar de schenktuit vloeit.

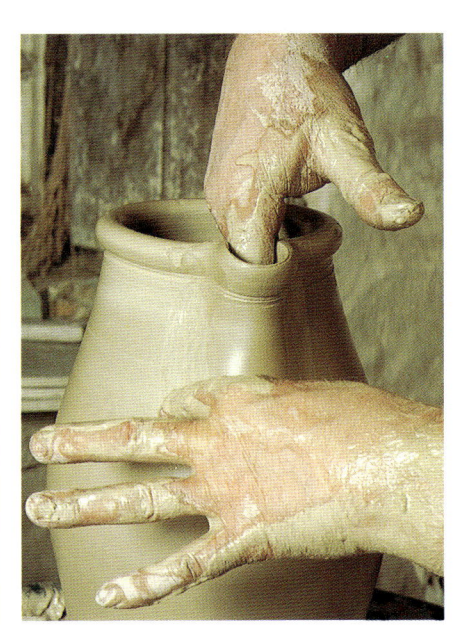

3 Met duim en vinger duw je vervolgens aan weerszijden van de schenktuit naar beneden zodat een 'keel' ontstaat die vorm en functie ten goede komt.

Met je wijsvinger probeer je de rand van het gedeelte dat je naar buiten trekt zo fijn mogelijk te maken, ook als de rand van de pot nogal dik is. Een van de problemen die pottenbakkers (en de keramische industrie in het algemeen) eeuwig zullen blijven achtervolgen is dat de lekkende tuit. Heeft de gietbek een ronde rand, dan zal de vloeistof die je uitgiet nog even rustig langs de buitenwand van de pot naar beneden blijven druipen als je deze rechtop zet. Een irritant gebrek dat echter niet zo gemakkelijk te corrigeren valt: de schenktuiten die het best schenken zien er namelijk vaak stijf en lelijk uit. De oplossing is dat je de tuit op enig punt een heel dunne rand geeft, ook als de vorm als geheel fors en vol blijft. Door de pot een dikke rand te geven accentueer je de lijn van de schenktuit, maar creëer je ook een esthetisch bevredigende oplossing voor de aanhechting van het handvat (zie blz. 40). Hoe een kan uitschenkt wordt ook bepaald door de manier waarop de vloeistof naar de tuit wordt 'gekanaliseerd', iets dat je bevordert door bij het uittrekken van de tuit de rand echt stevig met twee vingers te ondersteunen. Door met deze twee vingers juist terug te trekken als je met de wijsvinger de tuit uittrekt, krijgt de rand een voorname golvende vorm. Het is aan te bevelen in het begin veel te oefenen met verschillende vormen en deze te vergelijken met de vormen die je met 'gesneden' tuiten krijgt. Bij deze methode, die vooral voor koffiepotten wordt gebruikt, snijd je uit de rand van de pot een driehoekje weg waarop je een tevoren uit zachte klei gevouwen tuitje plakt, op dezelfde manier zoals je het met een handvat of een tuit van een theepot zou doen.

### Handvatten

Handvatten, of oren, voor gedraaide potten kun je het beste 'trekken'. Hiervoor neem je een stuk goed plastische klei in de vorm van een wortel. Het ene uiteinde houd je stevig vast met een hand; de andere hand sluit je om het stuk klei en je begint omlaag te strijken, ongeveer zoals je een koe zou melken. Je moet je hand en de klei steeds goed nat houden, dus je kunt dit het beste vlak bij de kraan doen. Bij grote potten kun je de

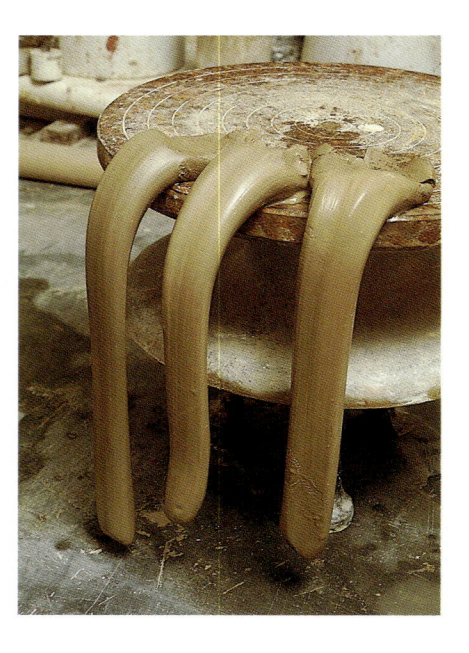

Hierboven: Pas getrokken oren zijn meestal nog te slap om ze al op de pot te zetten. Hang ze zo even te drogen.

Hiernaast: Casserole door Jane Hamlyn

### OREN TREKKEN

1 Pak het dikke eind van de kleiwortel met één hand vast en trek het andere eind met een natte hand omlaag.

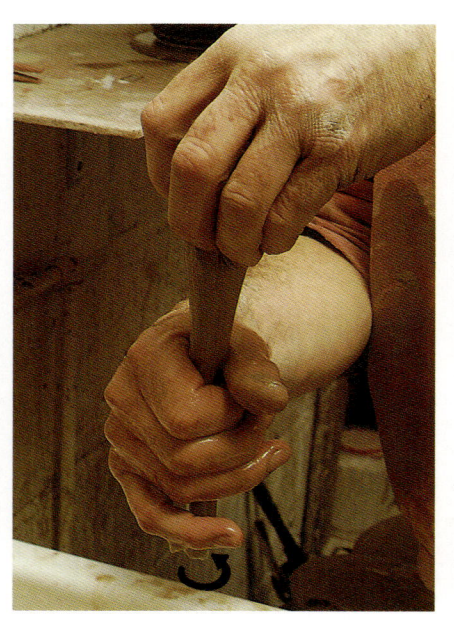

2 Als je de stand van je hand 180° draait (zie de pijl), krijgt het handvat een symmetrische doorsnede en ligt het makkelijker in de hand.

3 Probeer te voorkomen dat het handvat naar het eind toe te dun wordt; tegen het uiteinde moet het juist weer iets dikker worden.

## DEKSELS, SCHENKTUITEN, HANDVATTEN EN SAMENGESTELDE POTTEN

oren echter het beste 'aan de pot' trekken op de werkbank. Eerst zet je het ene uiteinde van de kleiwortel op de gewenste plek vast op de rand van de pot, nadat je deze met een naald ingekrast en natgemaakt hebt. De pot zelf moet fors en droog genoeg zijn om niet scheef getrokken te worden als je het handvat uittrekt tot zijn uiteindelijke vorm. Het beste resultaat krijg je nog als je de pot wat scheef kunt houden, zodat je het handvat naar beneden kunt trekken.

Grote oren die 'aan de pot' zijn getrokken, zien eruit alsof ze uit de pot zijn komen 'groeien'. Als je de juiste lengte en dikte hebt bereikt, buig je de kleistaaf naar de onderkant van de pot toe en plakt hem daar met je twee duimen vast. Als het handvat te lang wordt, kun je het overtollige deel er eerst af breken, maar meestal wordt dit verwijderd als je de aanzet onderaan met je duimen 'boetseert' tot de juiste vorm. Je kunt de vorm nog wel iets veranderen als je het handvat hebt bevestigd, maar vaak bederf je door knijpen en buigen de boogvorm eerder en loop je het risico dat het oor gaat 'hangen' als je de pot omgekeerd laat drogen (iets wat zich vertaalt in een te 'spits' oor als de pot weer rechtop staat).

Aan de onderkant moet het oor nooit dunner zijn dan aan de bovenkant. Met oefening zul je het trekken wel zo onder de knie krijgen dat je het oor in het midden iets smaller krijgt dan aan beide uiteinden. Oren trekken aan de pot kan ook als je kleine oortjes aan een grote pot wilt maken of als je een handvat wilt maken dat recht uitsteekt als een steel. Zo'n handvat is in principe ook wel te gebruiken voor een melk- of koffiekan, maar moet dan wel iets onder het midden van de buik van de pot zijn bevestigd om ervoor te zorgen dat aan het gewicht van de kan bij het uitschenken voldoende tegenwicht kan worden gegeven.

Beginners maken handvatten meestal apart, maar houd de pot waarop het handvat moet passen steeds in het oog, dan loop je minder risico dat je jezelf in formaat of vorm vergist. In de doorsnee, die je vormt in de holte tussen je duim en wijsvinger, kun je het handvat symmetrisch maken door de kleistaaf tijdens het trekken 180° te draaien. Evenals de draaisporen op de zijkant van de pot zijn de profielen van oren zo persoonlijk als

### EEN STEEL

1-2 Als je aan een kleine kom een steel wilt maken, trek je die het beste van de pot en snijd je hem later op maat. Als je hem met een mes afsnijdt, zal de scherpe snijrand onprettig aanvoelen; als de pot droog is kun je die rand het beste afronden met schuurpapier.

je handschrift, en de meeste beginners zal het enige oefening kosten voor ze een vloeiend 'schrift' ontwikkeld hebben. Onthoud in ieder geval dat je 'wortel' klei zo dik moet zijn dat je er het handvat uit kunt trekken, terwijl je nog een stevige klomp bovenaan overhoudt om hem vast te houden. (Zo niet, dan breekt hij of glijdt hij je door de vingers.) Als de lengte en de vorm goed zijn, plak de bovenkant dan stevig vast op een horizontaal vlak, zodanig dat het handvat over de rand af kan hangen als de staart van een hond, en laat het handvat even wat drogen. Maak ten slotte altijd tweemaal zoveel handvatten als je nodig hebt of meer, want er gaat bij het vastzetten nogal eens wat fout. In de drukte van het werk tijdens een cursus zullen er best wat handvatten blijven hangen en te ver opdrogen om nog gebruikt te kunnen worden. Dat is gemakkelijk te testen:

Decoratieve oortjes op een mooie pot van Wayne Ngan. Ze zijn gemaakt van sliertjes klei die als kleine oren net onder de hals zijn bevestigd.

## MEERDERE OREN MAKEN

## AANZETTEN VAN HET OOR

Als je een aantal potten met oren maakt, zorg dan dat je genoeg oren van gelijke lengte en dikte hebt getrokken.

1-2 In het begin is het moeilijk om met zachte klei te werken zonder dat deze er 'bepoteld' uit gaat zien. Alleen met ervaring leer je een half getrokken handvat vlot vast te zetten op een geprepareerd vlakje bij de rand van een kan. Trek de kleistaaf met natte handen uit tot hij er elegant uitziet en gemakkelijk buigt.

zo'n afhangende 'staart' moet nog zo soepel zijn dat je hem in de juiste vorm kunt buigen zonder dat hij doorbreekt, maar niet zo vochtig dat hij aan je handen blijft plakken.

Als de klei droog genoeg is, zoek dan een geschikte kandidaat uit het rijtje dat je hebt hangen en knijp de dikke klomp aan het ene uiteinde af met je duim. Dit geeft een iets holle vorm die goed aansluit bij de bolling van de pot. Eerst maak je dit holle vlak iets ruw door er met de punt van een scherp potlood krassen of gaatjes in te maken. Datzelfde doe je bij het vlak op de wand van de pot waar je het oor wilt vastzetten. De aanhechting gaat het beste als je beide vlakken nog met wat water besprenkelt. Water kleeft beter dan dunne klei of 'slib', maar sommige pottenbakkers houden voor dit doel toch liever een schaal slib bij de hand.

Als je de kan of kruik nu iets 'voorover' laat leunen, zakt de kleistaaf in een boog naar beneden en duw je het onderste uiteinde met je duim tegen de wand van de pot, terwijl je tegelijkertijd het overtollige stuk afknijpt. Duw niet te

Een kan van aardewerk door Theresia Hebenstreit. De lijnen van de vogel zijn op de kan gekrast en de tuit vormt de snavel. Hoogte 71 cm.

hard, want daarmee kun je zelfs een leerharde pot beschadigen, en kijk ook goed of je met de aanhechting aan de bovenkant de gave ronding van de rand niet hebt verstoord. Verder moet je er bij een kan met een schenktuit op letten dat het handvat precies tegenover de tuit komt, anders wordt het schenken een smeerboel, en dat het handvat van boven gezien loodrecht op de wand staat, anders ligt het niet prettig in de hand.

Beginners zullen merken dat een oor vaak al bij het trekken breekt omdat het op een bepaald punt te dun is geworden. Of het wordt bobbelig en ontsiert de pot. Geen paniek: de techniek wordt met veel oefenen vanzelf duidelijk. Je kunt handvatten eventueel gieten (zie hoofdstuk 13), en er bestaat ook een heel ingenieuze techniek waarbij je een stuk heel stevig ijzerdraad met daarin een ovalen lus (als een monocle zonder glas) door een klomp geprepareerde klei trekt. Met deze laatste techniek trek je een onberispelijke staaf klei te voorschijn, waarvan je het profiel kunt aanpassen door de vorm van de draadlus te veranderen. Probeer het maar eens. De handvatten die je zo maakt zijn precies gelijk en na het maken sneller te bevestigen dan de handgetrokken exemplaren, maar ze missen leven en karakter. Handvatten die ongeveer even kunstmatig aandoen krijg je door van een gedraaide cilinder ringen te snijden en die dan als oor aan de zijkant van een pot vast te maken.

Bij een kan zijn er zoveel mogelijke combinaties van vormen, tuiten en handvatten dat een pottenbakker alleen daarmee al een leven lang toe zou kunnen. Kannen en kruiken hebben geen enkele toelichting nodig: je bewaart en vervoert er vloeistoffen in en dat is iets van alle tijden en alle culturen. In musea zie je middeleeuwse kannen en kruiken die ondanks het grove materiaal dat ervoor is gebruikt een perfecte vorm hebben, waartegen onze industrieel geproduceerde kannen vaak ordinair, ja spuuglelijk, afsteken ondanks alle kennis en vernuft die er in de jaren '30 en ook nu weer in wordt gestoken.

3 Buig het handvat om naar de plek waar het moet komen. Dit plekje moet tevoren zijn opgeruwd om een goede hechting te krijgen.

4 Knijp het overtollige stuk klei af en druk de onderkant vast zoals hierboven. Strijk de aansluiting dan glad.

### Deksels

Als een beginner aan het maken van een theepot toe is, heeft hij of zij werkelijk vooruitgang geboekt, want dit is van de potten voor dagelijks gebruik de moeilijkste. De basisvorm moet zo gemaakt worden dat er een deksel op past dat er bij het uitschenken niet af valt. Tuit en deksel worden tegelijkertijd met de pot gemaakt, het handvat komt later. De pot waarvan een theepot wordt gemaakt zal er zonder deze toevoegingen meestal wat lomp uitzien. Hij krijgt een speciaal soort rand, meestal met een flens en een 'brit' waarin het deksel past. Zo'n flens draai je in een paar seconden, aan het eind van het draaiproces van de pot.

Je zorgt ervoor dat je voor de hals van de pot meer klei overhoudt dan normaal en strijkt de rand eerst glad met de wijsvinger van je rechterhand. Dan deel je met de duimnagel van je linkerhand de rand in tweeën en duwt omlaag, zodat er een 'verdieping' ontstaat. De rand die blijft staan moet niet te dun zijn, maar een nogal hoekig profiel hebben en naar binnen toe iets breder uitlopen. Als deze flens niet strak en glad is, valt hij later moeilijker schoon te maken. Echt subtiel werken gaat het beste met je duim en duimnagel, maar als je nagel echt scheef staat (of te lang of afgekloven is) kun je ook een houten spateltje gebruiken.

Om de binnenrand van de flens (de 'brit') glad af te werken is een stukje zeemleer handig. Kijk de buitenrand na dit werk goed na, om te zien of deze nog perfect rond is. Het is lastig nog iets aan de binnenkant van de pot te doen zonder de flens te beschadigen, dus deze moet nu zijn definitieve vorm krijgen.

Met een krompasser neem je, direct nadat de pot van de draaischijf is gehaald, op twee punten de maat om te bepalen hoe breed het deksel moet worden en hoe breed de flens op het deksel. Je hebt daarvoor slechts één krompasser nodig; de maten 'bewaar' je door na de meting met de punten van de passer afdrukken te maken in een stuk ongedroogde klei.

Het deksel wordt direct na de pot gedraaid van dezelfde soort klei, dus met dezelfde kleur en krimping. Het deksel krijgt ook een flens, om te voorkomen dat het bij het schenken van de pot valt, een knop en bij traditioneel werk ook een gaatje voor de stoom. Het deksel kan op twee manieren worden gedraaid: rechtop of omgekeerd. Omgekeerd betekent dat je eerst de wijdte van de flens draait, steeds vergelijkend met de krompasser; de bovenkant krijgt zijn vorm bij het afdraaien als het deksel leerhard is geworden (zie hoofdstuk 7). Dit is allemaal gemakkelijker dan het klinkt, zelfs gemakkelijker dan het er op de foto's uitziet. Als je ervoor kiest het deksel rechtop te draaien, is de knop gemakkelijk omhoog te krijgen door de bal klei met je duim iets uit het midden open te werken. Een deksel dat je 'rechtop' hebt gedraaid moet een erg dikke bodem hebben, omdat je die bij het afdraaien gaat uithollen (zie hoofdstuk 7).

Deksels maken is een nogal tijdrovend karweitje, vandaar dat de deksels voor serieproductie zo worden ontworpen dat ze snel en zonder al te veel nadere bewerkingen kunnen worden gedraaid. De vorm van het deksel en de methode waarmee je het maakt moet echter niet te veel afwijken van die van de pot zelf. Het profiel van het deksel moet de lijn van de pot voortzetten of aanvullen, daarom houdt de pottenbakker de pot in het zicht terwijl hij het deksel maakt.

## EEN FLENS MAKEN

1 Theepotten, maar ook voorraadpotten, moeten een goed sluitend deksel hebben. Hiervoor maak je een flens en daarbinnen een 'brit' waarop het deksel rust.

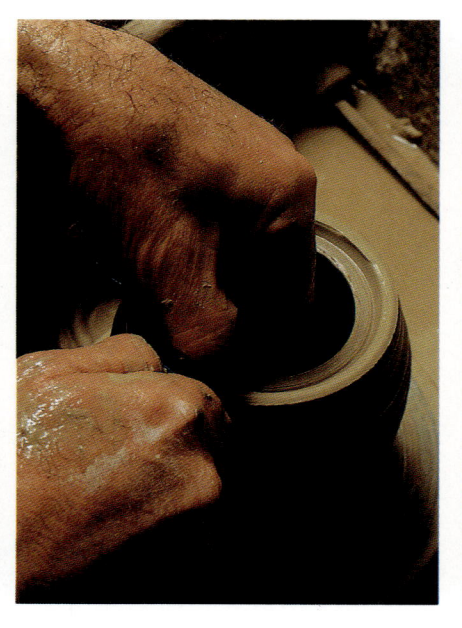

2 Als je de rand dikker en vlak hebt gemaakt is het eenvoudiger dan het lijkt om een deel van deze vlakke rand met je duimnagel of een spateltje terug omlaag te drukken.

3 Meet nu de binnen- en buitenwijdte van de rand, dan weet je hoe breed je het deksel en de flens daarvan moet maken.

## DEKSELS, SCHENKTUITEN, HANDVATTEN EN SAMENGESTELDE POTTEN 47

Doe je dat niet, dan zit je al gauw met een deksel dat misschien wel past op, maar niet bij de pot.

Als het deksel een sterk gebogen vorm moet hebben, is het bij omgekeerd draaien nauwelijks iets anders dan een kommetje met een wat afgeplatte rand. De knop zet je er later op. Zo'n deksel kan echter ook rechtop, als een soort bijenkorfje, worden gedraaid. De juiste maat is natuurlijk essentieel, maar niet zo gemakkelijk: het deksel moet gemakkelijk, maar zonder al te veel speling op de pot passen. Ook is het nog niet zo simpel er een knop op te maken die stevig genoeg is om hem goed vast te kunnen houden en niet afbreekt bij het afwassen, maar tegelijkertijd niet te grof is voor het elegante theepotje.

Het aantal mogelijke variaties is onbeperkt, maar niet alle zijn even praktisch. Een te hoog deksel gaat wiebelen als je de pot schuin houdt en een te klein knopje wordt al gauw te heet voor je

Een luxueus porseleinen espressoservies door Carol Roorbach.

### DEKSELS ONDERSTEBOVEN

Een deksel ondersteboven draaien is gemakkelijk. Je trekt een 'hals' op zoals hierboven, en vergelijkt de breedte ervan steeds met de krompasser.

### DEKSELS RECHTOP

1 Als je een deksel rechtop wilt draaien, moet je aan de onderkant genoeg klei overlaten zodat je er bij het afdraaien nog een flens uit kunt halen.

2 Neem je deksel de maat met de krompasser. Maak het niet te klein. Je kunt het al draaiend wel smaller maar niet breder maken.

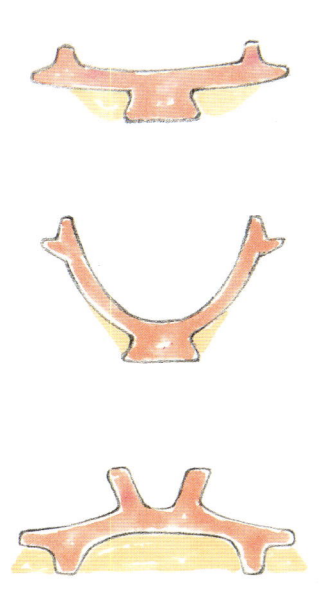

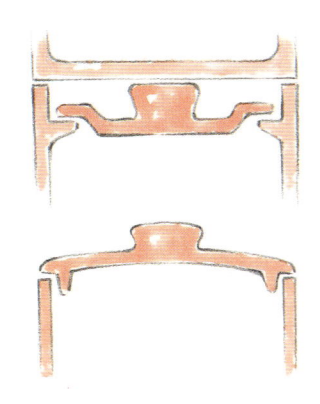

Links: Verschillende typen deksels die omgekeerd (bovenste twee) en rechtop worden gedraaid. De geel gekleurde vlakken geven de gedeeltes aan die bij het afdraaien nog verwijderd worden.

Boven: Deksels voor voorraadpotten; met het bovenste deksel kunnen de potten gestapeld worden.

vingers. De knop kun je draaien als het deksel leerhard is. Een klein balletje vochtige klei plakt gemakkelijk midden op het deksel. Met een beetje water draai je er een knopje uit; eventuele overtollige klei snijd je weg (zie bladzijde 63). Dit lijkt misschien een wat zonderlinge aanpak, maar deze scheelt je een hoop werk bij het latere afdraaien.

Andere potten dan theepotten stellen andere eisen aan deksels. Bij voorraadpotten is het bijvoorbeeld handig als ze een plat deksel hebben, eventueel met een verzonken knop, zodat je ze kunt opstapelen. Behalve met behulp van rubberen of kurken ringen sluiten keramische deksels vrijwel nooit luchtdicht af, daarom moet je bij potten die je goed moet kunnen schoonmaken, zoals jam- of mosterdpotjes, de profielen zo eenvoudig en strak mogelijk houden. Hier is een deksel dat over de hals van de pot valt wellicht het meest geschikt. Echt grote deksels voor ovenschalen draai je het beste op een losse hulpplaat (zie bladzijde 37), zodat je ze daarna gemakkelijk met hulpplaat en al van de draaischijf haalt. Deksels van ovenschalen schieten nogal eens tekort omdat ze juist in hun 'natuurlijke' omgeving – de gloeiende en altijd te kleine oven – onhandelbaar blijken. Ze moeten een handvat hebben dat je ook met een ovenwant aan goed kunt vasthouden, maar dat tegelijkertijd niet te hoog uitsteekt, anders kun je er geen rooster meer boven plaatsen. De ovenschotels zelf hebben aan de zijkant vaak oortjes voor het gemak; het is het beste als het deksel een vrij diepe flens heeft en ook van opzij opgetild kan worden zonder dat het van de schaal glijdt.

## Schenktuit

Onze theepot heeft nog altijd een schenktuit nodig, en die kan worden gegoten (zie hoofdstuk 13) of gedraaid. Andere handvormtechnieken zijn voor zo'n fijn werkje waarschijnlijk te grof. Het is niet zo moeilijk een taps toelopende en holle 'schoorsteen' van de mast te draaien. Open de klei zoals gewoonlijk met je duim, maar gebruik om de klei op te trekken allen de pink van je linkerhand, anders wordt de tuit te lomp. Werk de mond iets uitlopend af en snijd het pijpje aan de onderkant van de mast en zet het te drogen op een tegel. Net als bij oren kun je ook beter een paar reserve-tuiten maken voor het geval er straks iets mis gaat.

Het draaien is nog het makkelijkste onderdeel. Als de tuit leerhard is snijd je de brede onderkant met een mes schuin af zodat deze past op de buik van de pot. Dan plaats je hem op de plaats waar hij moet komen en kras je de omtrek ervan op de pot. In de wand van de pot komen gaatjes die de thee doorlaten maar de bladeren tegenhouden, en die maak je met een boortje van zo'n 5 mm dik. Je steunt de wand aan de binnenkant met je hand of een paar vingers en draait het boortje voorzichtig met de andere hand naar binnen.

Aan de bovenkant kun je de tuit ook schuin afsnijden, maar dit is niet strikt noodzakelijk. Je krast zowel de plek op de pot waar de tuit komt als de onderrand van de tuit zelf wat in, doet wat water op beide vlakken en drukt ze stevig op elkaar. De klassieke fout is die waarbij het hoogste punt van de tuit lager ligt dan de rand van de pot: als je de pot dan vult, begint deze op een bepaald moment al te 'schenken' zonder dat je erom gevraagd hebt.

Naast koffie- en theepotten kun je natuurlijk ook drinkbekers van een tuit voorzien, zoals je voor allerlei potten handvatten en deksels nodig hebt. Je kunt zulke elementen ook zuiver decoratief toepassen. Maar om praktisch bruikbaar te zijn moeten ze datgene doen waarvoor ze bestemd zijn en goed in de hand liggen. De vakman maakt ze

## DE TUIT DRAAIEN

1 Dunne vingers zijn handig als je een tuit voor een theepot draait. Hij wordt opgewerkt als een minicilinder, dan ingesnoerd tot de gewenste vorm.

DEKSELS, SCHENKTUITEN, HANDVATTEN EN SAMENGESTELDE POTTEN 49

Hierboven: Theepot met tenmoku-glazuur door de auteur. Een prettige theepot heeft een knop die je gemakkelijk vastpakt en een zo diepe hals dat het deksel er bij het schenken niet afvalt.

Rechtsonder: Een elegante theepot met een bamboe hengsel door Geoffrey Whiting.

2 De rand van de tuit moet echt fijn zijn om druppelen te voorkomen, een uitzondering op de regel dat de rand van een pot niet dunner moet zijn dan de wand.

snel en routineus, de amateur zal er enige oefening voor nodig hebben.

**Samengestelde potten**
Een 'samengestelde' pot ontstaat als je verschillende apart gemaakte onderdelen samenvoegt. De onderdelen kunnen gedraaid, met de hand gevormd of gegoten zijn; je hebt dus een grotere vrijheid dan wanneer je een werkstuk alleen aan de draaischijf maakt. Gedraaide cilinders kun je opeen stapelen tot een toren van meer dan een meter hoog, je kunt ze versnijden en dwars op elkaar zetten of tot totaal onherkenbare sculpturale arrangementen verwerken.

De techniek is op zichzelf heel eenvoudig. Gedraaide stukken kun je snijden als ze leerhard zijn; de samen te voegen vlakken ruw je op of kras je in, dan

## EEN THEEPOT SAMENSTELLEN

1 Houd de leerharde tuit tegen de pot om vast te stellen waar hij moet komen. De mond van de tuit moet ongeveer op gelijke hoogte komen met de flens in de rand.

2 Snijd de onderkant van de tuit schuin af; de tuit moet natuurlijk goed op de pot passen.

3 Soms wordt de mond van de tuit bijna horizontaal gesneden voordat deze op de pot wordt bevestigd; de scherpe rand gaat het druppelen tegen.

4 Een soort appelboor met een schuin afgesneden metalen buisje aan het eind is handig om de waaier zeefgaatjes onderaan de tuit te boren.

5 De vlakken van de pot en de tuit die je samenvoegt moeten eerst ingekrast en nat gemaakt worden, anders sluit de las niet goed.

6 De las wordt afgewerkt met een spatel of mesje. Het kan nodig zijn een ringetje klei in de las te werken om deze goed sluitend te maken.

DEKSELS, SCHENKTUITEN, HANDVATTEN EN SAMENGESTELDE POTTEN  51

De doorsnede van een standaard-theepot (links) van Julia en Bryan Newman toont het vakmanschap van de makers. De voltooide maar nog niet gebakken pot hierboven is ook van de Newmans; het hengsel is gemaakt van een ring die van een brede gedraaide cilinder werd afgesneden.

7 Het getrokken handvat wordt op de normale manier vastgezet, maar let op dat het precies tegenover de tuit komt.

8 Het traditionele theepotdeksel heeft een klein gaatje dat je midden in de knop dan wel ernaast kunt maken.

9 Als het deksel op maat is afgedraaid, zet je het op de theepot zodat de twee delen gezamenlijk kunnen drogen, en krimpen.

maak je ze nat met een beetje water, en plakken maar. Klei is natuurlijk zwaar, en de zwaartekracht is een factor waarmee je in elk ontwerp rekening moet houden. Soms is het leuke aan samengestelde potten juist dat ze lijken te spotten met de zwaartekracht, maar stukken die voor gebruik zijn bedoeld worden onpraktisch als ze een extreem geplaatst zwaartepunt of een al te grillige vorm hebben.

Met heel veel geduld zal het best lukken een heel hoge cilinder uit één stuk te draaien, maar omdat de klei nog zacht is wordt zo'n vorm al gauw onstabiel. Het is veel praktischer zo'n vorm uit twee delen te maken die je samenvoegt als ze beide hard genoeg zijn om het gewicht te dragen.

Zolang samengestelde potten nog één verticale as hebben, kun je ze na samenvoeging op de draaischijf met een afdraai-ijzer afwerken (zie hoofdstuk 7) om de las onzichtbaar te maken, maar dat kun je ook doen door er een ring klei op aan te brengen. Het idee is eenvoudig maar moeilijk uit te leggen: als je met een rolletje klei een ring rond de pot legt

## EEN FRUITSCHAAL SAMENSTELLEN

1 Een fruitschaal is een eenvoudig samengesteld werkstuk om mee te beginnen: een gedraaide schaal op een gedraaide voet; ze worden samengevoegd als ze leerhard zijn.

2 Je krast de vlakken aan de onderkant van de schaal en de bovenkant van de voet die worden samengevoegd in en maakt ze nat om een stevige verbinding te krijgen.

3 Controleer of de voet precies in het midden zit door de schijf te draaien (zie blz. 58). Het is niet gemakkelijk twee gedraaide vormen harmonisch samen te voegen.

DEKSELS, SCHENKTUITEN, HANDVATTEN EN SAMENGESTELDE POTTEN 53

op de punt waar de twee delen zijn samengevoegd, maak je de las met je handen en een klein beetje water heel eenvoudig compleet onzichtbaar.

Bij samengestelde potten is het niet zozeer de techniek maar de esthetiek die alle aandacht in beslag neemt. Hoe je twee aparte en ongelijke vormen tot een bevredigend geheel kunt samenvoegen, het is nuttige oefenstof voor beginners en een levenslange obsessie voor sommige volleerde pottenbakkers. Als het je lukt, krijgt je samengestelde pot een geheel eigen spanning zoals je die bij potten uit één stuk niet aantreft. Gedraaide potten moeten er 'ontspannen' uitzien. Het werk aan samengestelde potten geeft de pottenbakker een unieke gelegenheid eens in een ander tempo en op een andere schaal te werken.

Twee contrasterende voorbeelden van samengestelde potten. De traditionele oosterse kruik van Bernard Leach (bladzijde hiernaast boven) is gemaakt uit twee op een drukmal gevormde plakken (zie hoofdstuk 12) waaraan een gedraaide hals en voet werden toegevoegd. De volkomen originele schopvorm van Hans Coper (rechts) is gemaakt van twee gedraaide cilinders, waarvan de ene platgedrukt in de andere is gezet.

## IN DE VITRINE
# THEEPOTTEN

**Links**
SHOJI HAMADA
De facetten van de pot zelf keren terug in het gesneden hengsel, hetgeen de pot een oosters aandoende elegantie geeft.

**Rechts**
JANE HAMLYN
Het hengsel, de buik en het deksel van deze pot zijn gedecoreerd met (rol-)stempels en de pot werd terwijl hij nog vochtig was ingedrukt tot deze kenmerkende ovale vorm.

**Links**
WALTER KEELER
Ook een theepot met een buitenissige vorm – en daar zijn in de geschiedenis talrijke voorbeelden van te vinden – kan heel functioneel zijn. De tuit, het handvat en de krul op het deksel van deze theepot met zoutglazuur zijn gemaakt met een extrusiepers (zie bladzijde 99).

Onder
TAKESHI YASUDA
De welhaast zinnelijke welvingen van deze pot komen goed uit dankzij de decoratie met witte engobe en transparant glimmend glazuur, nog geaccentueerd met navelachtige blaadjes en de bruine vlekken van mangaan- en kopercarbonaat.

Links
ARNOLD ZIMMERMAN
'Theepot met blauwe krul'. Het handvat, de tuit en het deksel hoeven niet altijd de conventie te volgen. De robuuste maar wat grillige vormen zijn hier even bepalend voor het ontwerp als de stoere versiering gemaakt met een afstoottechniek.

Rechts
MICHAEL CASSON
Dit grappige ontwerp met zijn uitgesneden tuit en voetjes doet denken aan een metalen ketel, maar het deksel en handvat zijn gemaakt met gevlochten strengen klei. De pot werd versierd met dun wit slib van balklei en zoutgeglazuurd.

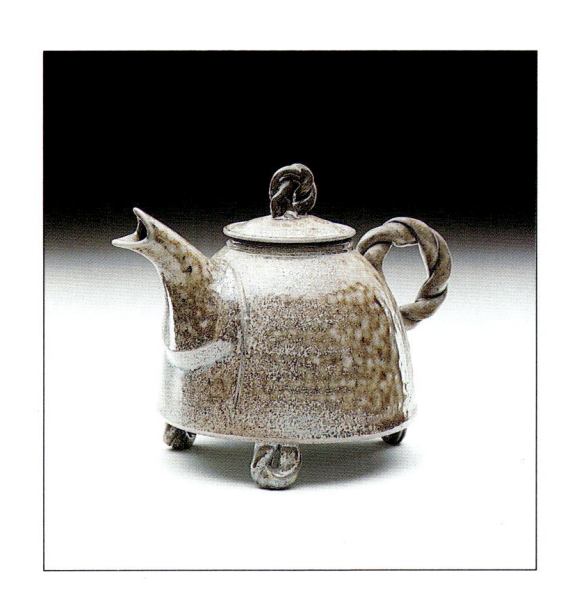

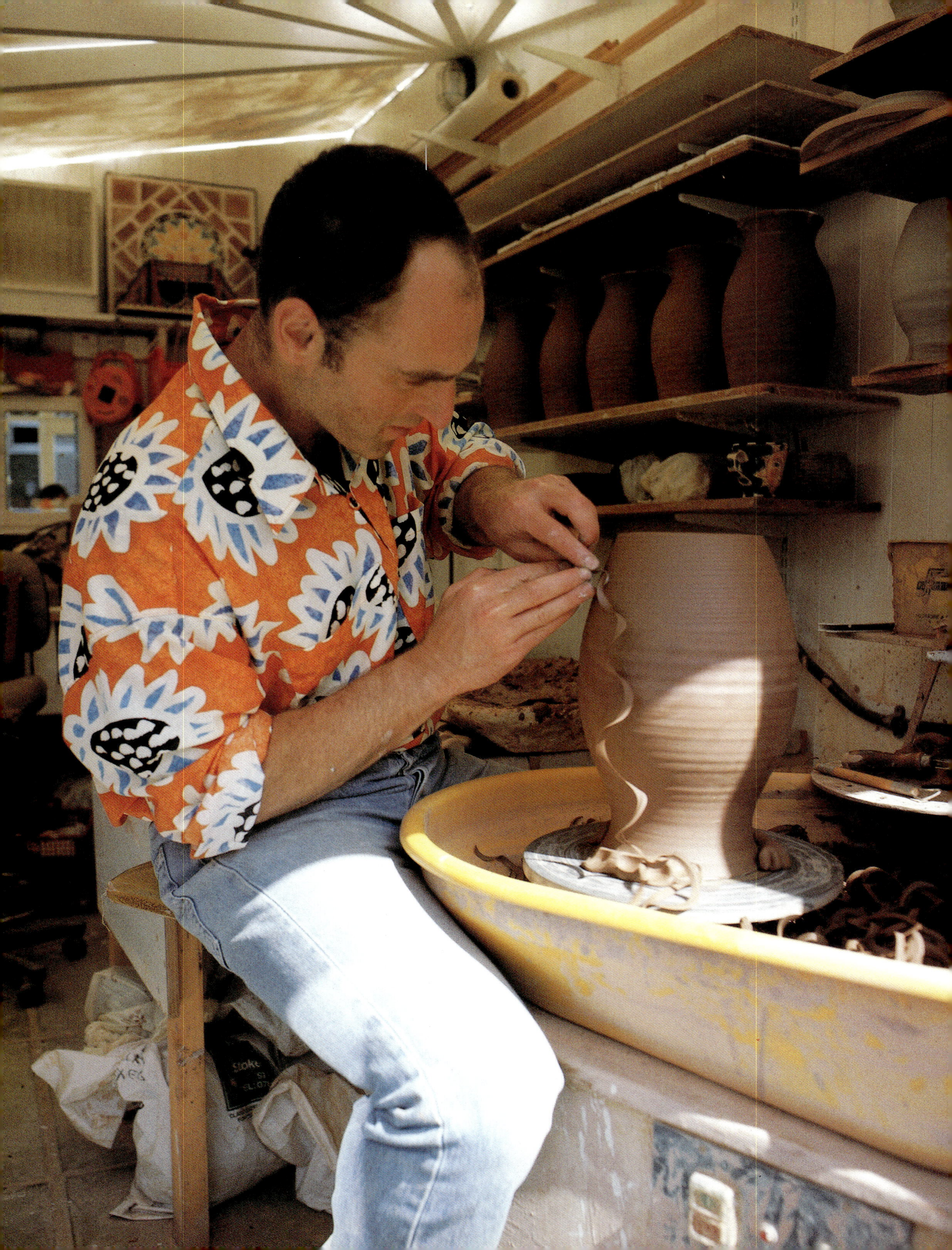
Stoke

# 7
# AFDRAAIEN EN AFWERKEN

Als een pot van de schijf is gehaald kun je hem helemaal laten drogen en vervolgens zonder meer bakken in de oven. Meestal is er echter tijdens het drogen nog wel het één en ander aan te doen. Het kan zijn dat je de vorm nog iets wilt veranderen (bijvoorbeeld hoekiger maken of hollingen in de klei duwen) terwijl de klei nog nat is. Meestal zul je de pot echter, als hij 'leerhard' is geworden nog willen 'schrooien' of afdraaien.

De termen 'leerhard' of 'kaashard' spreken min of meer vanzelf; in dit stadium kun je voorwerpen van klei oppakken en bewerken zonder veel gevaar dat je ze vervormt; ook kun je ze met een mes gemakkelijk 'afschrapen'. Als het schraapsel dat je verwijdert loskomt in de vorm van stukjes in plaats van appelschillen, dan is de klei al te hard geworden, en als de wand van de pot al bij lichte druk meegeeft, is ze nog te zacht. Het leerharde stadium is ook het laatste waarin je het oppervlak van de pot nog werkelijk kunt veranderen met insnijdingen, cannelures, perforaties of het aanbrengen van een sliblaag zoals beschreven in hoofdstuk 18.

## Het drogen van de pot

Het drogen van de pot moet goed gecontroleerd en niet overhaast gebeuren. Als de pot vanuit één richting wordt verwarmd, zal de ene kant sneller drogen dan de andere kant en wordt de vorm onherstelbaar vervormd. De aan de lucht blootgestelde delen van een pot drogen sneller dan de voet. Om te voorkomen dat de rand relatief te snel droogt en gaat barsten kun je de pot het beste een tijdje op z'n kop op een vlak oppervlak leggen zodra de rand stevig genoeg is om de pot te dragen; nu droogt de bodem sneller dan de rand.

Potten die geheel zijn gedroogd kunnen niet meer worden afgedraaid en droge potten weer nat maken onder de kraan of door ze in een bak water onder te dompelen is een riskante aangelegenheid. Idealiter moet je precies gebruik maken van het moment dat de pot leerhard is, maar dit geeft een probleem voor cursusdeelnemers die maar eens per week aan het werk kunnen. In de vochtige herfstmaanden kun je een pot wel een weekje of langer laten staan, afhankelijk van het formaat en de dikte, maar in de zomer bereikt hij al in een paar uur het leerharde stadium. Veel pottenbakkers die thuis werken hebben een 'vochtige kast' die je luchtdicht kunt afsluiten om het verdampende vocht binnen te houden, maar die maar al te vaak open blijven staan. Als je maar eens per week aan een pot kunt werken wordt een vrij luchtdicht koekjesblik een onmisbaar hulpmiddel. Het probleem daarmee is natuurlijk dat je niet kunt zien wat erin zit en dat je je werkstuk al snel beschadigt als je er niet heel voorzichtig mee omspringt. Een duurder maar beter alternatief is een stevige en doorzichtige, luchtdicht afsluitbare plastic bak.

## Afdraaien

In het leerharde stadium worden toevoegingen als tuiten en oren aan de 'moederpot' bevestigd en afzonderlijk gedraaide onderdelen samengevoegd tot samengestelde potten, zoals beschreven in hoofdstuk 6. Maar veel mensen denken bij 'leerhard' direct aan 'afdraaien'. Bij het afdraaien wordt de pot opnieuw op de draaischijf geplaatst en bewerkt met metalen instrumenten om overtollige klei te verwijderen. Dit kan een cruciale fase in het creatieve proces zijn, waarin het hele oppervlak, zowel buiten als binnen, nog ingrijpende veranderingen ondergaat. Normaal gesproken, en zeker voor beginners, dient het afdraaien echter vooral om kleine correcties aan te brengen op de gedraaide vorm.

Het afdraaien gaat veel langzamer dan het draaien zelf; beginners zijn soms een half uur of langer bezig een pot af te draaien die ze in een minuut of drie uit de klei hebben getrokken. In feite is dit absurd. De pottenbakker had in dezelfde tijd, en misschien met meer succes, nog een aantal nieuwe potten kunnen draaien. Als beginner moet je oppassen voor de valkuil dat je de vorm te grof gaat draaien in de hoop dat je er bij het afdraaien nog iets leuks van kunt maken. In cursussen leidt dit er ook toe dat de schaarse draaischijven urenlang worden gemonopoliseerd door 'afdraaiers' en iedereen geïrriteerd raakt. Vaak worden voor het afdraaien schopschijven gebruikt en blijven de elektrische schijven gereserveerd voor het draaien. Maar als een elektrische schijf beschikbaar is, gaat het even goed en waarschijnlijk sneller.

**BEWERKEN VAN DE CONTOUREN**

Om de contouren van een gedraaide, nog natte, pot bij te werken, gebruik je het best een buigzaam instrument. Een gespleten bamboestokje is bijvoorbeeld beter dan een metalen staaf. Om de contouren van gedraaide of gegoten cilindervormen te veranderen kun je, zoals hier, een piramide van gips als mal gebruiken.

Afdraaien is niet heilig, het is geen verplicht ritueel. Beoordeel de pot eerst goed op vorm en gewicht. Afdraaien is alleen nodig als daar iets aan schort. Goed gedraaide, eenvoudige vormen hoeven niet te worden afgedraaid.

**Het centreren van de pot**
Net als bij het draaien wordt het werkstuk voor het afdraaien op de draaischijf gecentreerd, bewerkt en er weer afgehaald, en kunnen zich in elk stadium nog kleine rampen voltrekken. De meeste open vormen worden omgekeerd op de draaischijf gezet, zodat de zo zorgvuldig gevormde rand in aanraking komt met de metalen schijf en gemakkelijk beschadigd kan raken. Als de schijf te nat is kan de rand ook zachter worden en inzakken. Als de draaischijf geheel droog is zul je de pot op zijn plaats moeten houden met behulp van een lange 'worst' klei die je als een wal rond de rand legt. Ook kun je drie balletjes klei gebruiken, die liefst wat droger moeten zijn dan wanneer je er iets van zou draaien. Om het centreren van de leerharde pot te vergemakkelijken maak je met je nagel eerst een aantal concentrische cirkels op de draaiende, vochtige schijf. Sommige houten of metalen schijven worden al geleverd met zulke cirkels; als die niet meer dan een halve centimeter van elkaar liggen is het niet moeilijk de rand er precies tussen te leggen. De balletjes of kleiworst voeg je natuurlijk pas toe als je de pot hebt gecentreerd.

Veel ervaren pottenbakkers hebben zulke hulpjes niet nodig en vertrouwen op de natuurlijke aantrekkingskracht tussen de vochtige rand en schijf, maar als beginner kun je ze maar beter wel gebruiken, al moet je oppassen dat je de rand van je pot niet vervormt door er te veel zijwaartse druk op uit te oefenen. Het is doodzonde als je pot nou net bij het afdraaien van de schijf glijdt en in de spatbak stort. Voor een werkstuk met tere en kwetsbare randen kun je ook een 'bedje' maken door de schijf te bedekken met een plak vrij harde klei. Die is zachter voor je pot dan de metalen schijf, maar om te voorkomen dat de rand van je pot eraan blijft plakken kun je soms het beste eerst wat poederklei op het 'bedje' strooien.

Door de pot op zijn kop te zetten kun je de voet – die bij het draaien immers onbereikbaar is – zijn definitieve vorm geven, iets wat vooral bij een schaal of kom van belang is. Verticale vormen als vazen, kruiken en koffiepotten hebben niet altijd een uitgesproken voetstuk nodig en als je die aan de onderkant nog wat moet schoonmaken kun je die bij het afdraaien ook rechtop op de draaischijf zetten.

Of de pot goed gecentreerd is, zie je gemakkelijk als de draaischijf draait – zo niet, dan wiebelt hij – maar als je de schijf dan stilzet zie je minder gemakkelijk waar het probleem nu eigenlijk zat. De oplossing hiervoor is simpel: laat de schijf draaien en beweeg een naald of ander puntig instrument steeds dichter bij het wijdste punt van de pot. Zet de draaischijf stop zodra de punt het oppervlak heeft geraakt. Als de kras die je met de naald hebt gemaakt helemaal rondom zit, dan staat de pot precies in het midden, maar als je naald maar een deel van het oppervlak heeft geraakt, dan moet de pot vanaf het punt waar de kras het diepst is naar achteren geduwd worden. Hoe ver? Dat is een kwestie van

---

**VASTZETTEN OP DE SCHIJF 1**    **EEN STANDRING AFDRAAIEN**

Met je vinger of een naald kun je voelen of de omgekeerde pot goed op de draaischijf is gecentreerd. De pot wordt op zijn plaats gehouden met kleiproppen.

1 Zorg eerst dat de pot goed gecentreerd is en geef dan op de bodem de binnen- en buitenrand van de standring aan.

2 Gebruik een scherp afdraai-ijzer en houd het stevig vast. De duim van de linkerhand dient als steuntje, de rest kan de pot zo nodig tegenhouden.

ervaring, maar meestal is het minder dan je denkt. Zet je steuntjes eerst weer vast voor je het opnieuw probeert. Hopelijk staat de pot nu goed, maar controleer dat nogmaals op dezelfde manier en rust niet voor dat ook inderdaad het geval is.

Het gladde profiel van deze aardewerken kom van Duncan Ross kwam bij het afdraaien tot stand.

3 Snijd de klei eerst weg aan de buitenkant van de standring. De leerharde klei moet loskomen als een appelschil; als je alleen kleine vlokken afsnijdt is de klei te droog.

4 Keer je draai-ijzer om en begin aan de binnenkant van de ring. Blijf proberen de ronding van de binnenkant van de kom te volgen.

5 Kijk nog eens goed naar het buitenprofiel van de standring als je klaar denkt te zijn. Dit heeft een grote invloed op de vorm van het geheel, en niet altijd een goede.

Voor het afdraaien kun je allerlei gereedschap gebruiken. Voor holle vormen gebruik je een bol instrument; voor bolle vormen meestal een recht.
Links de zelfslijpende bandmirette van Hans Coper.

## Afdraaigereedschap

Voor het afdraaien kun je alles gebruiken waarmee je klei kunt snijden, schrapen of schaven. Er zijn talloze instrumenten in de handel, maar sommigen kunnen beter uit de voeten met een gebroken aardappelschilmesje dan met welk gereedschap dan ook. Lucie Rie gebruikte al jarenlang alleen een scherpe naald en een scheermes bij het afdraaien, tot ze van Hans Coper een zelfgemaakt en zelfslijpend stuk gereedschap kreeg, gemaakt van bandijzer. De meeste afdraaigereedschappen zijn metalen strips die aan het eind onder een rechte hoek zijn gebogen en in een bepaald profiel gevormd; als ze scherp zijn is met al deze instrumenten te werken. Met een bol blad kun je er holle vormen mee maken, maar voor rechte of ook bolle vormen kun je beter een recht blad gebruiken. Je hebt dus in ieder geval één van elk nodig. Net als bij een schroevendraaier werk je met een zwaarder afdraai-ijzer lichter omdat je er minder druk op hoeft uit te oefenen. Mirettes van gebogen metaaldraad zijn natuurlijk nooit zwaar, maar het draad moet wel goed sterk zijn en niet te veel buigen.

Bij cursussen en workshops liggen afdraaigereedschappen te vaak rond te slingeren in een vochtige omgeving, gaan roesten en worden bot. Het beste kun je zelf een scherp stuk afdraaigereedschap meebrengen, met je naam erop.

## De dikte controleren

Voor je klei gaat afdraaien moet je natuurlijk weten hoe ver je kunt gaan. Hoe dik is de pot aan de voet? Bij een open schaal is dat vrij makkelijk na te gaan met je vingers. Bij een gesloten pot is het minder gemakkelijk, al krijg je wel een idee als je een speld door de voet duwt. Je voelt vanzelf wanneer je er doorheen bent en het gaatje dat de speld achterlaat vult zich bij het afdraaien vanzelf weer op.

Als de pot eenmaal omgekeerd op de draaischijf staat kun je de dikte van de bodem of wand niet meer bepalen, tenzij door erop te drukken. Aan het geluid dat de bodem maakt als je erop tikt heb je weinig, want de donkere toon van een dikke bodem verandert pas echt hoorbaar als hij vliesdun, dus té dun, is geworden. De meeste beginners draaien

---

### VASTZETTEN OP DE SCHIJF 2

1-2 Om een leerharde pot vast te zetten kun je ook eerst een plak vrij droge klei op de schijf leggen en die markeren met concentrische cirkels om de positie van je werkstuk gemakkelijker te bepalen. De klei van deze plak mag niet kleverig zijn, anders beschadig je de rand van je pot.

### MASSAPRODUCTIE

Pottenbakkers die een vorm willen herhalen, gebruiken graag een steun van gips bij het afdraaien. Zo'n pasmal is ook handig om de afmetingen te controleren.

zichzelf eerst een aantal malen dwars door de bodem van hun pot heen, en zodra er een gat verschijnt moet je de pot weggooien. Met klei van dezelfde hardheid kun je een gat wel repareren, maar je kunt beter goed leren afdraaien dan goed leren repareren.

### Afdraaitechniek

Werk net als bij het draaien altijd aan de rechterkant van de pot, met het gereedschap in je rechterhand, zo nodig ondersteund door de linker duim. Eventueel hou je de rest van je linkerhand gereed aan de andere kant van de pot, klaar om hem op te vangen als hij van de schijf wil gaan schuiven. De hoek waaronder het blad de pot raakt is van groot belang. Door te experimenteren ga je dat vanzelf aanvoelen, maar het is altijd een vrij kleine hoek, veel minder dan 90°, zodat je in feite de klei van de pot schaaft en je gereedschap niet gaat 'hakkelen'.

Als je het draaiijzer niet in de juiste stand houdt gaat het ongelijkmatig, hakkelend, snijden en ontstaan er ribbels als golfjes op het water. Ze zijn altijd lelijk en meestal moeilijk weer te verwijderen. Zodra ze beginnen te verschijnen moet je ophouden met werken en de oorzaak opsporen. Naast een foute snijhoek zijn bot gereedschap en te droge klei veel voorkomende oorzaken. De remedie ligt voor de hand: de snijhoek veranderen, het gereedschap slijpen of de klei vochtig maken met een spons.

De oppervlaktetextuur die je met afdraaigereedschap krijgt is onvermijdelijk een andere dan de afdruk die je vingers bij het draaien achterlaten en de overgang tussen die twee verschillende texturen kan lelijk zijn. Om dit verschil op te heffen kun je de hele pot nog eens licht afdraaien, maar daarmee boet hij wel aan levendigheid in een krijgt een wat mechanische aanblik. Beter kun je het afdraaien beperken tot het voetstuk en oefenen op het maken van een mooie overgang.

Een voet die alleen is gedraaid kan in esthetisch opzicht, ondanks de onvermijdelijke afdrukken van je vingers als je de pot van de schijf haalt, vaak toch bevredigender zijn dan een glad en perfect afgedraaide voet, terwijl een lichte bewerking van de wand met een afdraaigereedschap het karakter ervan al danig kan aantasten. Als je het toch gaat proberen, let dan op het volgende: als de pot ondersteboven staat is het heel moeilijk de verhoudingen nog goed te beoordelen; kijk dus voorafgaand aan het afdraaien, als de pot nog rechtop staat heel goed, welke veranderingen je precies in het profiel wilt aanbrengen en hoe je dat gaat aanpakken.

Het is in ieder geval van groot belang erop toe te zien dat de voltooide pot geen scherpe randen heeft die in aanraking komen met de tafel of een ander oppervlak waarop hij komt te staan. Het glazuur op een scherpe rand kan na het branden zo scherp worden als gebroken glas, zodat je je kunt bezeren en krassen in je tafel krijgt. Alle 'hoeken' moeten daarom worden afgerond. Voor het gebruik is slechts een heel lichte afronding nodig die de aanblik van strakke en scherpe contouren niet hoeft te bederven.

### Het maken van een standring

Hoewel het bij veel staande vormen niet of nauwelijks nodig is nog iets aan de voet te doen bij het afdraaien, kun je bij kommen en schalen het buitenprofiel zo vormen dat dit het profiel van de binnenkant volgt. De bodem van de schaal wordt dan helemaal bol, met uitzondering van een ring die je laat staan. Op de omgekeerde kom geef je de dikte en positie van de ring aan met twee sneetjes die, als je de schijf rond laat draaien, ringen worden. Snijd bij voorkeur eerst de klei buiten de ringen weg en begin dan binnenin, zodat je uiteindelijk een strakke en sierlijke uitstekende rand overhoudt. Deze volgorde is belangrijk omdat je eerst het profiel aan de buitenkant van de ring wilt bepalen en maar weinig speelruimte hebt als je de klei binnen de ring al hebt verwijderd.

Standringen kunnen schalen en andere potten een heel eigen karakter geven. Ze tillen de eigenlijke vorm omhoog van het oppervlak waarop de pot staat en geven de pot zo bijna altijd een lichtere aanblik. Zeker in het begin van je carrière als pottenbakker is het goed veel te experimenteren met rechte, schuine (naar buiten of naar binnen), dikke en dunne standringen en bij voorkeur ook oosterse voorbeelden te bestuderen. Deze laatste zijn het summum als het gaat om de harmonie met de vorm die ze ondersteunen. Smalle hoge standringen zijn natuurlijk vaak elegant en sierlijk, maar dikke en lage zijn meestal praktischer en stabieler.

### Hulpstukken

Als je een smal of hoog werkstuk ondersteboven moet afdraaien, bijvoorbeeld om een standring te maken, zit je altijd met het probleem hoe je het stevig genoeg op de draaischijf kunt zetten. De gebruikelijke methode is het maken van een hulpstuk.

Een schaal van Lucie Rie. Eerst werd ze uit één stuk gedraaid, vervolgens werd bij het afdraaien de hoge voet uitgesneden.

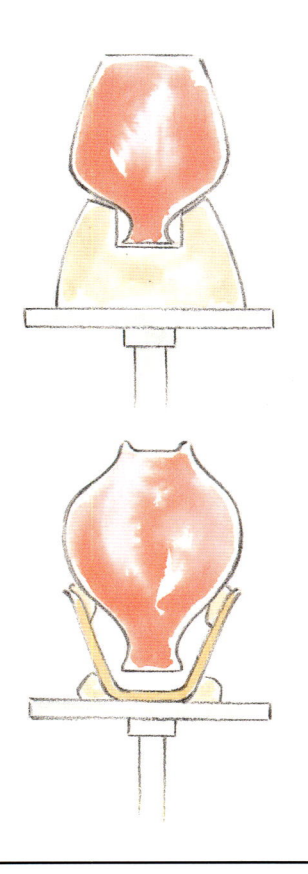

Hiervoor gebruik je klei die wat harder is dan klei waarmee je gaat draaien. De klei hoeft niet gecentreerd te worden, maar moet aan de bovenkant wel worden afgeplat, bijvoorbeeld met een stalen liniaal, maar zonder water te gebruiken. Vervolgens maak je er, met een scherp stuk gereedschap en niet met je handen, een gat in dat wèl gecentreerd moet zijn en groot genoeg dat de bovenkant van je pot erin past. Een perfect passende 'contravorm' maken lukt lang niet altijd, maar het gaat erom dat je werkstuk goed stevig en precies verticaal in de steun past. Voor de steun hoef je niet dezelfde klei te gebruiken als voor je pot. Wel is het goed een fijne kleisoort zonder chamotte te gebruiken, met grovere klei krijg je sneller krassen, en geen kleur te nemen die erg van die van je werkstuk afwijkt, in verband met het gevaar van vlekken.

Soms kun je een hoge pot omgekeerd laten rusten in een al gebakken pot die je met een kleiring op de schijf vastzet. Je vermindert zo ook het risico dat de pot 'topzwaar' blijft. Soms wil je misschien een schaal maken waarvan de diameter groter is dan die van de draaischijf. Als je de schaal dan voor het afdraaien wilt omkeren wordt het moeilijk hem zo over de schijf heen te laten hangen dat hij niet beschadigt. De oplossing hiervoor is dat je je werkstuk laat rusten op een groot stuk gecentreerde klei, die qua vorm de binnenkant van de schaal zo dicht mogelijk benadert. Als alternatief kun je ook

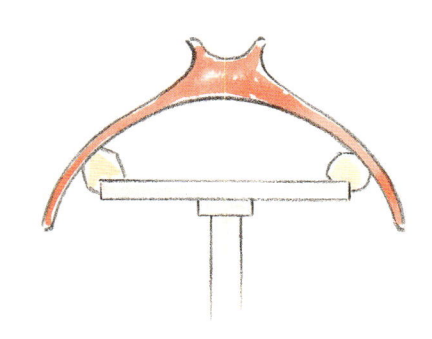

Boven: Schalen en andere vormen die breder worden dan de draaischijf kun je tegen de harde rand daarvan beschermen door ze op een ring van klei te laten rusten.

### AFDRAAIEN OP EEN STEUN

1-2 Hoge en smalle vormen zijn vaak moeilijk omgekeerd af te draaien. In een mal van klei, zoals op de tekening linksboven, kun je de smalle hals van een vaas laten rusten, ook kun je een al voltooide pot gebruiken, zoals op de tekening eronder. Op de foto's hierboven rust de cilindervorm op een kegel van klei.

### IS DE VOET VLAK?

Door met een zwaar afdraai-ijzer over de voet te gaan kun je voelen of deze vlak en effen is. Maak hem voorzichtig duwend vlak.

een ring klei op de harde rand van de draaischijf leggen en de schaal daarop laten rusten.

**Droge potten**

Als de pot helemaal droog is, maar nog niet gebakken (in Engeland wordt de pot in dit stadium 'groen' genoemd), is hij erg breekbaar, poreus en voelt niet meer koud aan. Een droge pot kan, mits voorzichtig, nog wel geschuurd worden. Hiermee kun je, net als met afdraaien, nog wel iets aan de vorm van de pot corrigeren, maar het gaat veel langzamer. Bovendien is de afdruk van schuurpapier bijna altijd lelijk, terwijl je er mooie andere afdrukken juist mee verwijdert. Om de overgangen van oren en tuiten wat gladder te maken kun je wel fijn schuurpapier gebruiken, maar alleen als een 'finishing touch'.

Waar je schuurpapier wel goed voor kunt gebruiken is het glad maken van de oneffen bodem van een pot die je niet hebt afgedraaid. Als je echter met het schuurpapier over de bodem wrijft, maak je hem eerder bol en vererger je het probleem. Beter is het, het vel schuurpapier op je tafel vast te plakken en er dan met de pot zelf over te wrijven. Losse zandkorrels of chamotte op een hard en vlak oppervlak als een leitje werken nog beter als schuurmiddel; als je de droge pot hier met een draaiende beweging in schuurt, heb je de bodem in een mum van tijd vlak en glad.

Ervaren pottenbakkers hebben door schade en schande geleerd hoe breekbaar droge potten zijn. Ze hebben geleerd een ongebrande theepot of kopje nooit bij het oor vast te pakken, of een schaal bij de rand. Beginners breken veel potten omdat ze dit juist wél doen. In deze levensfase van de pot is hier niets meer aan te doen dan opnieuw beginnen.

Potten die op de schijf zijn gedraaid maar vervolgens geheel afgedraaid hebben een heel eigen karakter. Deze porseleinen vaas met inleg is van Nicholas Homoky.

## DEKSELS: ONDERSTEBOVEN GEDRAAID

## DEKSELS: RECHTOP GEDRAAID

1-2 Bij het afdraaien kun je nog een knop aan je deksel toevoegen. Druk een balletje klei op een tevoren bekrast vlakje in het midden van het deksel. Zet de schijf dan in beweging en vorm de knop bij met heel weinig water aan je vingers.

Als je het deksel rechtop hebt gedraaid, heb je een mal van klei nodig om hem omgekeerd op te leggen, zodat je de rand en de flens kunt afdraaien.

## IN DE VITRINE
# SAMENGESTELDE POTTEN

**Links**
HANS COPER
Hans Coper stelde deze hoge ui-vaas samen uit twee gedraaide stukken die op het smalste punt van de hals werden verbonden. Zowel de vorm als het oppervlak werden bij het afdraaien nog uitgebreid bewerkt. Met zijn afdraai-ijzer maakte de kunstenaar diepe groeven in de pot en bracht de textuur van de klei aan het licht. Het oppervlak werd afgewerkt met een laagje slibklei en ingewreven met mangaanoxide die in de groefjes bleef liggen. Eenmaal oxiderend gestookt op 1280 °C.
Hoogte 46 cm.

**Rechtsboven**
RUTH DUCKWORTH
Een constructie van doorzichtig porselein, waarbij de apart gebakken 'walvisstaart' rust in een gedraaid kommetje. Beide delen zijn ongeglazuurd. Met de smetteloze afwerking van deze originele kleine vormen bereikt Ruth Duckworth een ongekend niveau op het gebied van samengestelde potten. Breedte 18 cm.

**Rechtsonder**
THOMAS NAETHE
Deze 'tol' kreeg zijn uitgebalanceerde vorm door de precisie bij het afdraaien. Het matte glazuur is gespikkeld door het gebruik van oxiden.
Diameter 17 cm.

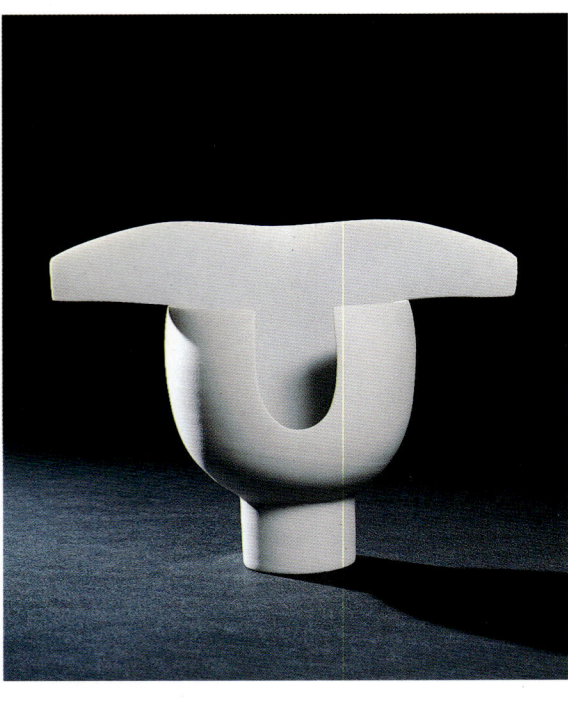

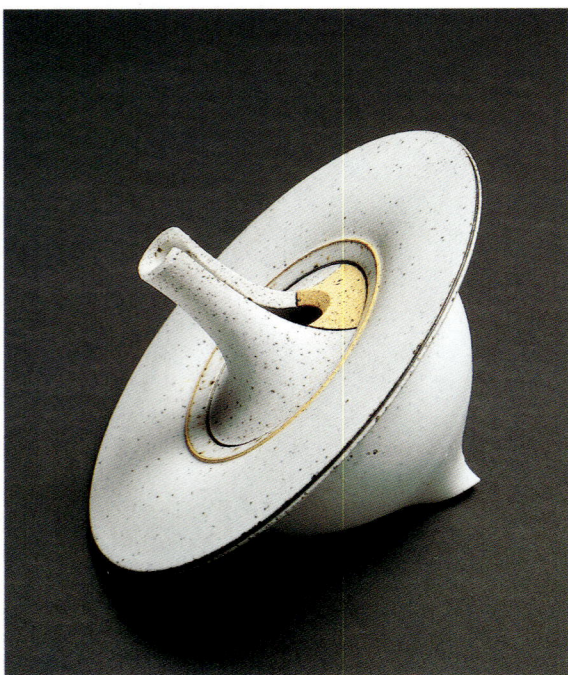

Onder
PAULIEN PLOEGER
Het gebruik van gedraaide onderdelen voor figuratieve sculptuur, vooral figuurtjes, kent een lange geschiedenis. Het samenstellen van abstracte vormen uit gedraaide eenheden is van recenter datum en eist veel van het beeldend vermogen van de kunstenaar. Dit aardige werk dankt veel aan de decoratie, een combinatie van afstoottechniek, maskering, open penseelstreken en overlappende glazuren. Steengoed, 1250 °C. Hoogte 30 cm.

Boven
BEATRICE WOOD
Deze vrolijke 'compoteschaal' is samengesteld uit twee delen, met geprononceerde draailijnen en oren. Zie de serie stempels als de knopen op een vestje. Het werkstuk werd in een reductie-oven op gas gestookt tot aardewerk-temperatuur en gedecoreerd met een glanzend glazuur.

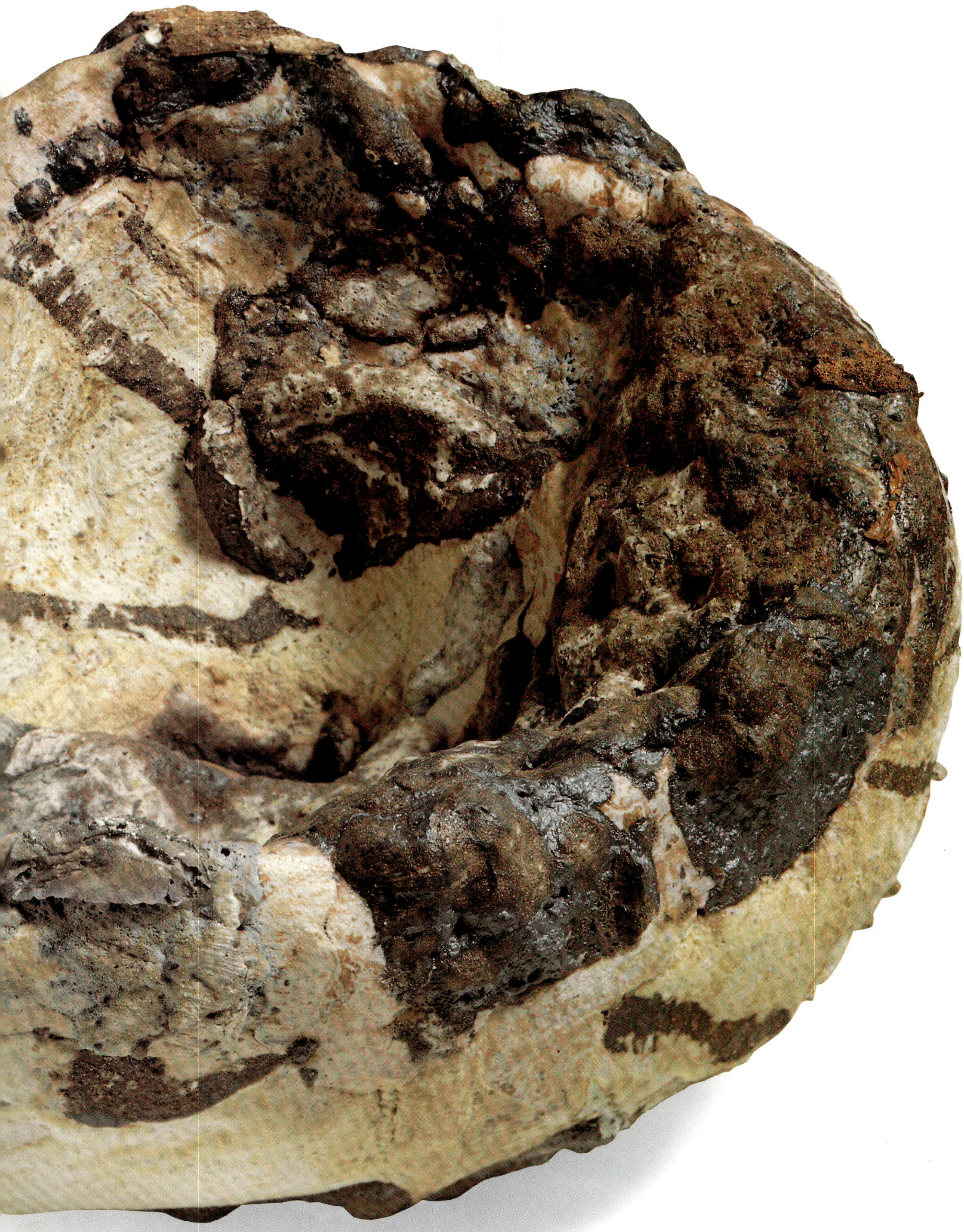

# HANDGEVORMDE POTTEN

*De creatieve geest komt echt uit de fles als voor het maken van potten slechts de handen en wat eenvoudig gereedschap worden gebruikt. Zonder draaischijf verdwijnt de dwang van de radiale symmetrie en is het aan de pottenbakker een vorm te creëren die interessant is en bovendien niet omvalt.*

*Musea staan vol met handgevormde potten; van paleolithische bekers en Japanse theekommetjes – een nog steeds voortdurende traditie – tot de indrukwekkende kleiplaatconstructies van moderne keramiekkunstenaars. Je kunt een werkstuk zo groot maken als je zelf wilt, als het maar in de oven past. Maar wacht nog even, want met de hand potten maken is niet altijd even gemakkelijk. De grote Shoji Hamada schreef over handgevormde potten al raadselachtig: 'Juist omdat ze zo eenvoudig zijn, zijn ze moeilijker dan alle andere.'*

Hiernaast: Een met de hand opgebouwde
vorm verrijkt met metaaloxiden, door
Ewen Henderson. Diameter: 43 cm.

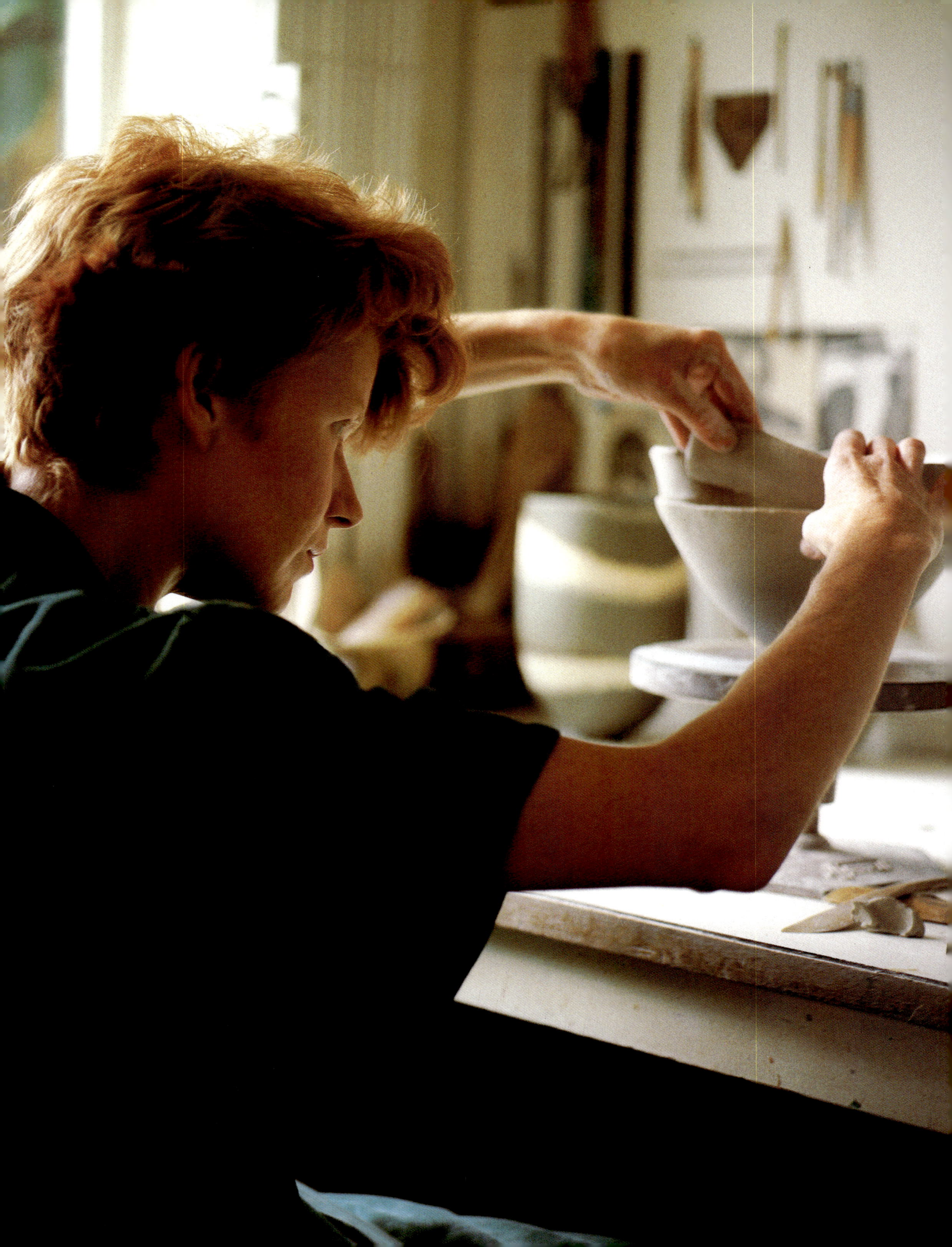

# POTTEN VAN KLEIROLLEN

Het bezoeken van een tentoonstelling of een museum met Afrikaans aardewerk, bijvoorbeeld in het Burlington House in Londen, waar je geconfronteerd wordt met volledig handgemaakte, krachtige en perfect afgewerkte potten voor alledaags gebruik, is een goede oefening in bescheidenheid.

Onmiskenbaar heeft de draaischijf als technisch hulpmiddel sterk bijgedragen aan de snelheid, de precisie en de ordelijkheid van het creatieve proces, maar dat wil nog niet zeggen dat ze de handgemaakte potten definitief naar het tweede plan heeft verdrongen als het om de waarde en de schoonheid gaat. De pottenbakker in spe die niet over een draaischijf beschikt mag dan ook nooit denken dat hij of zij niet aan de slag kan omdat hij de juiste uitrusting niet heeft. Maar beginners mogen wel een paar keer slikken voor ze, gewapend met de eenvoudigste gereedschappen, een arena betreden die veel van de mooiste traditionele keramiek en een groot deel van het beste moderne werk heeft opgeleverd.

Het is geen genoegen om als beginner met de hand kleivormen te moeten maken zonder eerst de eigenschappen van klei op een draaischijf te hebben leren kennen. De klei zal barsten, scheuren, inzakken, hard worden en aan de tafel plakken. De eerste probeersels zullen potsierlijk en slordig lijken en de maker met een onbevredigd gevoel achterlaten. De meesten zullen hier pas vrede mee krijgen als ze op de draaischijf de slag te pakken hebben gekregen. Maar het aantal draaischijven is nu eenmaal beperkt en veel beginners zullen geen andere keuze hebben dan te beginnen met handgemaakte potten. Ik hoop dat ze iets zullen hebben aan dit hoofdstuk, bijvoorbeeld aan de classificatie en de beschrijving van enkele van de talloze verschillende technieken.

Er bestaan veel verschillende technieken om met de hand potten te maken, maar de belangrijkste twee maken gebruik van kleirollen (ook wel bij hun Engelse naam, 'coils' genoemd) en van kleiplakken (slabs). Met de eerste techniek (het coilen) is het mogelijk hele grote potten te maken, zolang ze maar in de oven passen. De tweede techniek, het opbouwen van potten uit plakken klei (zie het volgende hoofdstuk), stelt de pottenbakker in staat vormen met scherpe, rechte randen en heel gevarieerde oppervlakken te creëren. Sommige moderne pottenbakkers combineren beide technieken.

Het coilen, de traditionele techniek van veel Afrikaanse pottenbakkers, levert meestal potten met een ronde of min of meer ronde doorsnede op, als een appel of een kalebas. De vergelijking met dit soort vormen is een goede omdat deze techniek van alle technieken de meest organische is. Ze leent zich niet voor grote nauwkeurigheid, maar dat is niet erg; de schoonheid van een vrouw, of die van een walvis, kan immers ook niet worden weergegeven in regeltjes of getallen. De techniek voegt zich naar de natuurwet van de zwaartekracht (in tegenstelling tot gedraaide potten waarbij centrifugaalkrachten worden ingezet om de zwaartekracht op te heffen) en er bestaat een veel directer verband tussen de structuur en de vorm van de pot dan bij andere methodes. De pottenbakker maakt een aantal lange massieve kleirollen met een ronde doorsnede. Deze rollen worden in ringen boven op elkaar gelegd en vormen zo de wanden van de pot. De vorm wordt bepaald door de maat van de ringen.

Kleirolpot van Jennifer Lee. Hoogte 25,5 cm. 'Omdat handgevormde potten altijd in laagjes worden opgebouwd, kunnen lijnen met afwijkende kleuren en andere mineralen erin een soort aardlagen vormen die rond de hele pot lopen, van de ene wand naar de andere. En omdat Jennifer Lee geen glazuur gebruikt, vallen haar subtiele kleuren en wazige schakeringen niet als een sluier over de pot heen, maar komen uit het materiaal zelf, zoals bij de wand van een klif.' Sir David Attenborough.

## Het maken van de kleirollen

De klei voor de rollen wordt op dezelfde manier bereid als die voor gedraaide potten, al hoeft de klei bij deze techniek niet zo plastisch te zijn en geven de meeste pottenbakkers de voorkeur aan klei die zand of chamotte bevat, omdat die samenstelling een steviger structuur heeft. Een veelgebruikte kleisoort voor met kleirollen opgebouwde potten is een zogenaamd 'crank mixture', een vuurvast gechamotteerd kleimengsel dat oorspronkelijk werd gebruikt voor het maken van 'kapsels', beschermende omhulsels in open-vuurovens. Deze kleisoort is goedkoop en zeer grof, op het ruwe af. Ook roodbakkende klei wordt veel gebruikt voor met kleirollen opgebouwde potten en is beter als ze chamotte bevat (zie hoofdstuk 2).

Omdat het krimpgedrag van verschillende kleimassa's sterk kan variëren is het mengen van verschillende kleisoorten voor met rollen opgebouwde potten

Raku-kleirolpot van David Roberts.
Diameter: 60 cm.

---

## KLEIROLLEN VOORBEREIDEN

Deze methode wordt het meest gebruikt om kleirollen te maken: de klei met je vingers rollen op een schone werkbank. Maak de rollen niet te lang.

Een alternatieve methode is een worst van klei verticaal te rollen, gebruikmakend van de zwaartekracht bij het verlengen. Een snelle en gemakkelijke manier.

Door de klei tussen vingers en duimen te drukken wordt hij verticaal uitgerekt zonder te rollen. Zo maak je 'kleirepen'; veel pottenbakkers geven hier de voorkeur aan.

niet eenvoudig, hoewel er wel mooie resultaten mee te bereiken zijn, zoals wordt uitgelegd in hoofdstuk 17. Meestal wordt echter voor de hele pot dezelfde klei gebruikt en het is dan ook belangrijk dat je genoeg klei hebt om de hele pot af te maken. Opbouwen met kleirollen is een van de langzaamste methodes om een pot te maken en als je eenmaal per week les hebt, zal het al snel een week of drie duren voor je klaar bent. Berg je werkstuk iedere week samen met de rest van de klei op in een luchtdichte zak.

Zowel de diameter als de lengte van de kleirollen is van belang. Het is onverstandig kleirollen te maken die dunner zijn dan één centimeter of langer dan 45 cm; dan zijn ze nauwelijks nog met de hand te rollen. Maak de rollen niet langer dan de breedte die je krijgt als je je handen met uitgespreide vingers naast elkaar legt zodat de duimen elkaar net raken.

Een stuk klei ter grootte van een flinke wortel is voldoende voor een mooie kleirol. De meeste pottenbakkers maken eerst een stuk of zeven of acht kleirollen voor ze aan de pot beginnen.

Sommige pottenbakkers maken kleirollen door een stuk klei ter grootte van een flinke wortel verticaal te houden en met hun handen uit te knijpen tot een lange streng, gebruikmakend van de zwaartekracht als hulpmiddel bij het verlengen, of door de klei verticaal tussen de vingers te rollen.

Een eenvoudigere methode is de klei door een opening met de gewenste vorm en maat van een kleivormpers te persen (extrusie, zie blz. 99). Er bestaan tegenwoordig allerlei verschillende met de hand bedienbare versies van deze machines, maar pottenbakkers zijn het er niet over eens of de gelijkvormige rollen die je ermee kunt maken nu handig zijn en tijd besparen of dat ze het werk doodslaan doordat ze onnatuurlijk en saai zijn.

## Opbouwtechnieken

In sommige primitieve culturen lopen de pottenbakkers achterwaarts rond de pot, waarbij ze de kleirol als een tuinslang op de kleiwand uitrollen, maar in kleinere ruimtes en zeker bij kleinere potten kan het handig zijn als de pot zelf rondgedraaid kan worden terwijl hij wordt opgebouwd. Het ideale hulpmiddel hiervoor is een boetseerschijf, een tweedelige gietijzeren tafeldraaischijf. In de meeste pottenbakkersateliers hebben ze er wel een, maar die zijn vaak kapot doordat beginners ze van de ene werkbank naar de andere proberen te verplaatsen en niet in de gaten hebben dat de onderkant er dan uitvalt. Als je geen boetseerschijf tot je beschikking hebt, kun je ook het plateau van een trapschijf gebruiken. Als je die ook niet hebt, kun je een koektrommel of een andere stevige bus op je werkbank zetten, zodat het werkstuk wat hoger komt te staan en je er beter bij kunt. Door de kleiton zo nu en dan te verplaatsen kun je de pot op de werkbank verdraaien zonder hem aan te hoeven raken.

De meeste pottenbakkers maken de bodem van de pot van een schijf klei die ze met een gewone deegroller uitrollen. Breng onder de klei wat zilverzand of chamotte aan of leg er een lap of een krant onder, zodat de klei bij het uitrollen niet aan de schijf blijft plakken. Als de klei aan de deegroller blijft plakken is

**VERSCHILLENDE TYPEN KLEIROLLEN**

Van links naar rechts: geperste kleirollen (zie blz. 99) met hun regelmatige vorm; ronde kleirollen en 'kleirepen', gemaakt zoals op de foto midden boven.

1 Dikke kleiworsten worden met de hand platgeslagen tot kleirepen van gelijke dikte, die voor grote potten te prefereren zijn.

2 Om te beginnen wordt aan de wand van de pot een kleireep rond de klaargemaakte bodem gelegd (zie volgende pagina). Met kleirepen bouw je een pot snel op.

hij te zacht of te nat. Neem dan een stevigere soort of laat de kleihomp eerst opdrogen. Als de pot echt rond moet worden, gebruik dan een passer of laat de kleischijf ronddraaien op de draaikop en snijd de overtollige klei weg. Geef niet toe aan de verleiding een bord of een ander rond voorwerp te pakken en daar een lijn omheen te trekken, dan moet je de maat van de bodem steeds aanpassen aan het net even te grote of te kleine bord dat je toevallig bij de hand hebt. Maak de bodem ongeveer even dik als de kleirollen, maar niet dunner dan een centimeter. Druk een kleirol in een volledige cirkel op de bodem en leg daar vervolgens nieuwe kleirollen bovenop. De rollen hoeven niet op elkaar te worden 'gelijmd'; je hoeft ze alleen maar met je vingers stevig op elkaar te drukken en ze zullen vanzelf aan elkaar plakken. Als je water of slib gaat toevoegen, worden zowel je handen als de klei plakkerig en wordt het veel moeilijker de pot te modelleren. Het is ook geen goed idee de pot op te bouwen uit één doorlopende spiraal van klei, omdat de bovenkant van de pot dan nooit recht wordt, maar altijd schuin omhoog loopt. De kleirollen hoeven niet altijd volledige ringen te vormen, want het is een koud kunstje kleinere stukjes in de gaten te plakken. Als de pot waterdicht moet worden, moet je er natuurlijk voor zorgen dat de rollen goed aansluiten, zonder gaten of barsten. Dit lukt het best als je iedere kleirol zo stevig op zijn voorganger drukt dat hij wordt. Na iedere vier of vijf ringen moet je de rollen aan zowel de binnen- als de buitenkant van de pot in elkaar werken door neerwaartse druk uit te oefenen met je vingers of een stuk gereedschap. Als je een gesloten vorm maakt, wordt het op een gegeven moment onmogelijk de rollen aan de binnenkant nog glad te strijken; zorg er dan in ieder geval voor dat je ze aan de buitenkant in elkaar werkt.

De vinger- of werktuigafdrukken zijn, net als draailijnen, persoonlijke merktekens van de pottenbakker, en er zijn talloze verschillende oppervlaktestructuren mogelijk.

Veel beginners die de techniek van het geleidelijk wijder laten worden van de vorm door grotere kleiringen toe te voegen nog niet onder de knie hebben, proberen krampachtig een pot met een constante diameter te maken, als een wankele paraplubak of een olifantenpoot. Anderen gaan bij het vergroten van de diameter wat al te voortvarend aan de slag, met als gevolg dat de pot zijn vorm verliest of zelfs in elkaar zakt doordat de klei haar eigen gewicht niet kan dragen. Potten die op een kleine basis zijn begonnen lijken vaak alsmaar breder en breder te worden, maar niet hoger. Dit komt doordat iedere nieuwe kleirol naar buiten en vervolgens naar beneden wordt geduwd, waardoor de diameter aan de onderkant alsmaar groter wordt.

Als je een pot met kleirollen opbouwt, moet je voortdurend rekening houden met het gevaar van inzakken. Als de wand van de pot ook maar enigszins begint uit te bollen of als de bovenkant begint door te hangen of niet meer strak oogt, is het zaak de pot rond de rand opnieuw in vorm te brengen – eventueel met behulp van wiggetjes van harde klei of sponsrubber als de pot echt op instor-

## HET BEGIN

1 De bodem kan worden gemaakt door klei uit te rollen of met de zijkant van hand plat te duwen. De dikte moet overeenkomen met die van de kleirollen.

2 De eerste rol wordt met de duim stevig vastgezet op de bodem. De duimafdrukken hoeven niet te worden weggewerkt.

3 Kleiringen met een steeds grotere diameter maken de pot steeds wijder. Steun de buitenkant met één hand terwijl de andere hand de rollen met elkaar verbindt.

ten staat – en de pot vervolgens op een veilige plaats weg te zetten om te drogen. Afhankelijk van de temperatuur en de luchtvochtigheid zal het een half tot twee uur duren voor de pot weer stevig genoeg is om verder te kunnen gaan. Als de bovenste kleirol zo hard als karton wordt, kun je er het beste eerst even met een vochtige spons langs gaan.

De naar buiten lopende curve van een pot kan op eenvoudige wijze weer naar binnen worden gebogen door de kleirollen weer steeds kleiner te maken. Het gevaar voor inzakken is in dit stadium wat groter doordat de druk die je moet uitoefenen om de ringen met elkaar te verbinden gedeeltelijk neerwaarts is gericht; en naarmate de pot smaller wordt, krijg je er steeds moeilijker een hand in om de noodzakelijke steun te verlenen. Een mogelijke remedie is de pot te vullen met proppen krantenpapier die voor ondersteunende tegendruk zorgen en in de oven natuurlijk zullen verbranden. Als de vorm van de pot min of meer rond is, kun je er ook een ballon in opblazen die je vervolgens bij de hals dichtknoopt. De ballon geeft de schouder van de met rollen opgebouwde vorm goede steun en je kunt hem altijd leeg laten lopen of laten klappen als de vorm is opgedroogd.

Potten met een dikke buik kun je tijdens het drogen ook ondersteunen met stutten aan de buitenkant, die je later weer gemakkelijk kunt verwijderen. Je moet dan voor de stutten wel een wat hardere klei gebruiken dan voor de pot zelf, anders krijg je ze er nooit meer af.

Met een grote dikke kleiring in de vorm van een binnenband van een auto – of zelfs een echte binnenband – die je om de pot plaatst, kun je de pot ook ondersteunen terwijl je hem wijder maakt. Als je een hele ondiepe gesloten vorm wilt maken, kun je de wanden permanent steunen en aan de binnenkant versterken met verticale ribben. Een ondiepe, handgemaakte vorm kan ook worden ondersteund met een gipsen mal; tegenwoordig worden veel mooie potten op deze manier gemaakt. De vorm van de onderkant van de pot wordt dan wel bepaald door de vorm van de mal en het verdient dan ook aanbeveling er speciaal een te maken voor

Nadat de rollen in elkaar zijn gewerkt, kunnen er – in alle stadia tot de pot helemaal droog is – decoraties op de wand worden aangebracht, met behulp van verschillende technieken zoals afplatten en stempelen.

## DE VORMGEVING

1 Werk na iedere vier of vijf ringen de rollen met de hand (of een houten spaan) in elkaar, zowel aan de binnen- als aan de buitenkant.

2 Kleirolpotten kunnen er aanvankelijk wat saai uitzien. Het grote voordeel is dat je veel hogere cilindervormen kunt maken dan op de draaischijf.

3 De oppervlaktestructuur van de kleirolpot is bijna even belangrijk als de vorm. Hier wordt met de vingers een regelmatig patroon 'gestempeld'.

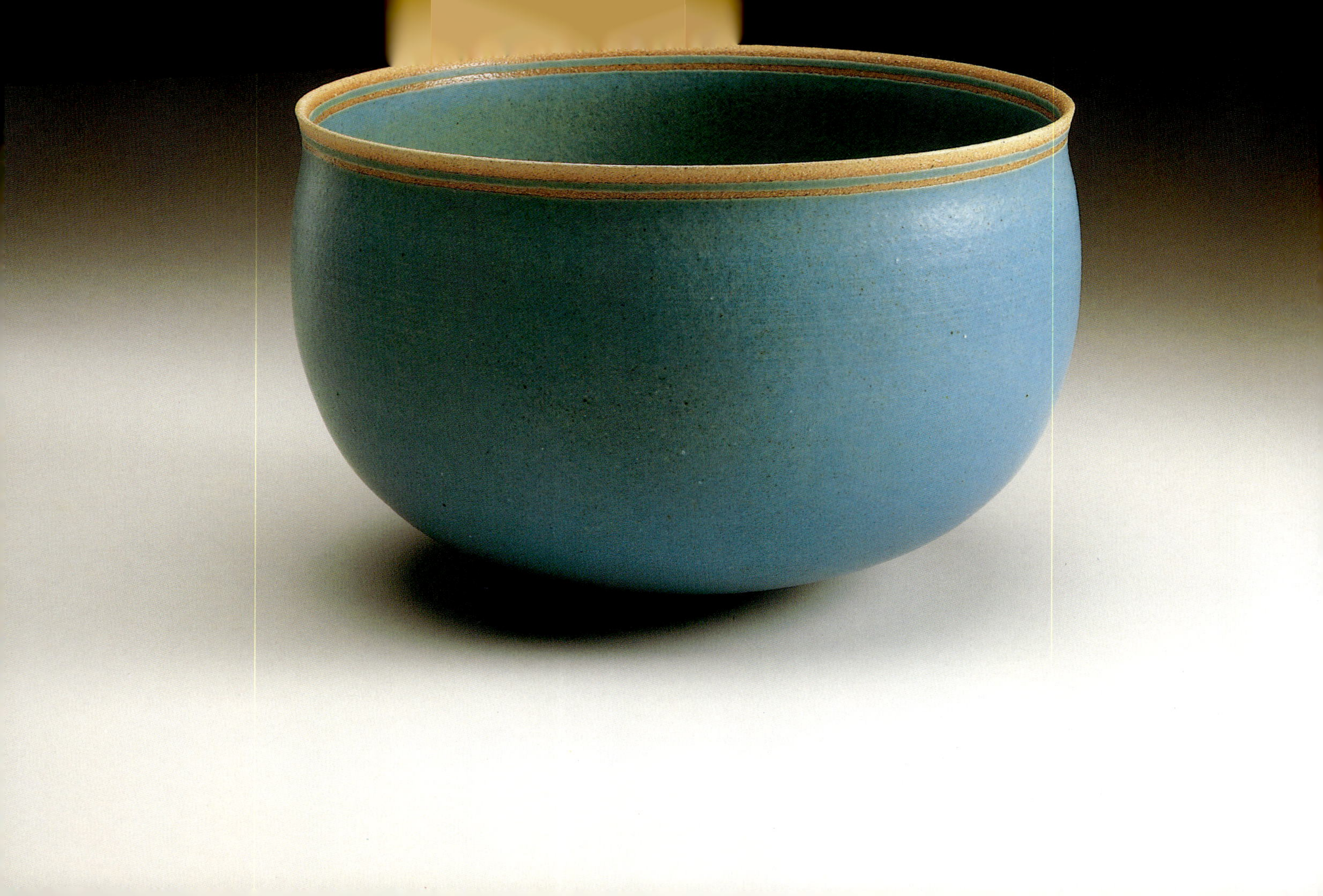

die ene pot (zie hoofdstuk 12). Een ondiepe bolle basis kun je ook bereiken door de eerste paar kleirollen bovenop een voetbal te modelleren en de vorm om te keren zodra de klei wat harder is geworden. Deze moet dan wel op een standring staan.

Het is niet eenvoudig een kleirolpot rond zijn middelpunt in evenwicht te krijgen. Omdat dit probleem zich bij gedraaide potten niet voordoet zijn veel pottenbakkers er niet op bedacht. Bij de meeste potten die een organische ronde vorm moeten krijgen, bijvoorbeeld de vorm van een pompoen of een tomaat, is een duidelijke verticale as niet nodig, maar als je er later water in wilt doen, is stabiliteit wel belangrijk. Wankele potten leven meestal niet lang en het is dan ook onverstandig wijde kleirolpotten op een te smalle voet te zetten.

Aan de afwerking van de bovenrand moet bij een kleirolpot even veel zorg worden besteed als bij een gedraaide pot. Om de rand te benadrukken, wat meestal aan te raden is, kun je een extra kleirol – eventueel met een wat kleinere diameter – op de bovenste rol bevestigen om de rand wat dikker te maken. Voor de rest van de vorm zijn wanden met een constante dikte gewenst, maar ze mogen onderaan zeker niet te dun zijn. Kleirolpotten mogen in verhouding tot hun grootte wat zwaarder zijn dan gedraaide potten; een kleirolpot die ongemakkelijk licht in de hand ligt is een verdacht exemplaar. Een van de twee hoofdfouten die beginners dikwijls maken is dat ze kleirolpotten van armzalig dunne wandjes proberen te voorzien. De andere is aan een pot te beginnen zonder ook maar een flauw idee te hebben hoe hij er uit moet komen te zien. Een pot opbouwen is veel gemakkelijker als je van tevoren een duidelijk idee hebt van de uiteindelijke vorm. Het is een goed idee deze vorm eerst met potlood op je werktafel te tekenen zodat je hem steeds voor je hebt. En ook al lijkt de uiteindelijke pot in niets op de oorspronkelijke tekening, dan nog zal het resultaat beter ogen dan wanneer je zomaar iets hebt gedaan, zonder vooropgezet idee. Bij het werken met kleirollen ontstaat een goede vorm nooit zomaar per ongeluk. Over het geheel genomen gelden voor kleirolpotten verder dezelfde vormprincipes als voor gedraaide potten (zie blz. 31). Veranderingen in de bolling, bijvoorbeeld bij de schouders of bij een opstaande rand, trekken de aandacht en duiden op stevigheid. Bij uitstek geschikt voor kleirolpotten en minder voor andere technieken zijn bolle organische curven en gedrongen vormen die dicht bij het standoppervlak blijven. Een kleirolpot hoeft niet per se rond te zijn, maar ikzelf heb de ervaring opgedaan dat kleirolpotten waarbij opzettelijk van de ronde vorm is afgeweken om een driehoekige of ovale vorm te krijgen, dikwijls minder goed geslaagd zijn. In dat opzicht lijkt kleirol-keramiek wel wat op manden maken.

## Textuur op kleirolpotten
Als de kleirollen eenmaal in elkaar zijn gewerkt, kun je het oppervlak natuurlijk laten zoals het is maar je kunt het, net als bij gedraaide potten, ook verder bewerken terwijl de klei langzaam harder wordt. Ik heb veel gereedschappen geprobeerd, maar voor het bewerken van het oppervlak van een kleirolpot gebruik ik nog steeds het liefst het blad van een oude beugelzaag. De buigzaamheid van het materiaal maakt het mogelijk er ook driedimensionale rondingen en overgangen mee te bewerken. Een plastic kam heeft dezelfde eigenschappen. Het oppervlak bekloppen met een glad houten plankje kan ook zeer effectief zijn. Als beginner moet je

Goede kleirolpotten smeken er altijd om te worden aangeraakt.

Hiernaast: Een verfijnde kleirolpot met een subtiel naar buiten gebogen rand van Alev Ebüzziya Siesbye. Diameter 21,5 cm.

Boven: Grote zware pot van Ruth Duckworth; het kobaltoxide in de donkerbruine engobe brandt door de glazuurlaag die over de gehele buitenwand is uitgegoten.

durven experimenteren. De oppervlaktestructuren die achterblijven als je alleen je vingers gebruikt zijn niet altijd even fraai, maar dat geldt ook voor al te fijn afgewerkte oppervlakken. Stempelpatronen ogen op kleirolpotten meestal minder goed dan opgelegde reliëfs zoals vinnen of ribben, en soms kunnen toegevoegde oren of handvatten bij kleirolpotten een integraal onderdeel van de vorm worden.

De droogtijd is bij kleirolpotten meestal wat langer dan bij gedraaide potten omdat ze dikker zijn. Het komt nogal eens voor dat de bodem van een kleirolpot zich vasthecht aan het oppervlak waarop de pot staat en daardoor tijdens het drogen barst, dus zorg ervoor dat je de pot losmaakt van de ondergrond voor je hem wegzet.

## IN DE VITRINE
# KLEIROLPOTTEN

**Links**
GORDON BALDWIN
Deze grote schaal is opgebouwd uit fijne kleirollen waardoor een vorm als een eierschaal is ontstaan. Baldwins werk kenmerkt zich door een organische symmetrie die dikwijls wordt doorbroken door een onregelmatige gekartelde rand. Het oppervlak is beschilderd met witte engobe, opgebracht met een gewone kwast, gebakken en vervolgens beschilderd als een schilderdoek, zodat de kwaststreken een geïntegreerd deel van het ontwerp worden. Zijn werk wordt meestal tweemaal gestookt, eerst op 1240 °C en dan, met de verdere decoratie, op 1100 °C. Hoogte 34 cm.

**Hierboven**
GABRIELE KOCH
**Rechts**
MARTIN LEWIS
De subtiele pot van Gabriele Koch is uit dunne kleirollen opgebouwd en rauwgepolijst, waardoor hij een glans als die van tin krijgt. De rokerige decoratie kwam tot stand door een tweede stookgang in zaagsel in een trommeloven buitenshuis. Een groter contrast dan tussen deze vlekkeloze pot en die van Martin Lewis, met zijn rotsachtige oppervlak, is nauwelijks mogelijk. De pot is gemaakt van klei met een hoog oxidegehalte en opgebouwd uit verschillende, kleiner wordende ringen van kleirepen. De pot staat stevig in balans, mede door de 'klauwen' aan de voet.

Onder
JENNIFER LEE
Jennifer Lee bouwt potten op uit kleirollen en mengt oxiden door de klei om in het éénmaal gebakken eindproduct een gevarieerd kleurpatroon te krijgen. De duidelijk zichtbare 'hoepels' van donkerder of lichter gekleurd materiaal zijn ontstaan doordat ze de kleiringen schuin op de as van de pot aanbracht. De rechte rand en de perfect ronde vormen zijn niet ontstaan op de draaischijf, maar de pot werd met de hand afgeschraapt en rauwgepolijst, en daarna tot 1270 °C verhit, met reductie. Soms bakt ze haar potten opnieuw in een oxidatie-oven en altijd schuurt ze na het bakken de vorm glad met waterbestendig schuurpapier of schuurlinnen.

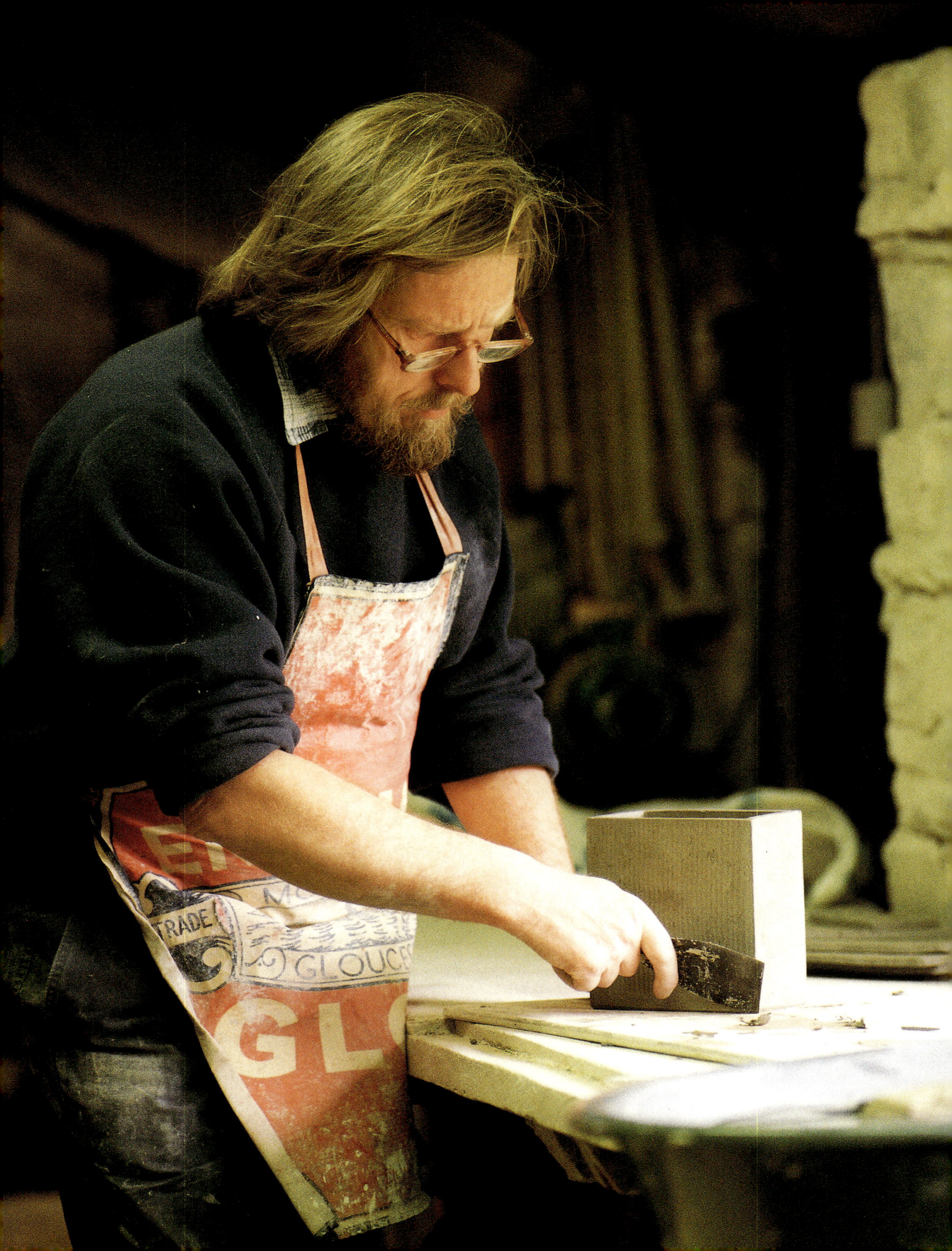
TRADE

## 9
# POTTEN VAN PLAKKEN KLEI

De term 'kleiplakken' klinkt weinig appetijtelijk. Toch zijn potten van plakken klei gemaakt niet per se plat en onversierd, zoals de term lijkt te suggereren. Simpel gezegd betreft het hier een keramische techniek waarbij een pot wordt opgebouwd uit plakken klei die als deeg zijn uitgerold, vaak nog met een gewone deegrol ook. Als voorbeeld bij deze techniek worden aan beginners vaak van die doodsaaie platte doosjes met cactussen erin getoond, of kommetjes in de vorm van een hart, om te laten zien dat de kleiplakken ook gebogen kunnen worden. Iedere techniek kan natuurlijk worden misbruikt voor het maken van lelijke of saaie voorwerpen, maar uit plakken klei opgebouwde potten kunnen ook spannend en levendig zijn. Juist deze techniek is de laatste jaren sterk in opkomst.

Potten opbouwen uit kleiplakken is geen 'natuurlijke' techniek zoals de kleirol- of de draaitechniek, die op een natuurlijke wijze ontstonden uit een praktische behoefte aan vaten voor het opslaan van vloeistoffen. Plakken klei zijn zelfs minder sterk dan deeg, maar als de klei precies de juiste hardheidsgraad heeft, is het een gewillig materiaal. Een uitgerolde plak klei is in feite een plat oppervlak en daardoor, net als een bord, zeer geschikt voor decoratieve behandelingen zoals insnijden, reliëfapplicatie of beschilderen. Maar tegelijkertijd zijn kleiplakken ook plooibaar en kunnen als stukken leer in sculpturale vormen worden gebogen.

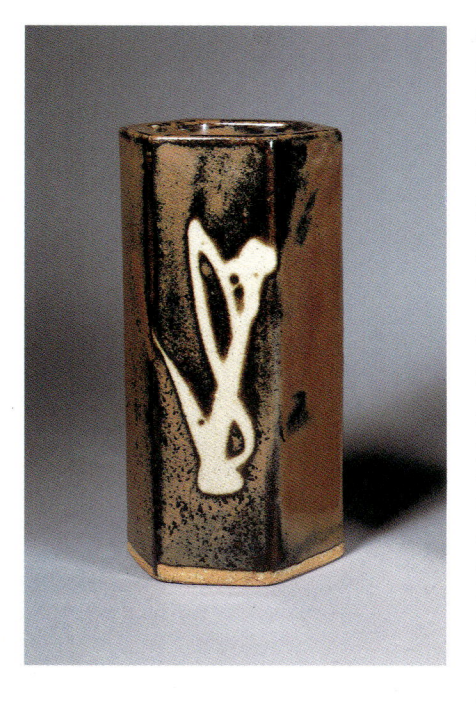

Aan de mate van precisie die met draaitechnieken is te bereiken, valt bij de kleiplaktechniek nauwelijks te tippen. Toch is het voor de beginner van belang in de afwerking naar een hoge graad van perfectie te streven en vooral te proberen de kleiplakken overal even dik te houden. De plakken worden tegen elkaar gedrukt en met klei en water vastgelijmd. De verbindingen tussen kleiplakken moeten goed worden afgewerkt omdat ze meestal kaal worden gelaten.

### Een doosvorm maken
Het maken van een eenvoudige rechthoekige of vierkante doosvorm is illustratief voor de meeste problemen die optreden bij het opbouwen van een pot

Zeshoekige kleiplakpot van Shoji Hamada. De platte vlakken zijn ideaal voor penseeldecoraties. Hoogte: 20,5 cm.

---

**KLEIPLAKKEN UITROLLEN**

Een brok geprepareerde klei kan tot een overal even dikke plak worden uitgerold door deze tussen houten latjes van gelijke hoogte uit te rollen.

**KLEIPLAKKEN SNIJDEN**

1-2 Met een snijdraad tussen twee stokjes met op regelmatige afstanden inkepingen kun je de klei als een kaas in plakjes snijden. Door de draad steeds een inkeping lager te zetten snijd je een heel brood klei in gelijke plakken. De bovenste plak kun je weggooien (recyclen), de andere leg je naast elkaar klaar.

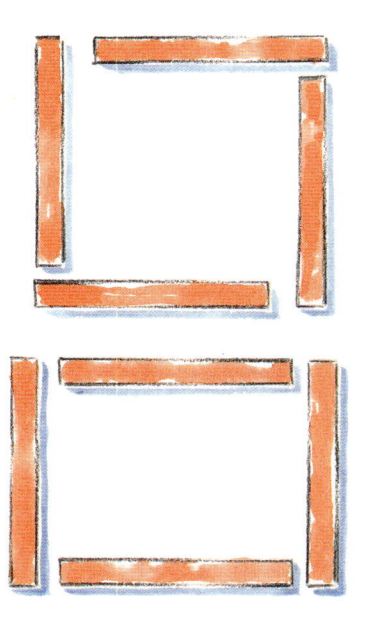

Boven: Alleen als je kleiplakken van gelijke grootte zo plaatst dat ze elkaar steeds overlappen, krijg je een vierkant grondvlak (boven). Als je ze volgens het onderste patroon rangschikt krijg je een rechthoekig grondvlak, tenzij je twee van de vier kleiplakken korter maakt, d.w.z. twee maal de dikte van de kleiplak eraf haalt.

Onder: Lasagneschaal van Sandy Brown. De wanden zijn licht gebogen om de pot een minder streng aanzien te geven. Voor gebruik in de keuken zijn er handvatten en een rand op gezet.
Afmetingen: 40 x 25,5 cm.

uit plakken klei. Rol de geprepareerde klei uit op een niet klevend oppervlak. Om kleven te voorkomen kun je het oppervlak het best bestrooien met een laagje chamotte. Als je een met chamotte bedekt oppervlak niet mooi vindt, kun je de klei ook uitrollen op een krant. De klei zal ook aan het krantenpapier wel vastkleven, maar dat trek je gemakkelijk weer los als de klei droog is. De klei uitrollen op stevige stof (zoals canvas) heeft als voordeel dat je de kleiplakken gemakkelijk en zonder ze te beschadigen kunt verplaatsen door ze met doek en al op te tillen. Houd er dan wel rekening mee dat de uniforme structuur van het textiel in de klei komt te staan, wat niet altijd even fraai is.

Twee platte houten latten van gelijke dikte aan weerszijden van de klei houden bij het uitrollen van de klei de deegrol op een bepaald punt tegen, waardoor de kleiplak overal even dik wordt. Een andere goede methode om de kleiplakken te maken is een draad op regelmatige afstanden door een geprepareerd brood klei te trekken. Het gereedschap dat je hiervoor gebruikt – twee houten balkjes die zijn voorzien van inkepingen en een dubbele gedraaide snijdraad – moet met overleg worden gebruikt, maar deze werkwijze kan je wel veel tijd besparen. Spreid de kleiplakken uit, zodat ze allemaal gelijkmatig blootstaan aan de lucht en gelijkmatig aandrogen, en keer ze zo nu en dan om te voorkomen dat de randen als sneetjes brood opkrullen tijdens het drogen.

Voor een open doosvorm zijn een bodem en vier zijkanten nodig. Nadat je de plakken klei enige tijd hebt laten drogen, snijd je ze op maat met een scherp, droog en schoon mes. Een plastic tekendriehoek is een handig hulpmiddel om de hoeken mooi recht te krijgen. Let erop dat je het mes verticaal houdt tijdens het snijden, anders krijgt de kleiplak afgeschuinde hoeken. Het mes trekt de klei een beetje mee en vooral aan het eind van de snede moet je voorzichtig te werk gaan. Kleine vervormingen aan de hoeken kun je eventueel met je vingers corrigeren, maar voorkomen is beter dan genezen. Je kunt vervormingen aan de hoeken ook voorkomen door eerst een insnede tot halverwege de kleiplak te maken en dan vanaf de andere kant een tweede insnede te maken die de eerste in het midden ontmoet.

Bij het in elkaar zetten van de doosvorm kun je de zijwanden zowel op als naast de bodem bevestigen. Als je de zijwanden op de bodem zet kun je een naade maken, hetzij door ze af te schuinen of door ze iets binnen de randen van de bodem te plaatsen. Je krijgt dan onderaan de pot een slagschaduw die de bodem benadrukt. Als je de wanden om en om met de kopse kant en de zijkant tegen elkaar tegen de voet aan bevestigt krijg je, bij plakken van gelijke breedte, een vierkant grondplan. Als je ze twee aan twee tegen elkaar zet krijg je een rechthoekige vorm, ook al zijn de kleiplaten precies even breed.

Voor het verbinden van de wanden wordt dezelfde techniek gebruikt als voor het bevestigen van knoppen en oren. De vlakken die tegen elkaar komen moeten eerst worden opgeruwd met een mes of een ander scherp voorwerp (een arceerpatroon is zeer doelmatig). Daarna worden de groeven met water of slib ingestreken en worden de delen tegen elkaar gedrukt. Als de wand volledig verticaal moet komen te staan is het handig een zwaar, egaal en vooral stevig verticaal voorwerp, bijvoorbeeld een baksteen, bij de hand te hebben waar je de wand tegenaan kunt laten rusten zodat die niet in elkaar zakt. Breng de wanden één voor één aan en werk de buitenzijde van de verbindingen af met een houten modelleerinstrument. Aan de binnenkant van de verbindingen kun je een dun kleirolletje aanbrengen – ongeveer zo dik als een schoenveter – dat je vervolgens met je vinger gladstrijkt.

POTTEN VAN PLAKKEN KLEI **81**

**EEN DOOSVORM VAN KLEIPLAKKEN**

1 Snijd de kleiplakken voor de zijden uit met behulp van een tekendriehoek van plastic of metaal, dan weet je zeker dat de hoeken recht zijn.

2 Maak de tweede zijde van ieder paar door de eerste plak op een tweede te leggen en er met een mes omheen te snijden. Zo worden ze precies gelijk.

3 Arceer met een scherp mesje de verbindingsvlakken. De arceringen moeten minstens 3 mm diep zijn.

4 Door de randen van twee kleiplakken tegelijkertijd in te krassen win je niet alleen tijd, maar verklein je ook de kans dat de plakken vervormen.

5 Vul een grote bak met water en doop de rand van de kleiplak in het water. Houd de kleiplak minstens 2 seconden in het water.

6 Zonder water in de ingekraste groeven houdt de verbinding tussen de kleiplakken geen stand.

## Andere vormen

Met kleiplakken kunnen zeshoekige, achthoekige of andere meerhoekige vormen worden gemaakt, maar ook allerlei onregelmatige figuren. Hoewel de verbindingen dan niet meer haaks moeten worden, is het toch verstandiger de platen eerst recht af te snijden en ze pas later, bij het in elkaar zetten de juiste hoek te geven. De kleiplaktechniek is ook geschikt voor keramische sculpturen; het aantal mogelijkheden wordt nog veel groter als je bedenkt dat je de plakken ook als gebogen vormen kunt gebruiken. Op het juiste moment tijdens het drogen kunnen van de kleiplaten tot op zekere hoogte driedimensionale vormen worden gebogen. Buigen, uitrekken, verkruimelen of breken kunnen worden stilgezet door de klei te ondersteunen en dan te laten drogen.

Het maken van kleiplakvormen, zowel simpele als ingewikkelde, vergt nogal wat tijd en ruimte. Je hebt er ook meer klei voor nodig dan je denkt. Als je een vierkant of een rechthoek uit een met een deegroller uitgerolde lap klei snijdt, houd je langs de randen nogal wat klei over, maar deze resten kun je, als je ze tenminste niet laat opdrogen, gebruiken voor smalle sierrandjes. Je kunt de kleiresten ook weer door elkaar slaan en er nieuwe kleiplakken uit rollen. Alle platen van een werkstuk moeten uit dezelfde voorraad klei worden gehaald, en bij voorkeur gelijktijdig, omdat je bij verschillende kleisoorten tijdens het bakken kieren tussen de verbindingen kunt krijgen.

## Gecombineerde technieken

De kleiplaktechniek wordt ook wel gecombineerd met andere technieken. Zo kan een pot gedeeltelijk uit kleiplakken en gedeeltelijk uit gedraaide onderdelen bestaan. Het resultaat is

Boven: Vormen van zachte kleiplakken zijn heel anders van karakter dan vormen van leerharde klei. Experimenteer eens met het vouwen van vochtige kleiplakken.

Onder: Deze potten van Cornelia Klein zijn gemaakt van op de draaischijf vervaardigde en daarna dubbelgevouwen schijven, met daarin een banaanvormige kleiplak.

POTTEN VAN PLAKKEN KLEI 81

**EEN DOOSVORM VAN KLEIPLAKKEN**

1 Snijd de kleiplakken voor de zijden uit met behulp van een tekendriehoek van plastic of metaal, dan weet je zeker dat de hoeken recht zijn.

2 Maak de tweede zijde van ieder paar door de eerste plak op een tweede te leggen en er met een mes omheen te snijden. Zo worden ze precies gelijk.

3 Arceer met een scherp mesje de verbindingsvlakken. De arceringen moeten minstens 3 mm diep zijn.

4 Door de randen van twee kleiplakken tegelijkertijd in te krassen win je niet alleen tijd, maar verklein je ook de kans dat de plakken vervormen.

5 Vul een grote bak met water en doop de rand van de kleiplak in het water. Houd de kleiplak minstens 2 seconden in het water.

6 Zonder water in de ingekraste groeven houdt de verbinding tussen de kleiplakken geen stand.

## 82 HANDGEVORMDE POTTEN

**EEN DOOSVORM VAN KLEIPLAKKEN**

7 De structuur van de zijden is voltooid als de vierde zijde wordt vastgezet. De verbindingen worden verstevigd en de plakken worden in een recht verband gedrongen.

8 Zorg ervoor dat de hoeken precies haaks zijn voor je de vorm rechtop op een kleiplak zet om de bodem uit te snijden.

9 De vorm is pas af als de randen en hoeken recht en duidelijk gedefinieerd zijn. Door de vlakken wat af te schrapen werk je de verbindingen enigszins weg.

10 Bedek het werkvlak met wat zand of chamotte zodat je de pot gemakkelijk kunt verschuiven als je ermee werkt en hij niet aan de ondergrond kleeft als hij droogt.

11 Rond de binnenhoeken af door er, van boven naar beneden, dunne kleirolletjes in te drukken. Trim de bovenkant met een spons of, na droging, met een rasp.

12 Door de wanden bij de aansluiting op de bodem iets af te schuinen, krijg je aan de voet van de voltooide pot een schaduwrandje dat de vorm benadrukt.

Je kunt de doosvorm afmaken met een vast deksel dat je op dezelfde manier bevestigt als de zijwanden. Bedenk dan wel dat de lucht in de doos niet weg kan en de vorm in de oven zal opbollen, tenzij je ergens een klein gaatje maakt, bij voorkeur in de bodem. Dit gaatje mag niet kleiner zijn dan 2 mm in doorsnee. Houd bij het maken van een deksel rekening met de dikte van de wanden, zodat het precies past. Een los deksel moet aan de onderzijde worden voorzien van een rand die voorkomt dat het eraf kan vallen, vergelijkbaar met de flens van een gedraaid deksel. Een doos met een precies passend deksel kan worden gemaakt door eerst een gesloten doosvorm te maken en vervolgens het bovenste gedeelte eraf te snijden. Snijd de doos boven aan de zijwanden door met een 'slotje' dat ervoor zorgt dat het deksel slechts op één manier op de doosvorm past.

Boven: Kleiplakdoos met uitgesneden deksel. De deksel werd uit een gesloten kubus losgesneden met een scherp mesje dat schuin naar beneden werd gehouden. Door de inkepingen blijft het deksel goed op zijn plaats zitten.

## Oppervlaktestructuren

Je kunt de wanden een decoratieve structuur geven door de kleiplakken uit te rollen op een oppervlak met een patroon erin. Oude theedoeken, kokosmatten, ruwe tafeloppervlakken, zelfs putdeksels vormen goede ondergronden om mee te experimenteren. Het patroon hoeft niet per se over de hele pot te worden aangebracht. De vlakke, egale wanden van kleiplakpotten zijn ook zeer geschikt voor opgelegde of uitgesneden decoraties. De basisvorm kan eventueel nog worden verfraaid door een rand van klei (op dezelfde wijze geprepareerd als de kleiplakken) rond de bovenkant van de pot aan te brengen of als horizontale baan halverwege de zijwanden.

Onder: 'Tweedelig vat'. Deze sculptuur van Alison Britton is gemaakt van zachte kleiplakken. De vorm is versierd met een in forse lijnen geschilderd motief.

### Andere vormen

Met kleiplakken kunnen zeshoekige, achthoekige of andere meerhoekige vormen worden gemaakt, maar ook allerlei onregelmatige figuren. Hoewel de verbindingen dan niet meer haaks moeten worden, is het toch verstandiger de platen eerst recht af te snijden en ze pas later, bij het in elkaar zetten de juiste hoek te geven. De kleiplaktechniek is ook geschikt voor keramische sculpturen; het aantal mogelijkheden wordt nog veel groter als je bedenkt dat je de plakken ook als gebogen vormen kunt gebruiken. Op het juiste moment tijdens het drogen kunnen van de kleiplaten tot op zekere hoogte driedimensionale vormen worden gebogen. Buigen, uitrekken, verkruimelen of breken kunnen worden stilgezet door de klei te ondersteunen en dan te laten drogen.

Het maken van kleiplakvormen, zowel simpele als ingewikkelde, vergt nogal wat tijd en ruimte. Je hebt er ook meer klei voor nodig dan je denkt. Als je een vierkant of een rechthoek uit een met een deegroller uitgerolde lap klei snijdt, houd je langs de randen nogal wat klei over, maar deze resten kun je, als je ze tenminste niet laat opdrogen, gebruiken voor smalle sierrandjes. Je kunt de kleiresten ook weer door elkaar slaan en er nieuwe kleiplakken uit rollen. Alle platen van een werkstuk moeten uit dezelfde voorraad klei worden gehaald, en bij voorkeur gelijktijdig, omdat je bij verschillende kleisoorten tijdens het bakken kieren tussen de verbindingen kunt krijgen.

### Gecombineerde technieken

De kleiplaktechniek wordt ook wel gecombineerd met andere technieken. Zo kan een pot gedeeltelijk uit kleiplakken en gedeeltelijk uit gedraaide onderdelen bestaan. Het resultaat is

Boven: Vormen van zachte kleiplakken zijn heel anders van karakter dan vormen van leerharde klei. Experimenteer eens met het vouwen van vochtige kleiplakken.

Onder: Deze potten van Cornelia Klein zijn gemaakt van op de draaischijf vervaardigde en daarna dubbelgevouwen schijven, met daarin een banaanvormige kleiplak.

niet altijd even geslaagd, omdat het aan elkaar koppelen van vormen met een totaal verschillend karakter even riskant is als het aan elkaar koppelen van mensen.

Waarschijnlijk kun je maar het beste uitgaan van je eigen gevoel voor esthetiek, een gevoel waar je bij het maken van een kleiplakvorm toch al voortdurend een beroep op moet doen. Gedraaide potten en zelfs kleirolpotten maken zichzelf tot op zekere hoogte. Bij kleiplakvormen is de pottenbakker de baas en de klei volledig passief. Bij dit soort potten worden inventiviteit en beoordelingsvermogen rijkelijk beloond.

De techniek van het uitrollen en uitsnijden van vormen in klei wordt gebruikt voor koekenmannetjes en speelgoed, voor de strenge oosterse voorstellingen in keramiek van huizen, groepen gebouwen of boerderijen, maar ook voor de fijn uitgewerkte eenheden die worden samengevoegd tot keramische objecten, hetzij om een bepaalde praktische functie te vervullen of om simpelweg het oog te strelen. In alle culturen uit heden en verleden zijn voorbeelden te vinden van overdadig uitgewerkte keramiek. Als je met kleiplakken werkt is de verleiding groot steeds ingewikkeldere vormen uit de klei te maken. Op een gegeven moment dringt zich dan de vraag op waar je nu eigenlijk mee bezig bent: met pottenbakken of met boetseren?

Boven: Philippe Lambercy bouwde deze grote sculpturale vorm op uit gevouwen kleiplakken van verschillende dikte. Door de vakkundige behandeling van het materiaal maakt het geheel geen overbewerkte indruk.

Rechts: Uit deze steengoed pot van Evelyn Klein lijkt een hele bundel porseleinen naalden naar buiten te knallen. Aan dit sculpturale werk is niet alleen goed te zien hoe technieken gecombineerd kunnen worden, maar ook wat je allemaal met natte kleiplakken kunt doen voor ze zijn opgedroogd. De textuur van het ongeglazuurde oppervlak is benadrukt met koperoxide.

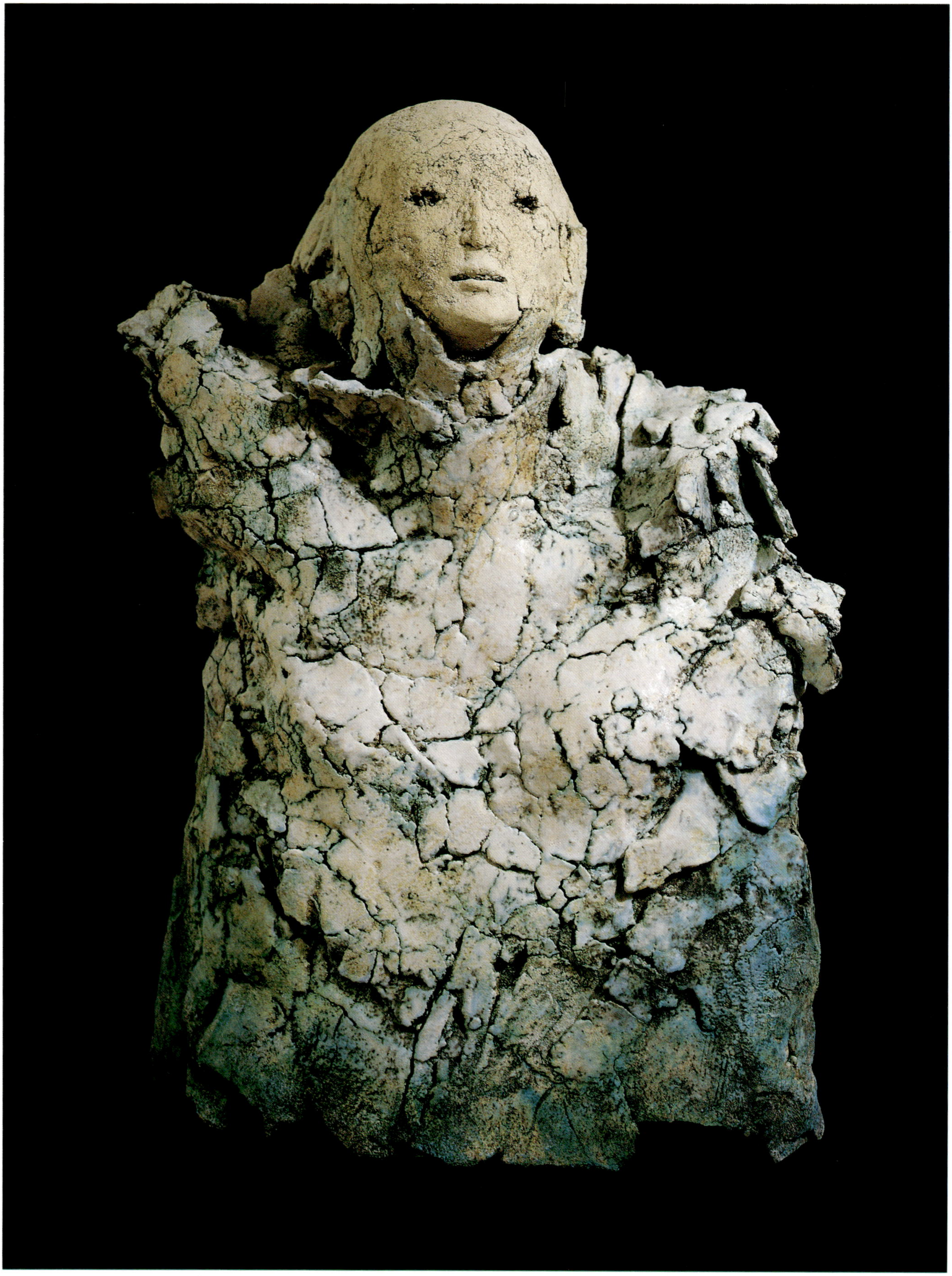

IN DE VITRINE
# POTTEN VAN PLAKKEN KLEI

**Hiernaast**
CARMEN DIONYSE
De Belgische kunstenares Carmen Dionyse maakt geheimzinnige sculpturale figuren van stukken klei, die ze met de hand vormt en die tijdens het aanbrengen zo droog en grof zijn dat er barsten ontstaan. Het hoofd is ongeglazuurd gelaten. De scheurtjes zijn ingewreven met koper. Waar de romp heel licht is afgewerkt met een zacht glanzende roze glazuurlaag brandt het koper in een turquoise tint door de glazuurlaag heen.
Hoogte: 69 cm.

**Boven**
TORBJØRN KVASBØ
Deze staande kleiplakvorm is een schitterend voorbeeld van hoe een dynamische oppervlaktestructuur kan worden gecreëerd. Het onderbroken oppervlak wordt benadrukt door de okerkleurige schakeringen van de klei. Bovenin heeft de kunstenaar zijn zegelafdruk aangebracht. Hoogte: 75 cm.

**Boven**
ARD DE GRAAF
Gekamde en geperforeerde vorm, gemaakt van een zachte kleiplak. Oxideschildering onder steengoedglazuur.
32 x 45 cm.

**Onder**
PAUL SOLDNER
Staande raku-vorm van zachte kleiplakken. De fijne textuur van de klei wordt door de glazuurlaag niet verhuld. 75 x 68,5 cm.

**Links**
ALISON BRITTON
De decoraties op deze uit kleiplakken opgebouwde vaas werden gedeeltelijk geschilderd met een penseel en gedeeltelijk opgebracht met een ringeloor. Over de hele vaas is een heldere glazuurlaag aangebracht.

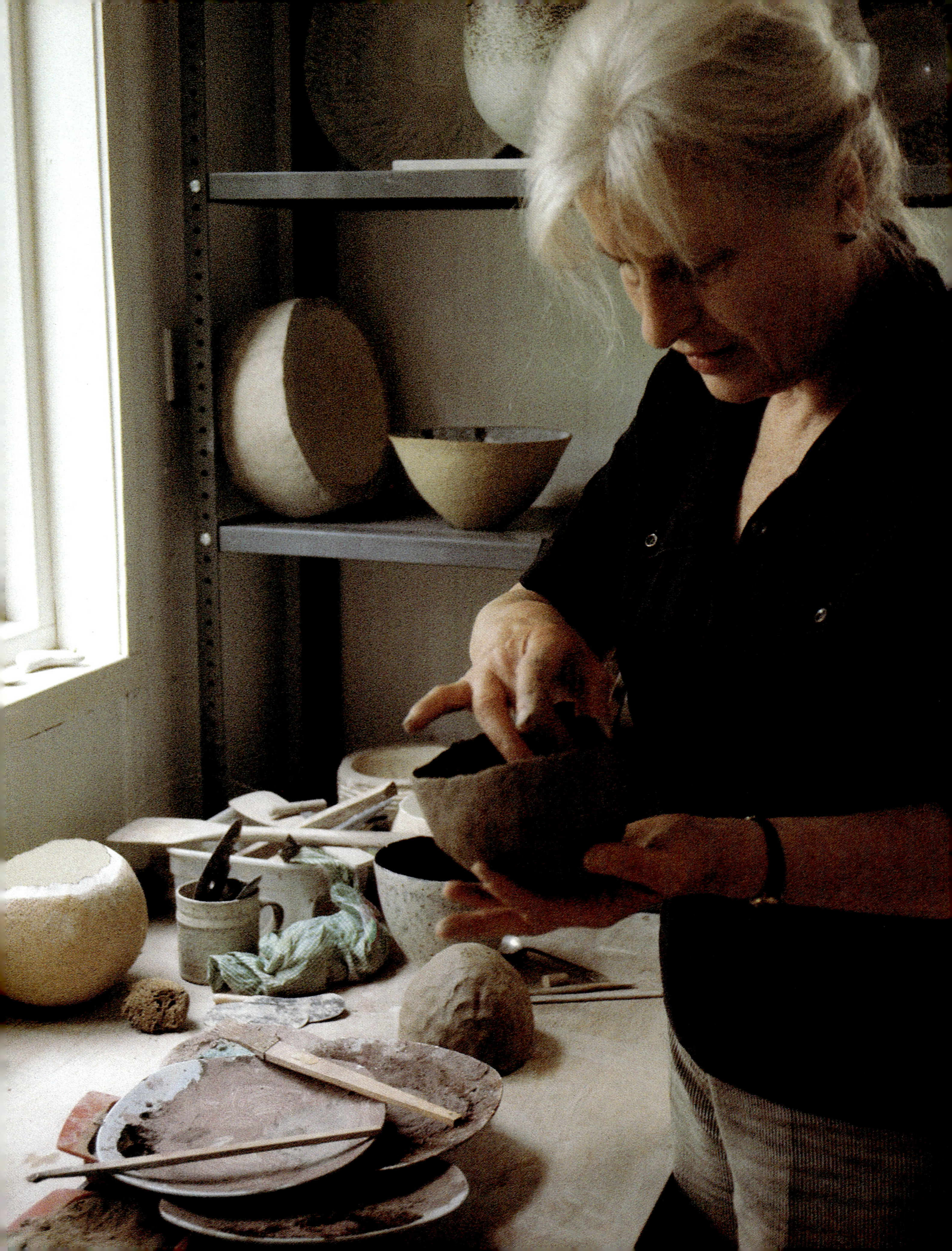

# ANDERE HANDVORMTECHNIEKEN: DUIMPOTTEN, STOKPOTTEN EN PAPIERKLEI

'Neem een bal klei in je handen en vorm er met je vingers en duimen een pot van...' Voor veel beginnende pottenbakkers is deze nederige opgave de eerste kennismaking met het materiaal. Binnen de kortste keren zitten er dan scheuren en barsten in een lelijk kommetje dat hulpeloos op zijn kant rolt. Op zijn best ontstaat er een soort halve kokosnoot waarvan de wanden zo dun zijn dat het potje meestal al is bezweken voor het de oven heeft gehaald, want ongebakken klei is uiterst kwetsbaar.

Het knijpen van een pot – met de hand een complete pot maken door een bal klei in de gewenste vorm te duwen (duimpot) – is een kunst die veel ervaring vereist en misschien zelfs in een traditie moet zijn geworteld. Dit komt het best tot uiting bij Japanse ceremoniële theekommen met hun tot in de perfectie uitgekiende vorm. Niet alleen de rand, het profiel, de voet en de textuur, ook hoe de uiteindelijke pot 'in de hand ligt' draagt bij aan de schoonheid van het geheel. Concentratie en gevoel voor vorm en materiaal zijn onmisbaar als een handgeknepen pot ook nog mooi moet worden. Er wordt nogal wat nonsens uitgekraamd over het zogenaamd karakteristieke van ruwe, lompe vormen. Vergelijk je werk maar eens objectief met een taart of een aardappel. Net als andere met de hand gemaakte vormen kunnen geknepen potten werkelijk schitterend zijn en met sommige materialen, zoals porseleinklei, zijn ook heel subtiele resultaten te bereiken. Met knijptechnieken gaat dat echter alleen als je voldoende tijd hebt en de benodigde concentratie kunt opbrengen.

Je kunt de klei ook in een holle vorm 'slaan' rond een stuk hout of metaal. Als je een brok klei om het uiteinde van een met talk bepoederde houten lat (met een dikte van bijvoorbeeld 2,5 bij 5 cm) plakt en er dan voorzichtig mee op een plat oppervlak slaat, kun je een vorm met platte kanten verkrijgen. De stok moet je natuurlijk uit de klei halen voordat deze begint op te drogen.

Beide technieken, waarmee prachtige potten kunnen worden gemaakt, zijn tegelijkertijd eenvoudig en ingewikkeld. Om er goed mee te kunnen werken moet je eerst het idee uit je hoofd zetten dat knijpen en slaan niet meer zijn dan een leuke invulling van de laatste tien minuten van een les. Hoe meer tijd en aan-

**EEN DUIMPOTJE MAKEN**

1 - 2 Neem voor een dunwandige duimpot uit één stuk een bal klei die in de palm van je hand past. Maak de vorm open met de duim van je ene hand en draai het potje, waarbij je de vorm rond de bodem steeds dunner maakt. Maak de rand van de pot met je duim en wijsvinger. Maak hem niet te wijd, anders zakt de vorm gemakkelijk uit.

**DUNNE LAPPEN KLEI**

In plaats van een roller te gebruiken kun je bij een duimpot het kaolien beter met je duim op een droge doek tot een platte schijf uitdrukken. Een heel dunne uitgeknepen lap klei kan in een gipsen mal worden gedrukt of in een bak met een lap stof, om vastplakken te voorkomen. Zo ontstaat een gegolfde vorm.

## EEN VOETRING MAKEN

1 Een hoge voetring op een ondiepe dunwandige duimpot maak je apart van een kleireep, die je in een cirkel vastzet. Hij ziet er beter uit als hij niet volmaakt rond is.

2 Als de duimpot of de ondiepe gegolfde vorm hard genoeg is, kun je de verbindingsvlakken inkrassen en de voetring met wat water of slib vastplakken.

3 Voeg nog wat klei toe en strijk de verbinding met je vingers glad. Bepaal de plaats van de voet zorgvuldig zodat de pot stevig staat.

## EEN GROTERE DUIMPOT MAKEN

1 Als de duimpot groter moet worden dan je met je vingers uit een enkele bal klei kunt knijpen, maak je eerst van dezelfde klei een aantal kleirepen.

2 Maak de kleirepen even dik als de wand van de pot en laat ze enigszins opdrogen voor je ze op de rand bevestigt.

3 Voorzichtig! Om de repen goed te kunnen aanbrengen mag de klei van de duimpot niet te hard zijn, maar de vorm kan wel gemakkelijk inzakken.

## Knijptechnieken

Sommige pottenbakkers lijken 'geboren' knijpers; hun vingers zijn zo gevoelig voor het materiaal dat ze precies weten wanneer ze moeten ophouden – voordat er barsten of scheuren ontstaan – of hoe ze bijvoorbeeld een haarscherpe lijn in een organische vorm moeten krijgen. Net als het opbouwen van een pot uit kleirollen is ook het knijpen van een pot een voortdurend gevecht met de zwaartekracht. Zodra de klei hard genoeg is om de zwaartekracht te kunnen weerstaan is ze te hard om tussen je vingers in de gewenste vorm te knijpen, zoals je als beginner al snel zult merken. Een van de manieren om de zwaartekracht te slim af te zijn is de pot ondersteboven te maken, op een rubberen bal of een ballon. Je kunt ook in etappes werken, waarbij je het al 'voltooide' gedeelte van de pot harder laat drogen dan de rand, die je met vochtige repen textiel zacht houdt.

dacht je aan zulke potten besteedt, des te beter zullen ze worden.

De toevoeging van grove chamotte (zie blz. 17) die de klei sterker maakt en de structuur ervan verbetert, kan bij knijptechnieken beter achterwege worden gelaten omdat de klei er te snel door opdroogt. Voor het knijpen van potten geven de meeste pottenbakkers de voorkeur aan fijne zachte klei; porseleinklei is favoriet omdat dunne wanden daarbij doorschijnend worden.

Veel handboeken geven het advies inspiratie te zoeken in de natuur – in zaadvormen, bloemen en min of meer ronde symmetrische organismen zoals zeeanemonen. Nu is enig inzicht in de rijkdom van de natuur inderdaad goed, maar te veel biologie kan de creatieve geest schaden.

Net als bij uit kleirollen opgebouwde potten kan ook bij duimpotten de stabiliteit een probleem zijn. Gaandeweg zul je steeds beter leren de klei gelijkmatig over alle zijden van de pot te verdelen en de pot zo in balans te krijgen dat hij eerder 'neigt' tot staan dan tot omvallen. Dit betekent niet dat je dus altijd een naar alle kanten symmetrisch model moet proberen te maken. Je hoeft alleen maar aan de pirouette van een kunstschaatsster te denken – hét voorbeeld

Flinterdunne porseleinen kom van Mary Rogers, een ware meester in het maken van fijn afgewerkte duimpotten. Twee van de vier ribben die naar de bodem lopen en de kom stabiliteit geven zijn te zien.

## DUIMPOT OP EEN BALLON

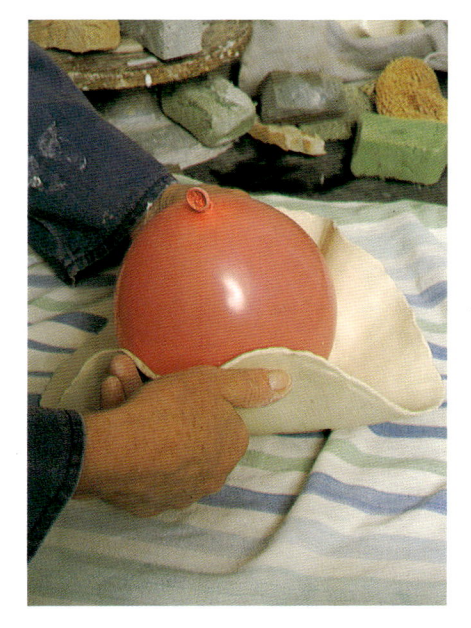

1 Til de klei niet op als een lap deeg. Het is beter om eerst de ballon op de klei te leggen en het geheel dan pas om te keren.

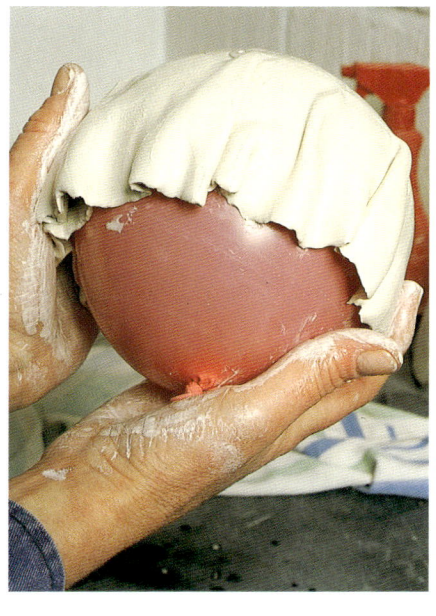

2 Terwijl de ballon de vorm steun geeft, worden de plooien gladgestreken met wat water.

3 Klei krimpt tijdens het drogen, dus moet de ballon dat ook doen, anders breekt de pot. Laat de ballon steeds wat verder leeglopen. Prik hem lek als de pot droog is.

## Papierklei

De afgelopen tien jaar heeft een nieuw materiaal ingang gevonden dat met name op het gebied van sculpturale keramiek een revolutie betekent. Het gaat om 'papierklei', een mengsel van gewone klei met gewone papiervezel dat hoogst ongewone en nuttige eigenschappen heeft.

Zowel hier als in primitieve culturen wordt al duizenden jaren natuurlijk brandbaar materiaal, zoals koeienmest of kaf, door de klei gemengd ter versteviging van grote structuren of bouwstenen. Met het oog op de esthetische effecten die ze na het branden geven worden ook wel hele rijstkorrels of stukjes kurk gebruikt. Maar gemengd met klei werken papiervezels vooral als een versteviger waarmee je verschillende traditionele problemen in één keer oplost. Als je natte papiervezels (klein gescheurd papier, eierdozen of oude kranten) in een verhouding van 1 op 3 (handen vol) vermengt met kneedbare klei, verhoog je de kneedbaarheid, verminder je de krimp van zwaartekracht-evenwicht – om dit te begrijpen.

drastisch en krijg je iets dat (ook nat op droog en omgekeerd) wonderbaarlijk goed hecht.

Op de draaischijf heb je er geen speciaal voordeel van en de meeste draaiers vinden het ietwat slijmerige materiaal vervelend om mee te werken, maar als je met plakken, kleirollen of kleisculpturen werkt, zul je zien dat alles veel sneller gaat en ineens dingen lukken die vroeger onmogelijk waren. Je kunt heel fijne en gewaagde vormen maken die niet meer barsten bij het drogen, en heel grote, die zonder enige steun overeind blijven staan en zo gebakken kunnen worden. Je kunt met natte papierklei werken op droge en zo elementen toevoegen zoals je in de schilderkunst (impasto heet dat) dikke lagen olieverf op een reeds droog oppervlak kunt stapelen.

De pottenbakker is geneigd zo'n ontdekking met enig wantrouwen te bezien; er moet immers ergens een adder onder het gras zitten? Toch weet de ervaren keramist ook hoe bevrijdend het zou zijn als je in een (papier-)kleivorm allerlei 'vreemde' elementen kon verwerken,

---

### PAPIERKLEI MAKEN

1 Een emmer met natte papierpulp, een andere met dikke kleislib. Meng ze in een derde emmer, met de hand of eventueel een krachtige keukenmixer.

2 Giet de pap uit op een waterabsorberend oppervlak, bijvoorbeeld van gips, en smeer het met een latje uit tot gelijke dikte.

3 Als de papierklei gedroogd is tot de dikte van kneedbare klei, kun je deze precies zo walken en doorslaan en daarna bewaren of opslaan.

## ANDERE HANDVORMTECHNIEKEN: DUIMPOTTEN, STOKPOTTEN EN PAPIERKLEI

zoals biscuitgebrande scherven, kippengaas, glazen knikkers, of bijvoorbeeld een grote sleutel, en het geheel dan als de klei droog is in de oven kon zetten zonder angst dat de klei door het krimpen rond deze vreemde elementen zou barsten of kapotspringen. De esthetische waarde van grote sleutels in een werkstuk valt natuurlijk te betwijfelen. Toch zullen ervaren pottenbakkers inzien dat dit materiaal grote, en ook esthetisch verantwoorde mogelijkheden biedt. Een ander voordeel: het materiaal is heel licht. Zijn er ook nadelen? Ja, papierklei schijnt na de biscuitbrand wat brosser te zijn dan gewone klei en juist de lichtheid van het materiaal maakt dat een pot misschien onverwacht en vervelend licht aanvoelt.

Wat is hier het geheim van de goochelaar? De cellulosevezels in papier zijn hygroscopisch, als holle rietjes, en zuigen het vocht uit de klei, maar blijven buigbaar. De korte cellulosevezels van katoen en linnen werken het best; zij die het kunnen betalen maken hun pulp dan ook van handgeschept papier, maar papier van kranten of keukenrollen is bijna even goed. Glossy kunstpapier is daarentegen waardeloos. Hier zit weliswaar al kaolien in, hetgeen naar men zou denken bevorderlijk is, maar die zit erin vastgelijmd met een watervaste latexhars die in water niet oplost. Het klaarmaken van de papierpulp is nogal arbeidsintensief, maar je kunt hier en daar al kant en klaar versnipperde papierpulp in de handel krijgen. Als de papiervezels door de klei zijn gemengd zijn ze op het blote oog niet meer zichtbaar en de gaatjes die ze na het bakken nalaten zijn zo minuscuul dat het oppervlak net zo goed geglazuurd kan worden als al het andere biscuitgoed.

Stook de oven bij de biscuitbrand nog langzamer op dan gewoonlijk, vooral in het begin, want de papiervezels branden rond de 300 °C weg. De rook die dan ontstaat verdwijnt door de schoorsteen van een hout-, olie- of gasoven, maar komt bij een elektrische oven door de kijkgaten naar buiten zetten; je moet dus goed ventileren.

Rechts: 'Zig Zag' door Ewen Henderson. Dit grote werkstuk heeft maar een dunne rand. Het heeft de oven overleefd omdat het is gemaakt van papierklei.

Vorige bladzijde: 'Hond' door Ian Gregory, 45 cm hoog. Dit werkstuk is opgebouwd rond een frame van kippengaas en kan zo de oven in.

1 Met lappen katoen of verband gedrenkt in papierkleislib kun je een sculpturale vorm opbouwen rond een draadarmatuur. De volgende lagen worden opgebracht met een kwast.

2 Ook beendroge plakken van papierklei kunnen met vloeibare papierklei aan elkaar geplakt worden zonder het bekende gevaar dat de onderdelen later weer uit elkaar vallen.

## IN DE VITRINE
# HANDGEVORMDE POTTEN

Links
RICHARD DE VORE
Deze zeer grote vaas, die ontstond door een bal klei uit te knijpen, is kenmerkend voor het werk van De Vore. Met de dichtgeknepen vouw aan de achterkant is het een voorbeeld van de sensuele vormen waarvoor handtechnieken zich bij uitstek lenen. Hoogte: 48 cm.

Evenwicht is bij handgevormde potten altijd een probleem, en dat geldt vooral voor duimpotten. Een pot mag niet omvallen want dat overleeft hij niet.

Onder
ELSPETH OWEN
Deze prachtige ronde pot heeft een hele smalle bodem en blijft staan door zijn perfecte balans. Hoogte: 20 cm.

Boven
CLAUDI CASANOVAS
'Centanys'. Deze enorme kom, meer dan een meter breed en bijna even hoog, is gemaakt van gemengde kleisoorten en vertoont de negatieve afdrukken van maïsstengels die in de steengoedbrand zijn weggebakken.

Links
JOHAN VAN LOON
Deze kom is gemaakt van dunne reepjes gekleurde klei. De verbindingen zijn niet weggewerkt en de blauwe glazuurlaag zit alleen aan de binnenkant. Diameter: 32 cm.

Onder
BRYAN NEWMAN
De kleine duimpot van Bryan Newman werd bewerkt met een ballpoint en andere instrumenten waardoor een buitenissig effect ontstond. Diameter: 13 cm.

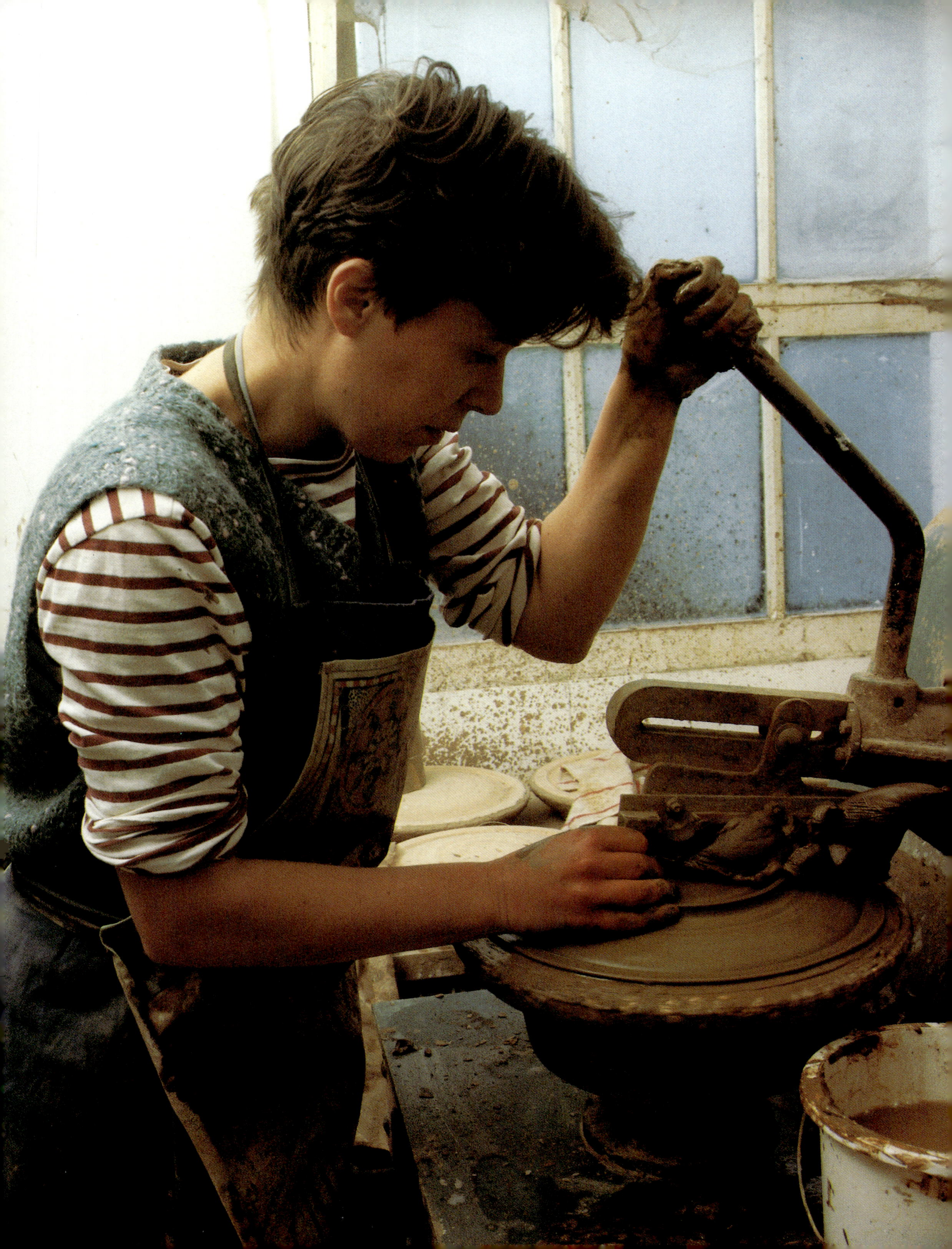

## 11
# EEN BEETJE MECHANISCHE HULP

Tot nu toe hebben we, op een paar metalen gereedschappen en natuurlijk de draaischijf na, nog nauwelijks mechanische hulpmiddelen gebruikt. Waar de draaischijf de pottenbakker helpt centrifugale krachten te temmen en holle vormen met een ronde doorsnede te creëren, daar kunnen andere machines voor andere doelen worden gebruikt.

### Tegels snijden

Bakstenen en tegels worden op mechanische wijze vervaardigd. Nu zal de gemiddelde pottenbakker niet zo snel zelf bakstenen willen maken, maar tegels misschien wel, om panelen mee te versieren of voor ambitieuzere projecten.

Tegels trekken gemakkelijk krom, een eigenschap die bijna altijd onwenselijk is. Kromtrekken kun je tegengaan door de tegels overal even dik en niet te groot te maken. Kleine tegels (bijvoorbeeld van 5 x 5 cm), kun je gemakkelijk uit een lap klei snijden die je met een roller hebt uitgerold. Als je ervoor zorgt dat de klei minstens 1 cm dik is, zullen de tegels nauwelijks kromtrekken. Zulke met de hand gemaakte tegels kun je bijvoorbeeld gebruiken voor schaakborden, als je ze om en om in een contrasterende kleur glazuurt.

Ronde en zeshoekige tegels trekken minder snel krom dan vierkante, maar zijn met de hand moeilijker precies op maat te snijden. Een tegelsnijder komt dan goed van pas. Zo'n tegelsnijder bestaat uit een metalen frame dat je in de klei kunt drukken, zoals een deegvorm waarmee je gekartelde cirkels voor taartbodempjes kunt uitsteken. Het enige verschil is dat de tegelsnijder is uitgerust met een veermechanisme in de bodem dat de tegel weer naar buiten drukt, zodat je in een hoog tempo tegels uit uitgerolde lappen klei kunt steken.

Het uitsteken is wel de enige fase die snel gaat. Het droogproces moet uiterst traag verlopen, omdat een natte tegel die gewoon aan zijn lot wordt overgelaten aan de randen zal opkrullen. De tegels moeten worden gedroogd in een niet te droge atmosfeer en regelmatig worden gekeerd. Je kunt ze in een verspringend patroon opstapelen, op een zodanige manier dat de randen naar beneden worden gedrukt terwijl er lucht bij het midden van de tegels kan komen.

Een regelmatig, egaal oppervlak is voor sommige werkstukken essentieel, bijvoorbeeld als je een tegelpaneel voor een geschilderd ontwerp wilt gebruiken. Veel pottenbakkers kopen daarvoor gewoon kant-en-klare tegels en beschilderen de door de fabrikant aangebrachte heldere glazuurlaag (zie hoofdstuk 19). Vloertegels moeten tegen een stootje kunnen en daarom vrij dik zijn (minimaal 2 cm).

Maar soms is juist een onregelmatige tegel beter geschikt. Tegels die voor het bekleden van wanden zijn bedoeld, worden dikwijls voorzien van een duidelijke oppervlaktestructuur of zelfs een reliëf. Maar ook dan moet je er rekening mee houden dat ze moeten kunnen worden schoongemaakt. In zware reliëfs hoopt het stof zich op en gladde geglazuurde oppervlakken zijn gemakkelijker schoon te vegen dan ruwe oppervlakken. Tegelpanelen die buitenshuis worden aangebracht moeten bestand zijn tegen sterke temperatuurschommelingen (natuurlijk niet zo extreem als in de oven). Als regenwater tot ijs bevriest zet het uit, waardoor stukjes tegel kunnen afsplinteren; daarom is het aan te raden tegels die voor buiten zijn bedoeld te voorzien van een ondoordringbare glazuurlaag. Kleine tegelpanelen – de naam van een huis bijvoorbeeld, in uitgesneden tegels – zijn geschikte werkstukken voor beginners.

*Tegels kunnen zo worden ontworpen dat ze precies op elkaar aansluiten, ook al hebben ze gebogen randen.*

### EEN TEGELSNIJDER GEBRUIKEN

*1-2 Het uitsnijden van een tegel lijkt simpel en dat is het ook, mits je alles goed voorbereid. De geprepareerde kleiplak mag tijdens het uitstansen noch aan de ondergrond noch aan de tegelsnijder blijven kleven. Het helpt als je wat chamotte op de klei strooit en niet te zachte klei gebruikt.*

## Kalibreren

Een persmal waarmee een kneedbaar materiaal onder druk in een tevoren bepaalde vorm kan worden geperst, kan ook in een pottenbakkersatelier worden gebruikt. Met twee scharnierende mallen die tegen elkaar kunnen worden gedrukt kun je een compleet stuk klei in een herhaalbare vorm persen, maar dat is dan wel een massieve en geen holle vorm. Met een werktuig dat wel iets weg heeft van een tosti-ijzer kunnen ondiepe holle vormen worden gemaakt waarbij de klei zich voegt tegen de wanden van de mal. Deze techniek gaat terug tot de Romeinse tijd, toen op deze manier terracotta lampen werden gemaakt. Het is een snelle maar beperkte techniek. Wie een dergelijke scharnierende persmal wil maken doet er goed aan de vorm zorgvuldig te kiezen. Te kort weggesneden randen zijn niet mooi en oninteressante vormen worden dodelijk saai als ze met een dergelijke matrijs tot in het oneindige worden herhaald.

De combinatie van klei in vorm persen en draaien is een van de meest toegepaste technieken in de keramische industrie en wordt 'kalibreren' genoemd. Hierbij wordt vrij harde klei (harder dan voor draaien wordt gebruikt) over een mal op de kopschijf vastgezet en vervolgens in de gewenste vorm geperst en geschraapt door een geprofileerd metalen sjabloon aan een hefboom op de klei te laten zakken. Dit gereedschap, het 'kaliber', werkt ongeveer zoals de draaibank van de meubelmaker, als het tegen de ronddraaiende klei wordt gehouden. Het is een handige maar weinig subtiele techniek die door ambachtelijke pottenbakkers maar weinig wordt gebruikt. Ook de binnenkant van een pot kan met een kaliber gevormd worden. De klei ligt in dat geval in de mal.

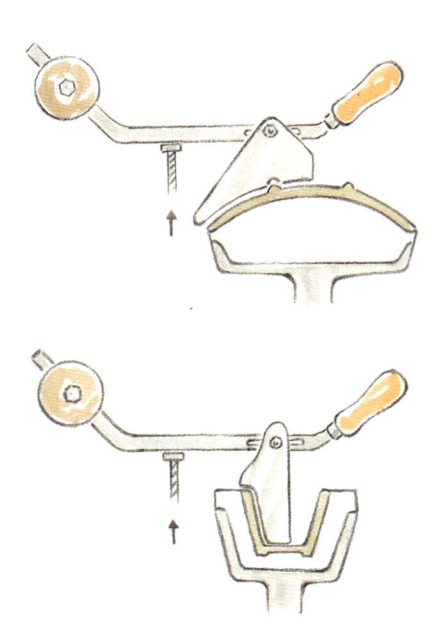

De mechanische arm van het kaliber (boven) kan zo worden afgesteld dat ze precies op het profiel van de mal aansluit. De begrenzer (pijltje) zorgt ervoor dat de arm niet te ver naar beneden kan worden gedrukt.

## Extrusie

Een apparaat dat snel aan populariteit wint is de aan de muur gemonteerde extrusie- of kleivormpers, waarbij je alleen maar een hendel hoeft over te halen en de klei komt door een matrijs naar buiten als tandpasta uit een tube of slagroom uit een slagroomspuit. Door de lange hendel kun je een enorme druk uitoefenen zonder dat je veel kracht hoeft te zetten. De geproduceerde strengen vinden in de ambachtelijke pottenbakkerij talloze toepassingen.

Door de matrijs in de uitgang van de cilinder te vervangen kun je de vorm van de streng (in doorsnede) wijzigen, in een vierkante of ronde vorm, of zelfs een stervorm. De mogelijke lengte van de streng wordt slechts beperkt door de plaats van de pers (hoe hoog die boven de vloer hangt) en de hoeveelheid klei die ze bevat. Meestal zijn strengen van 60 tot 90 cm lang genoeg; nog langere strengen zijn moeilijk te hanteren. Veel pottenbakkers gebruiken tegenwoordig zulke strengen als kant-en-klare rollen voor kleirolpotten.

Met de 'mechanische' eenvormigheid van de strengen kun je als pottenbakker je voordeel doen. Je kunt de strengen buigen en draaien tot veerkrachtige vormen met een grotere 'spanning' dan alle andere kleivormen.

Met behulp van dit simpele mechanische hulpmiddel kunnen pottenbakkers vormen maken als van gesmeed ijzer, maar dan met heel wat minder fysieke inspanning en in een veel hoger tempo.

Door in het midden van de persopening een vorm te plaatsen die op een sterke driepoot (de zogenaamde 'spin') rust, kun je in plaats van massieve ook holle vormen uitpersen zoals buizen en

### EEN KALIBER GEBRUIKEN

1 Omdat een kaliber speciaal bedoeld is om meerdere identieke vormen te maken, wordt het door ambachtelijke pottenbakkers niet veel gebruikt.

2 De gipsmallen moeten voor gebruikt goed schoon zijn. Ze absorberen het vocht uit de klei en moeten worden vervangen als ze beginnen te slijten.

EEN BEETJE MECHANISCHE HULP 99

andere, soms hele ingewikkelde vormen. Steenfabrikanten gebruiken extrusiepersen voor het maken van holle bakstenen. De lange strengen worden vervolgens in handelbare stukken ter grootte van een baksteen gesneden. Als pottenbakker kun je ook met deze techniek experimenteren en kleistrengen in kleine plakjes snijden, waarmee je sierpanelen op een muur kunt maken of zelfs – nadat je ze in series hebt gebakken – complete tussenwanden kunt bouwen.

Met behulp van een kleivormpers en vuurklei kun je, om kosten te besparen, ook je eigen ovenaccessoires maken (zie hoofdstuk 20), maar het gebied waarbinnen de kleivormpers het best van pas komt is toch de sculpturale en decoratieve keramiek.

Extrusiepersen waar 10 kilo klei of meer in kan zijn vaak nogal prijzig. Voor het fijnere werk kun je een kitpistool gebruiken van het soort dat in gereedschapwinkels en doe-het-zelfzaken wordt verkocht en dat bedoeld is voor het aanbrengen van siliconenkit. Met verschillende spuitmonden kun je de vorm van de strengen variëren.

## EEN EXTRUSIEPERS GEBRUIKEN

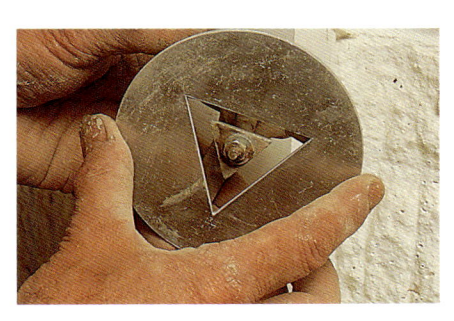

Verschillende matrijzen en de vormen die ontstaan als je er klei doorheen perst. Holle vormen kun je alleen persen met een binnensjabloon die op een metalen 'spin' rust (linksonder). Met behulp van een hefboom kun je snel lange strengen persen. Boven: Om deze gedraaide borden van Emily Myers zitten holle geperste strengen.

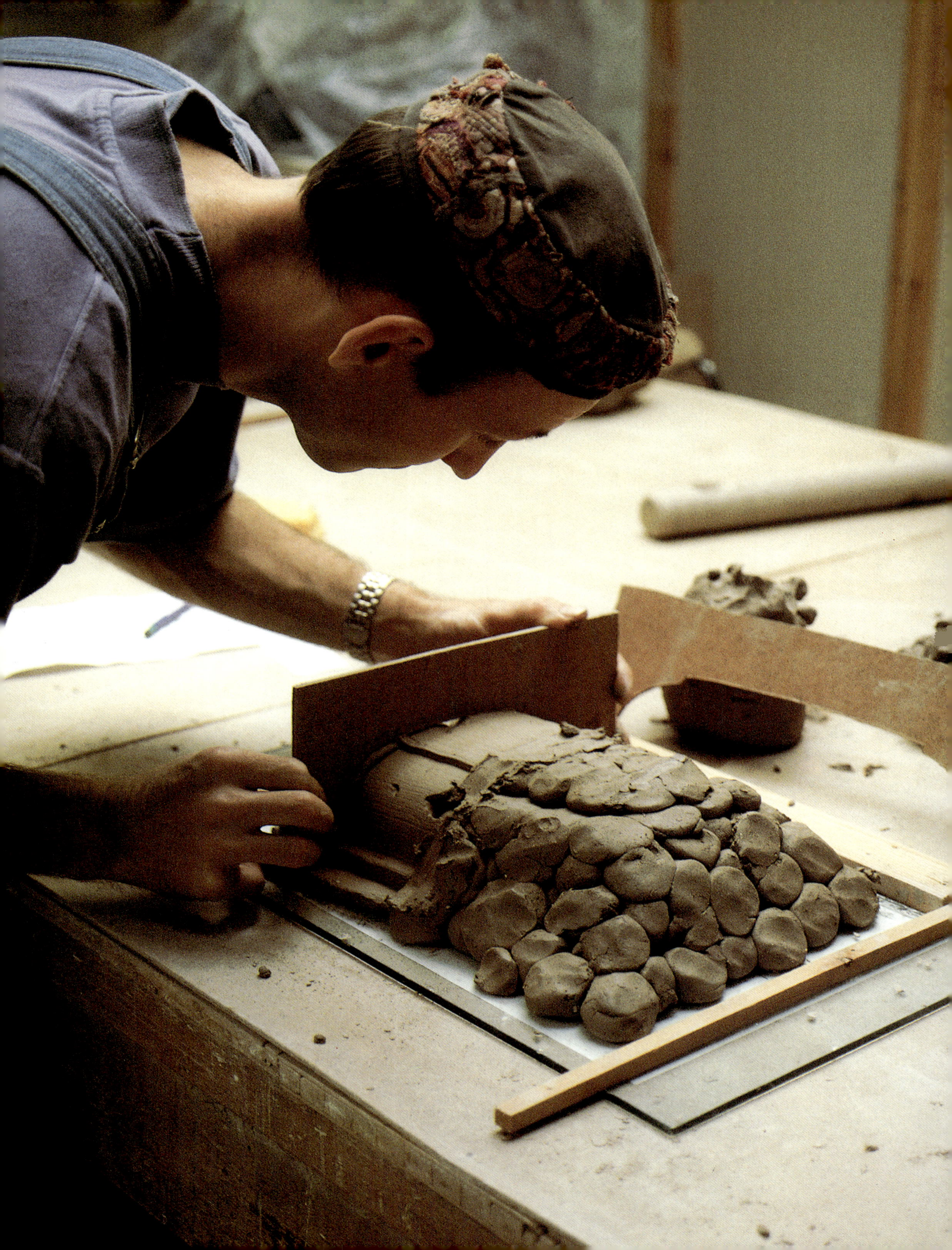

# MALLEN MAKEN EN GEBRUIKEN

Verreweg de meest toegepaste pottenbakmethode is die waarbij de klei in een gietvorm wordt gegoten. Bijna alle industriële keramiek wordt op deze manier vervaardigd. Voor de ambachtelijke en de beginnende pottenbakker is het een interessante en nuttige techniek, maar wel wat onpersoonlijk en weinig creatief, vooral als je de gietmallen niet zelf maakt. Bovendien heb je er in een klein atelier duidelijk minder profijt van dan in een grote fabriek. De mogelijkheid snel en gemakkelijk veel identieke eenheden te kunnen maken is vooral van belang voor wie een product op de markt wil brengen. In de industrie is de arbeidsproductiviteit van het proces indrukwekkend: één mens met een kan gietklei kan in minder dan geen tijd duizenden gietvormen vullen. Maar duizenden gietvormen nemen veel ruimte in; in het pottenbakkersatelier is draaien veel productiever.

De mal waarnaar de klei wordt gemodelleerd kan heel goed door iemand anders, en misschien zelfs voor een heel ander doel, zijn gemaakt. In de industrie wordt vloeibare gietklei gebruikt, maar veel ambachtelijke pottenbakkers werken liever met uitgerolde plakken plastische klei. In hoofdstuk 13 komt het gieten van vormen met vloeibare gietklei aan de orde. In dit hoofdstuk behandelen we het gebruiken en maken van mallen voor plastische klei.

Een plak klei die in of op een ondiepe holle of bolle mal wordt gelegd neemt daar automatisch de vorm van aan. Mits voorzien van een glad oppervlak, kan deze mal van vrijwel ieder stevig materiaal zijn gemaakt. Enigszins absorberend materiaal heeft het voordeel dat de klei eerder droogt; gips en ongeglazuurde klei worden het meest gebruikt.

Puristen mogen dan beweren dat het maken van een vorm met behulp van een bestaande mal, zoals het plastic bakje van een keukenweegschaal of een grote verweerde schelp, een weinig creatieve bezigheid is, maar ze vergeten dan dat met een mal gemaakte schotels of potten vaak dienen als ondergrond voor schilderingen of andere versieringen, die natuurlijk wel creatief zijn. Als de mal een geschikte vorm oplevert maakt het niet uit wat hij in een vorig leven is geweest.

### Holle drukmallen

Een schotel die is gemaakt door een kleilap in een holle mal te drukken wordt een drukvorm genoemd. In tegenstelling tot wat je zou kunnen denken komt hierbij geen mechanisch uitgeoefende druk aan te pas. De term betekent alleen dat de klei in de vorm is geduwd.

De buitenwand van het werkstuk zit tegen het oppervlak van de mal, die de structuur en de vorm ervan bepaalt. De binnenkant is vrij en moet worden vormgegeven door de pottenbakker, die er meestal op uit zal zijn een gladde vorm te krijgen die aansluit bij de buitenkant. Als de uitgerolde kleilap die je gebruikt overal even dik is, ben je al een goed eind op weg, al komt er bij het glad afwerken wel enige vaardigheid kijken. De meeste pottenbakkers werken het oppervlak af met een niervormige rubberen lomer. Vingerafdrukken aan de binnenkant staan meestal niet mooi, maar je kunt wel een structuur of zelfs een reliëf in het oppervlak aanbrengen, tenzij het bord voor gebruik aan tafel is bestemd. Denk maar eens aan de schotels van Bernard Palissy.

---

**EEN HOLLE DRUKMAL GEBRUIKEN**

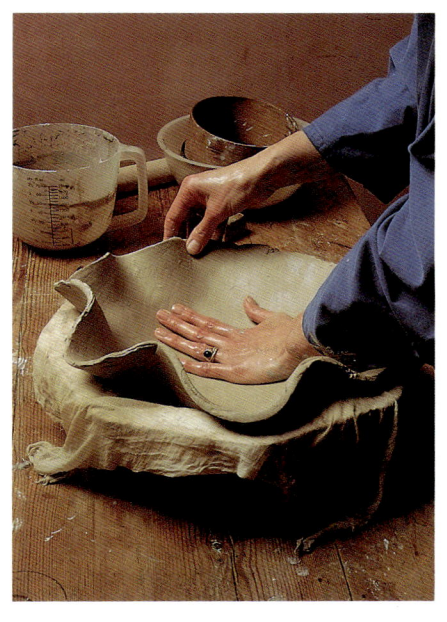

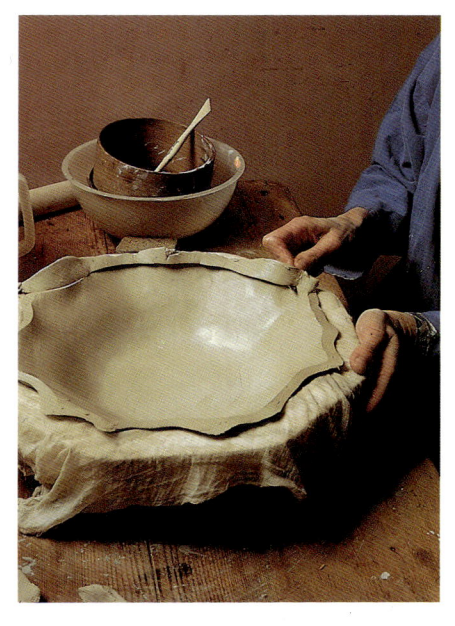

1-2 Voor veel beginnende pottenbakkers de eerste oefening: drukmallen en kleiplakken ter dikte van deeg. Je leert ervan welke behandelingen de klei verdraagt, maar echt creatief is het niet. Een lelijke drukmal geeft een lelijk product, maar een platte schaal levert wel een goede ondergrond op voor decoraties.

3 Als je eerst dun kaasdoek over de drukmal legt komt de vorm gemakkelijker los. Met een scherp, naar beneden gericht mes kun je de randen recht afsnijden.

Een drukvorm recht langs de rand van de mal afsnijden is een precies klusje waar nogal wat handigheid voor nodig is. De hoek van de rand is belangrijk, of die nu vlak of afgeschuind is, en moet rond de hele vorm worden doorgezet omdat ook kleine afwijkingen in de hoek meteen opvallen en lelijk zijn.

Soepele leerharde klei in een gipsen mal staat snel vocht af aan de mal en krimpt terwijl ze opdroogt, waardoor de vorm gemakkelijk uit de mal kan worden gehaald. Aan de decoratie van de binnenzijde wordt vaak al begonnen als de vorm nog in de mal zit, vooral bij engobe-decoraties. Maar als er aan de buitenkant voetjes of steunstroken moeten komen, moet de vorm uit de mal worden gehaald, zodat ze op de buitenkant kunnen worden 'gekit' of vastgemaakt voor de vorm is opgedroogd.

### Bolle drukmallen

Als je een lap klei over een bolle mal hangt maakt de binnenkant van de drukvorm contact met de mal en kan de buitenkant worden bewerkt. Op een dergelijke vorm kun je veel gemakkelijker een voetring of bodem aanbrengen, maar omdat de kleivorm krimpt moet je hem bijtijds van de mal halen om barsten te voorkomen.

### Decoraties voor met mallen gevormde potten

Decoratie-ontwerpen die gebaseerd zijn op de texturen en kleuren van verschillende soorten klei kun je het beste met een mal maken. Door de gelijkmatige druk die je bij een mal uitoefent, is de kans dat de afzonderlijke kleisoorten tijdens het bakken uit elkaar vallen minder groot dan bij opbouwtechnieken, terwijl er ook een scherper onderscheid te zien blijft dan bij gedraaid werk. Beide onderwerpen worden besproken in hoofdstuk 17. Er zijn nog andere decoratieve technieken die worden toegepast vóór de klei opdroogt of de oven in gaat. De vorm kan bijvoorbeeld worden gedecoreerd met vloeibare kleislib. Andere slibdecoratietechnieken zijn: de ringeloortechniek, het veertrekken en kammen. Inleg- en reliëfversieringen zijn zowel met bolle als holle malvormen toe te passen als met handgevormde kleiplaten. Al deze traditionele technieken worden besproken in hoofdstuk 18.

### Drukmallen maken

Er is geen enkele reden waarom een beginner geen gipsen mallen zou kunnen maken, hetzij op basis van een bestaande vorm, zoals een plastic schaaltje, dan wel van een zelfgemaakt kleimodel. Omdat dit de eerste keer is dat we met gips gaan werken (fijne modelleergips, geen grove pleistergips), is een waarschuwing op zijn plaats: gips en klei gaan niet goed samen. Als er stukjes gips in de klei komen te zitten leidt dit tot een eindeloze reeks problemen, bijvoorbeeld tijdens het draaien en bakken. Verwerk het gips dus niet op een tafel waarop ook met klei wordt gewerkt.

Mallen moeten op een volledig vlak en recht oppervlak worden gemaakt. Een glad formica tafelblad is ideaal, maar leg er wel een vel dun wit papier op om gips en tafelblad gescheiden te houden. Als je de mal van een bestaande moedervorm wilt maken, dan moet die een glad oppervlak of een gladde rand hebben die goed contact maakt met de tafel. Een leren fietszadel zou bijvoorbeeld niet gaan omdat je dat niet plat op de tafel kunt leggen en het gips tijdens het gieten onder de vorm zou lopen. De moedervorm mag ook niet te diep zijn. Met platen kneedbare klei kun je alleen mooie kleivormen maken als de mal nergens scherpe hoeken heeft.

Als je de moedervorm zelf maakt, denk er dan aan dat het gips ook de kleinste details registreert. Houd er ook rekening mee dat de klei tijdens het drogen en bakken krimpt en dat de moedervorm dus 15 tot 20 procent groter moet zijn dan de uiteindelijke vorm. Maak de diameter niet groter dan 30 cm, anders zal het werkstuk gaan kromtrekken. De klei, die een fijne structuur moet hebben, mag uiteindelijk niet meer dan 4,5 cm diep komen te zitten.

Een ronde moedervorm kun je uit massieve klei op de schijf draaien, waarna je met een niervormige lomer voor een perfect glad oppervlak zorgt. Draai de vorm liefst op een grote hulpplaat, zodat ze niet vervormt als je haar van de schijf haalt. Als je een andere symmetrische, bijvoorbeeld ellipsvormige, moedervorm wilt kun je die het beste nauwkeurig uittekenen op het ondergrondpapier met behulp van twee middellijnen die de

**EEN BOLLE DRUKMAL GEBRUIKEN**

1-2 Omdat je bij een bolle drukmal goed bij de randen moet kunnen om de klei rondom netjes af te kunnen snijden, wordt de mal meestal verhoogd met een gipsen pootje, zodat er een soort paddestoel ontstaat. Zorg er bij het afsnijden van de rand voor dat je het mes steeds onder dezelfde hoek houdt.

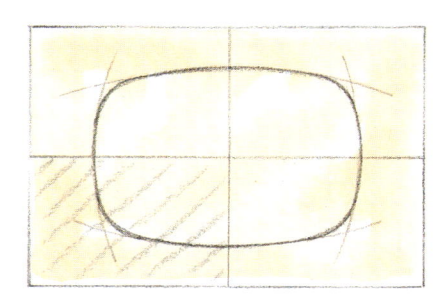

MALLEN MAKEN EN GEBRUIKEN 103

Maak, als je zelf een drukmal wilt maken, eerst een nauwkeurig ontwerp. Als de mal symmetrisch moet worden, verdeel een stuk karton dan in vier kwadranten en teken op basis daarvan de omtrek. Door je eigen mallen te ontwerpen en te maken kun je niet alleen borden en platte schalen, maar ook complexere staande vormen maken door twee kleivormen aaneen te voegen en op een voet te plaatsen, zoals James Tower deed bij de hiernaast afgebeelde pot. Breedte: 50 cm.

## EEN MOEDERVORM MAKEN

1 Teken, nadat je een vorm hebt bedacht, de omtrek ervan op de onderplaat (zie linksboven). Bouw vervolgens de vorm op met kleine zachte kleibolletjes.

2-3 Door een kartonnen sjabloon over de zachte klei te trekken krijg je vorm sneller kloppend dan met de hand en op het oog. Voor rechthoekige vormen heb je minstens twee sjablonen nodig, een voor de lange en een voor de korte zijde. Als je deze fase afraffelt, krijg je daar later onherroepelijk spijt van.

# 104 HANDGEVORMDE POTTEN

Sierhandvatten kunnen met water op de vorm worden bevestigd zolang de klei nog leerhard is. Deze platte schaal van Suzy Atkins werd met zoutglazuur afgewerkt. Lengte: 52 cm.

vier kwadranten aangeven. Bouw de vorm zorgvuldig op met kleine balletjes zachte klei. Maak van karton of dun metaal twee sjablonen, een voor de lange en een voor de korte as, die de exacte doorsnede van de vorm aangeven. Deze sjablonen kun je, als de moedervorm bijna klaar is, ook als schrapers gebruiken.

Op het gevaar af drammerig te worden, moet ik toch blijven hameren op het belang van zorgvuldig werken bij het maken van een mal. Als je ophoudt voor de vorm helemaal goed is, zul je daar later altijd spijt van krijgen. Steeds weer zullen de druk- of gietvormen dezelfde bobbels en deukjes hebben die je bij het maken van de mal niet hebt weggewerkt. Bouw, als de moedervorm klaar is, een hoge dikke kleiwal rond de vorm, op ongeveer 5 cm uit de rand. De wal moet minstens 5 cm uitsteken boven het hoogste punt van de moedervorm. Waar de wal van klei bij het volgen van de contouren van de moedervorm om een scherpe hoek gaat, moet je stutten aanbrengen. Ook lange rechte wanden moeten worden gestut.

Modelleergips is nogal zwaar en als het

## EEN MOEDERVORM MAKEN

4-5 Zolang de klei nog leerhard is kun je de moedervorm met een lomer of afdraaiijzer glad afwerken. Zet er vervolgens wanden van klei of hout omheen.

6 Maak voldoende gips aan om de mal in één keer te kunnen vullen. Volg voor een perfect gipsmengsel de aanwijzingen in de tekst.

7 Controleer voor je het zware vloeibare gips over de vorm giet eerst of de wanden niet kunnen lekken of omvallen.

gipsmengsel uitbreekt en op de vloer stroomt is de ravage niet te overzien. Kleiwallen bieden meer bescherming tegen dit soort ongelukken dan de verstelbare houten kisten die speciaal voor dit doel worden verkocht, als je ze tenminste dik en stevig genoeg maakt. De kleiwal moet minstens 2,5 cm dik zijn en lederhard. Omdat er gipsdeeltjes aan kunnen blijven kleven kun je de klei na gebruik het beste weggooien, dus gebruik geen al te dure of bijzondere klei.

Maak het gips voor de mal in één keer aan in een plastic bak die je voor de helft vult met koud water. Strooi met je handen een fijne regen van gipspoeder in het water. Als er een bergje gips boven het wateroppervlak uitkomt, ben je bijna klaar. Ga door met strooien tot het 'eilandje' de halve bak in beslag neemt en meng de ingrediënten dan door elkaar tot een gladde witte massa. Dit mengen kun je het beste met één hand doen omdat je het gipsmengsel, als dit duidelijk dikker begint te worden, meteen tussen de kleiwallen over de moedervorm moet uitgieten. Dit gaat gemakkelijker als je in ieder geval één schone

Het 'gipseilandje' vóór het mengen

hand hebt, en er is vaak geen tijd om tussendoor nog even je handen te wassen.

Een glad wit meer van gips dat 4 tot 5 cm boven het hoogste punt van de moedervorm uitsteekt droogt snel op en al na een paar minuten kan de kleiwal worden weggehaald en kan het dikke witte blok verder opdrogen en afkoelen (tijdens het uithardingsproces komt hitte vrij). Draai de mal om zodat de onderkant van de moedervorm zichtbaar wordt. Na een uur of twee is een moedervorm van klei meestal al zo ver gekrompen dat ze gemakkelijk uit de mal kan worden gehaald. Deze vorm kun je het beste weggooien (net als de klei van de wallen) en in ieder geval niet meer gebruiken voor potten. Het duurt enige tijd voor de mal is uitgehard. Als je een wekelijkse pottenbakcursus volgt, moet de mal vóór de volgende les klaar zijn, mits je hem op een droge plaats hebt weggezet: hoe droger de mal, hoe meer vocht hij absorbeert en hoe beter hij werkt.

Maak, als je klaar bent, de bak waarin je het gips hebt aangemaakt goed schoon, maar doe dit niet in de buurt van klei die staat te drogen. Denk er ook aan dat stollend gips de gootsteen verschrikkelijk kan verstoppen.

## Bolle mallen maken

Als een bolle mal rond moet worden, kun je hem op de schijf uit klei draaien. Je kunt een ondiepe schaal draaien waarvan de buitenkant – nadat hij is afgedraaid en biscuitgebrand – het maloppervlak wordt, of een massieve vorm met de bolle kant naar boven.

Maar veel pottenbakkers geven de voorkeur aan gips. Een bolle gipsen mal kun je maken door gips in een bestaande holle vorm te gieten, nadat je het oppervlak daarvan eerst met slib (of groene zeep) hebt ingestreken om te voorkomen dat de twee gipslagen onlosmakelijk aan elkaar komen te zitten. Als je deze methode gebruikt is het een goed idee om een voet aan de mal te maken, als de steel van een paddestoel. Als je de gips in de vorm hebt gegoten is het vlakke oppervlak de onderkant van je mal. Bouw nu binnen de omtrek hiervan een kleimuurtje, vul dit op met verse vloeibare gips en je hebt je voet. Als een bolle mal op een voet staat in plaats van rechtstreeks op het tafelblad is het veel makkelijker de over de mal gedrapeerde klei af te snijden.

Bij regelmatige vormen die met behulp van een drukmal worden gemaakt kunnen patronen in de kleiwand worden ingelegd. De dynamische diagonalen in deze schaal van Antje en Rainer Doss verlenen de vorm een spanning die zou ontbreken als de lijnen er gewoon waren opgeschilderd. In hoofdstuk 17 worden meer voorbeelden van zulke ontwerpen getoond.

8 Het vloeibare gips zoekt zijn eigen niveau. Hierdoor heeft de uiteindelijke mal, als je deze omdraait, altijd een platte boden.

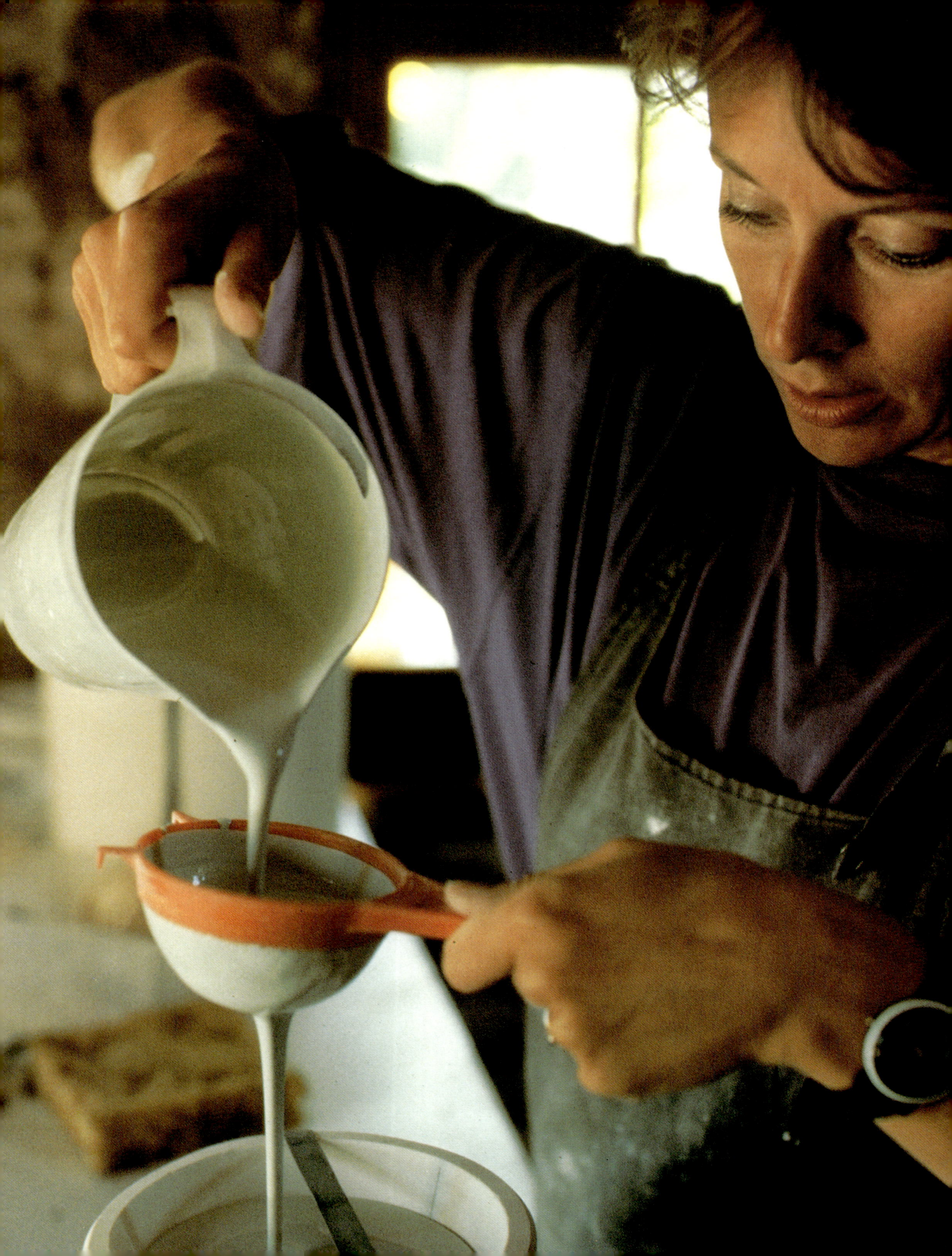

# 13
# GIETKLEI

Het moet worden gezegd dat veel pottenbakkers, en niet alleen beginners, het gieten van vormen met slib of gietklei te chemisch, te mechanisch, te veel gedoe of gewoon saai vinden. Toch kan deze techniek schitterende resultaten opleveren die op geen enkele andere wijze kunnen worden bereikt, en er zijn pottenbakkers die erdoor gefascineerd raken.

Bij gegoten vormen geeft de klei precies het oppervlak en de structuur van de mal weer; het is bijvoorbeeld een koud kunstje een tot in de details kloppende, exacte kopie van een appel te maken. Veel keramisten zullen zeggen: 'Nou en? Ik wil helemaal geen appels kopiëren, ik wil potten maken.' Toch is een met gietklei gegoten vorm door zijn eigenschappen – de duurzaamheid, het gemak waarmee ze geglazuurd kunnen worden en de sculpturale mogelijkheden – voor velen aantrekkelijk, hetzij als op de lange termijn als techniek om grote of kleine keramische sculpturen te maken, of als experiment om de mogelijkheden en onmogelijkheden van het materiaal te onderzoeken. Hoewel deze techniek veel in de industrie wordt toegepast, heb je voor het maken van afgietsels geen uitgebreide uitrusting nodig en kun je het gemakkelijk thuis doen.

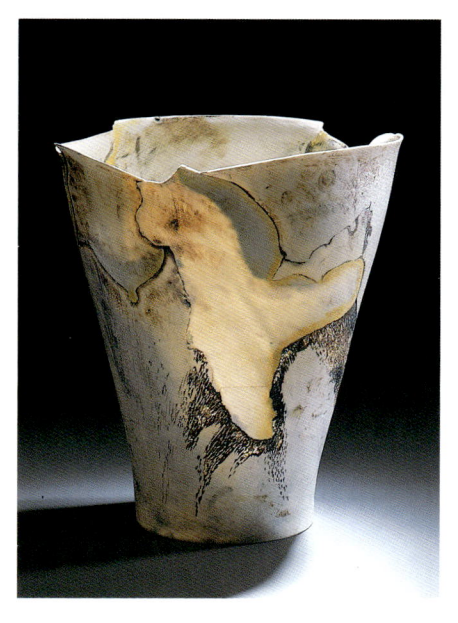

Werken met gietmallen is niet hetzelfde als klonen en het resultaat hoeft absoluut niet zielloos te zijn. Jeroen Bechtold gebruikte verschillende soorten klei, sneed de rand in en bewerkte ook het profiel van deze porseleinen vaas. Afmetingen: 30 x 23 cm.

## De gietklei voorbewerken

Het grootste probleem bij het maken van afgietsels is krimpen. De vloeibare klei mag tijdens het drogen in de gietvorm niet te sterk krimpen, anders kan het afgietsel vervormen of zelfs breken. Daarom moet de gietklei zo vloeibaar mogelijk worden maar tegelijkertijd zo min mogelijk water bevatten. Om dit te bereiken worden er aan het kleimengsel ontvlokkingsmiddelen (elektrolyten) zoals natriumsilicaat (waterglas) of natriumcarbonaat (gecalcineerde soda) toegevoegd. De andere bestanddelen zijn ball clay, kaolien, veldspaat en flint in wisselende verhoudingen.

Gietklei is kant en klaar te koop en dat bespaart heel wat tijd en moeite, of als mengpakket waar je thuis klei van kunt maken. Je kunt de gietklei ook zelf aan de hand van een recept uit droge ingrediënten samenstellen. Het recept op de volgende bladzijde levert witte, ondoor-

**MAL VAN EEN BESTAANDE VORM**

Als de moedervorm niet gemakkelijk uit de mal loskomt, dan ook het latere afgietsel niet. Pas op voor uitstekende randen.

**GIETKLEI MENGEN**

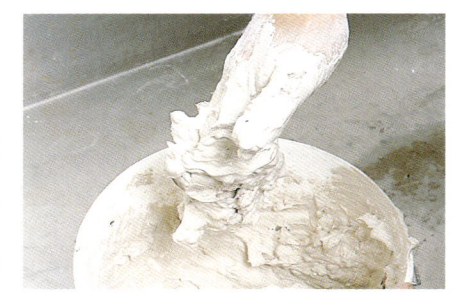

1-3 Waterglas is een stroperige vloeistof maar maakt, in de juiste hoeveelheid toegevoegd, de gietklei vloeibaarder. Als de ingrediënten vermeld op blz. 108 zijn gemengd en gezeefd heeft het mengsel een wonderlijke consistentie: het druipt van de vingers, maar blijft er ook aan kleven.

schijnende gietklei op die tot een temperatuur van 1250 °C kan worden verhit. Porselein wordt steeds populairder als pottenbakmateriaal. Om het krimpen zoveel mogelijk te beperken moet de gietklei per liter water zo zwaar mogelijk worden. Een ideaal gewicht is 1800 gram per liter.

ball clay 300 gram
kaolien 2200 gram
veldspaat (potas) 1250 gram
flint 1250 gram
natriumsilicaat 13 gram
natriumcarbonaat 13 gram
water 2,2 liter

Meng eerst de twee ontvlokkingsmiddelen, het natriumsilicaat en het natriumcarbonaat door elkaar en los dit kleverige mengsel op in een half kopje warm water. Doe het grootste deel hiervan bij de afgemeten hoeveelheid water (zie recept) en voeg deze vloeistof toe aan de droge bestanddelen. Meng alles met je handen door elkaar tot een gladde lijmachtige substantie ontstaat, en knijp daarbij geduldig alle klonters stuk. Zeef de substantie vervolgens in een zeef van bronsgaas met een maaswijdte van 0,15 mm (100 mesh). Het mengsel ziet er voor een vloeistof misschien veel te stroperig uit, maar je zult zien hoe gemakkelijk het vloeit als het goed is geroerd.

Is het mengsel goed geroerd, voeg er dan nog meer van de ontvlokkingsmiddelen aan toe, totdat de gietklei in lange stroperige slierten van je vingers druipt. Je hebt misschien niet alles nodig en als je te veel ontvlokkingsmiddelen toevoegt wordt het proces omgekeerd en gaat de vloeistof weer over in gelei. Het aanmaken van dit nogal onaardse materiaal is voor elke pottenbakker een interessante ervaring. Nadat je het mengsel een dag of twee hebt laten rusten is het klaar om in één- of meerdelige gietvormen verwerkt te worden.

### Een eendelige gietmal

De klei die binnen een mal is opgedroogd moet je zonder breken kunnen verwijderen, daarom worden voor ingewikkelde vormen als theepotten of handen, of simpele zoals een hoed of hondje, mallen gemaakt die je in delen uit elkaar kunt halen. Zulke mallen kunnen erg ingewikkeld worden en uit misschien wel tien onderdelen bestaan, die zowel de binnen- als de buitenkant in vorm brengen.

Hieronder beschrijven we het gebruik van gietklei met een eendelige mal zoals beschreven in hoofdstuk 12. Normaal gesproken zijn gietvormen overigens meestal zowel dieper als kleiner dan holle of bolle drukmallen; het gebruik van vloeibare gietklei maakt immers allerlei vormen mogelijk die je met plakken klei niet kunt bereiken.

De mal moet op een volkomen vlak werkblad worden gezet omdat de vloeibare en romige gietklei de mal bij het gieten volledig moet vullen en niet aan één kant over de rand moet gaan stromen. Het gips dat je voor de mal gebruikt neemt heel snel vocht op uit de gietklei en je zult zien dat het oppervlaktepeil al heel snel gaat dalen nadat je de mal 'vol' hebt gegoten. Om de mal vol te houden voeg je heel rustig en voorzichtig en van geringe hoogte steeds wat gietklei bij, in het midden van de mal.

De hamvraag is natuurlijk hoe lang je de gietklei laat harden tegen de wanden van de mal. Dit is afhankelijk van de absorptie van het gips, het watergehalte van de gietklei en de dikte die je het werkstuk wilt geven, en die factoren kun je alleen zelf, in de praktijk, overzien. Toch zul je na een wachttijd ergens tussen de tien minuten en een half uur de gietklei uit de mal terug kunnen gieten in een emmer of bak en zien dat er aan

---

**BIJVULLEN VAN DE MAL**

Vormen die geschikt zijn voor gietmallen uit één stuk; de mallen zijn rood aangegeven.

Het vocht wordt door de wanden van de mal opgezogen en het oppervlaktepeil zakt; na een paar minuten moet je klei bijvullen.

de wanden een laagje blijft kleven.
Met een scherp (palet)mes ruim je de langs de rand van de mal gedruppelde klei weg en werk je de kleirand strak af. De ervaring zal je snel laten zien in welke hoek je het mes vast moet houden om de overtollige klei weg te scheppen in plaats van in de gietvorm te laten vallen en het oppervlak te beschadigen. Tijdens het drogen komt de gietvorm vanzelf los van de wand van de mal en kan er op elk moment tussen het leerharde en volkomen droge stadium uit gewipt worden. Het is nauwelijks meer nodig te zeggen dat een pot gemaakt van gietklei, net als elke ongebakken pot, in dit stadium gemakkelijk breekt, des te meer als de wand dun of de vorm vlak en open is. Het voordeel van gietvormen is daarbij wel, dat je ze nauwelijks hoeft aan te raken. Gietvormen hebben vaak trouwens zulke maagdelijke oppervlakken dat je het al bijna vanzelf zonde vindt er vingerafdrukken op achter te laten. Helaas is ook een gietvorm zeer gevoelig voor kromtrekken tijdens het drogen, zeker als ze slechts vanuit één richting worden verwarmd. De optimale dikte van het uiteindelijke werkstuk hangt natuurlijk af van de vorm en het gebruik dat je ervan gaat maken, maar in het algemeen liggen gietvormen goed in de hand als ze wat lichter zijn dan gedraaide of opgebouwde vormen.

Gietklei kun je weken, zelfs maanden bewaren, maar altijd in een afgesloten vat met een kleine dop, om zo min mogelijk lucht toe te laten. Onder invloed van het koolzuurgas in de lucht vormt zich aan het oppervlak een vlies, net als bij emulsieverf. Voor de gietklei opnieuw kan worden gebruikt moet dit vlies verwijderd worden, niet doorgeroerd, en wordt wat overblijft opnieuw gezeefd.

### Decoratie
Net als vormen gemaakt met een drukmal zijn gegoten borden ideale vormen om te decoreren (zie hoofdstukken 18 en 19). Er is één decoratietechniek, geïntroduceerd door Jacqueline Poncelet en uitgewerkt door Jane Waller, die zo sterk geïntegreerd is met de productie van gietvormen dat ze het best al hier besproken kan worden.

Met een ringeloor kun je rechtstreeks op de wanden van de mal 'tekenen' met gekleurde gietklei – zowel heel precieze als willekeurige patronen zijn mogelijk – die in de wand van het werkstuk wordt opgenomen als je de vloeibare basisklei op de besproken manier in de mal giet. De op de wand aangebrachte tekening droogt heel snel, dus de gietkleimassa moet direct na het aanbrengen van je decoratie in de mal worden gegoten. Hoe mooi het resultaat wordt, hangt af van de kracht en de kleur van de aangebrachte tekening; bij dunne wanden schijnt die soms zelfs aan de binnenkant iets door.

Bladzijde hiernaast: S-vorm door Dieter Balzer. Als je eenmaal weet hoe je een mal uit meerdere delen kunt maken, kun je bijna elke vorm gieten.

Rechts: Staande vorm door Johan van Loon. Gietklei wordt niet alleen met mallen gebruikt. Een dun, massief voorwerp als een raffiamat of lap geweven stof kan in gietklei worden ondergedompeld en 'bevroren': het voorwerp brandt weg in de oven en de kleiafdruk blijft over. Curieuze sculpturale vormen kunnen het resultaat zijn.

## MEERDELIGE MALLEN

1 Ontluchte gietklei wordt onder druk in een rij tweedelige mallen gespoten; de snelheid waarmee dit gebeurt maakt deze techniek zo geschikt voor massaproductie.

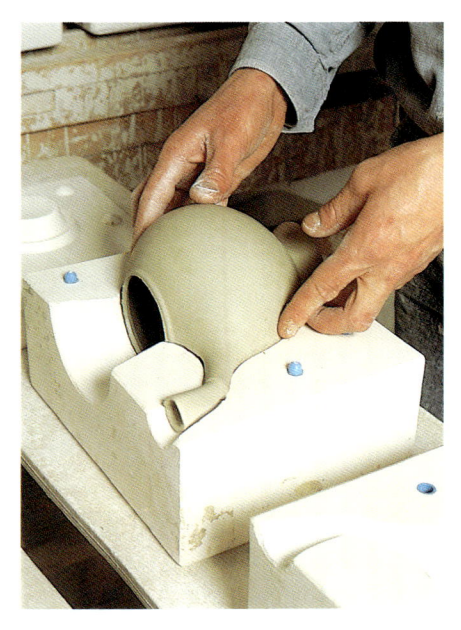

2 De hals van de theepot wordt met een derde mal gemaakt (zie linksboven). Het leerharde afgietsel wordt uit de mal gehaald, de tuit op maat gesneden.

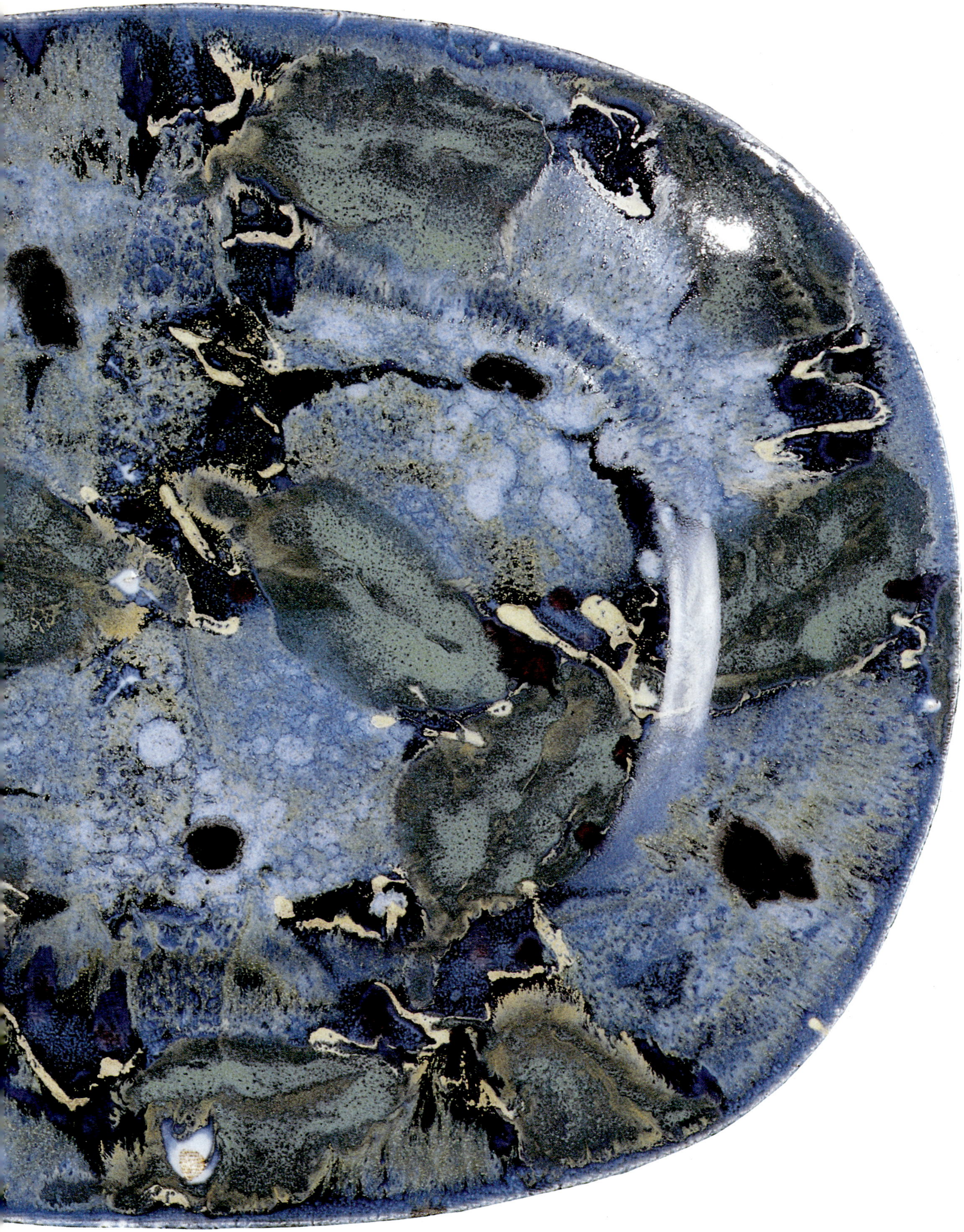

# KLEURIGE KLEDIJ

*De onafgewerkte pot is als een naakt lichaam. Wat opvalt is de vorm, en wellicht is die anders dan verwacht. De kleur is min of meer overal hetzelfde, en voorspelbaar. Een glazuurlaag wordt ook wel eens fraai beschreven als 'de bekleding', omdat glazuur de pot 'aankleedt'. Glazuur is net als kleding: het heeft een praktische functie, maar je kunt er ook mee pronken en het is een lust voor het oog voor hen die een mooie textuur en kleur weten te waarderen.*

*De volgende vier hoofdstukken zijn bedoeld voor hen die de basisprincipes willen begrijpen – wat de bestanddelen van glazuren zijn en hoe je glazuren kunt maken en verbeteren – maar zij die gewoon aan de slag willen, kunnen volstaan met het lezen van hoofdstuk 15.*

Bladzijde hiernaast: Een groot gemodelleerd bord gemaakt door Janice Tchalenko verrijkt met een combinatie van applicatietechnieken en metaaloxiden.

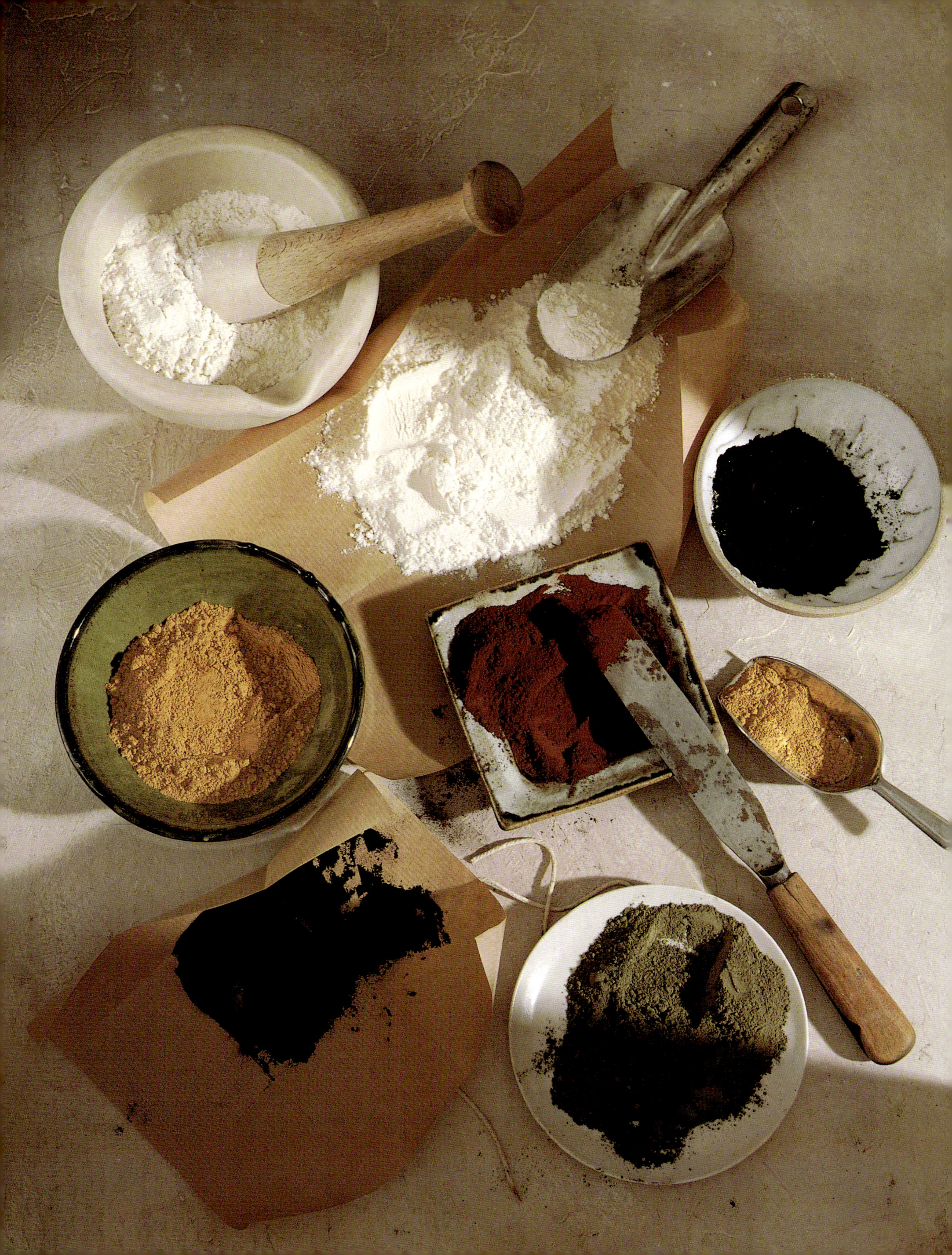

# DE BESTANDDELEN VAN EEN GLAZUUR

Als een ongeglazuurde pot éénmaal is gebakken (biscuitbrand), is hij nog maar half af. Het glazuur, de stijl van glazuren en decoreren, en de tweede brand completeren het proces, waarbij een versmelting ontstaat die fysiek en esthetisch onlosmakelijk is.

Het is mogelijk dat een knullige, lompe biscuit-pot toch mooi wordt als die een fraaie, edele glazuur krijgt, maar het gebeurt vaker dat een goede biscuit-pot nogal gewoontjes of zelfs ronduit lelijk wordt door een slechte glazuur. Dit kan vele oorzaken hebben, zoals een slechte kwaliteit glazuur, pech, een ongeoefende hand of simpelweg onverschilligheid.

Pottenbakkers zijn verdeeld in twee kampen: de pottenmakers die meer belang stellen in de vorm, en de pottendecorateurs, die meer belang stellen in het oppervlak. Maar zij die zich bovenal interesseren voor de vorm kunnen het zich niet veroorloven de kwaliteit van het oppervlak te negeren: glazuren spelen daarbij ofwel een hoofdrol, ofwel een bijrol.

Glazuur is glas dat op het oppervlak van de pot wordt gesmolten en vervolgens weer verhardt. Het is een niet-poreuze laag die de levensduur van een pot aanzienlijk verlengt en die de pot hygiënischer maakt en gemakkelijker schoon te houden. Net als andere vormen van glas is het goed bestand tegen veranderingen en hoe smerig of vlekkerig het ook is, het kan gewoonlijk goed worden schoongemaakt zonder dat het daarbij wordt aangetast. Hoewel in de grond begraven potten een blijvend patina kunnen verkrijgen door langzame chemische inwerking, benadert glazuur toch de ware perfectie in al zijn duurzaamheid. De oudste geglazuurde potten werden meer dan 3000 jaar geleden gemaakt en zijn nog steeds gaaf.

Glazuur bestaat voornamelijk uit siliciumoxide, dat ook een belangrijk bestanddeel van klei is. Op zichzelf heeft het een hoog smeltpunt (ongeveer 1700 °C), maar het kan ook al smelten op veel lagere temperaturen als een 'vloeimiddel' zoals boor, natrium of kalium aanwezig is. De aanwezigheid van alumina (aluminiumoxide), ook een ingrediënt van klei, dat zelfs een hoger smeltpunt heeft, geeft het mengsel stabiliteit en hechtkracht als het in gesmolten toestand op de pot wordt aangebracht.

Variaties in de verhoudingen tussen het aluminiumoxide, siliciumoxide en het vloeimiddel, en de invloed van een reeks andere elementen – titaan, calcium, koper, zink, zirkoon, nikkel en ijzer – zijn verantwoordelijk voor de verschillen in de 'kwaliteit' van een glazuur, dat wil zeggen de kleur, textuur, ondoorzichtigheid, glans en hoe het aanvoelt. Een andere factor is de methode waarmee het wordt aangebracht op de pot, en nog weer een andere is de dikte van de gla-

Gedraaide vazen van steengoed van Young Jae Lee, verfraaid met een klassiek oriëntaals glazuur met een roze gloed verkregen door reductiebrand. De zuurstoftoevoer in een oven wordt gewoonlijk niet zo sterk verminderd dat de hele pot roze kleurt; de meeste pottenbakkers willen slechts hier en daar een vleugje reductiekleur. Hoogte 48 cm en 35 cm.

zuurlaag; beide worden uitgelegd in hoofdstuk 15. Vanzelfsprekend is de temperatuur waarop wordt gebakken eveneens van belang.

De grondstoffen voor het glazuur, in poedervorm in de handel verkrijgbaar, worden vermengd met water en op depot aangebracht. De vloeistof trekt vervolgens in de poreuze biscuitscherf en de vaste deeltjes blijven als een laag fijn wit poeder plakken op de buitenkant. In deze uiterst kwetsbare staat wordt de keramiek, beschilderd of anderszins gedecoreerd, in de oven geplaatst en opnieuw gebakken zodat het glazuur smelt en vervolgens verhardt bij afkoeling.

Voor industriële doeleinden is het heel goed mogelijk platen helder glas tot een fijn poeder te vermalen en dit, vermengd met water, op de keramiek te spuiten, zodat zich een glazuurlaag op de pot vormt. Voor industriële massaproductie, waarbij uniformiteit vereist is, maken chemici vaak speciale glazuren, waarbij ze uitgaan van de bekende eigenschappen van elementen die de resultaten kunnen beïnvloeden en verbeteren. Hun recepten zijn tot op de molecule doorgerekend. Pottenbakkers die een zekere affiniteit hebben met scheikunde vinden het leuk zich te meten met het vuur van de oven en hun kennis te gebruiken voor het maken of veranderen van glazuren, maar veel beginners raken in paniek bij de gedachte aan chemische formules en moleculaire gewichten. Deze paniek is ongegrond, want je hoeft helemaal geen scheikundige te zijn om potten te kunnen bakken – een pottenbakker is meer een soort kok.

In het atelier levert een analytische benadering meer frustraties op dan resultaten, aangezien de pottenbakker maar weinig controle heeft over de precieze chemische samenstelling van de ruwe grondstoffen die hij koopt van de leveranciers. Bernard Leach zegt in Het Pottenbakkersboek: 'Voor een vakman is het veel belangrijker te weten dat iets goed werkt dan precies te weten waarom iets goed werkt.' Daarom is kennis van het gebruik en de effecten van bekende materialen erg waardevol; door te experimenteren leer je wat je kunt toevoegen en in welke hoeveelheden, zonder dat je een chemische formule hoeft om te rekenen.

### Glazuren voor aardewerk

Zoals reeds uitgelegd in hoofdstuk 1 zijn er twee belangrijke typen keramiek, naar gelang de temperatuur waarop ze zijn gebakken. Onderaan de temperatuurschaal vind je aardewerk, dat gebakken wordt op een temperatuur tussen 1000 en 1100 °C. Lood en borax zijn de meest gebruikte vloeimiddelen voor aardewerkglazuren. Aangezien lood giftig is, kent de pottenbakker het in de vorm van 'loodfritte' oftewel lood dat in gesmolten staat is vermengd met siliciumoxide en tot een niet-giftig poeder is vermalen.

'Fritten' – het vermengen van het vloeimiddel met siliciumoxide – heeft voor de pottenbakker drie voordelen. Ten eerste vormen frittes geen gevaar voor de gezondheid zoals giftige stoffen; ten tweede zijn ze niet-oplosbaar, zodat het poeder zijn chemische eigenschappen niet verliest als het wordt vermengd met water; en ten derde gedragen ze zich op een voorspelbare manier en smelten precies op een bepaalde temperatuur.

Als aardewerkglazuur verhit worden tot hogere temperaturen dan aanbevolen, worden ze zeer vloeibaar, druipen van de pot af en worden vluchtig. Als ze worden verhit tot temperaturen die lager zijn dan aanbevolen smelten ze helemaal niet, maar blijven ze op de scherf liggen, droog en hard als oud schuurpapier.

Het zijn de bestanddelen van het glazuur die het smeltpunt bepalen, maar het karakter van het glazuur laat zien op welke temperatuur het gebakken is. Aardewerkglazuren glanzen meestal en de kleuren die ontstaan door de gebruikte metaaloxiden zijn helder en duidelijk.

### Glazuren voor steengoed

Steengoedglazuren lijken qua karakter meer op klei en in feite zijn de glazuurbestanddelen ook inderdaad meer verwant aan klei. Het vloeimiddel voor het bakken van steengoed op een temperatuur tussen 1250 en 1300 °C is natrium of kalium en de kleuren zijn zelden helder en effen. Op hoge temperaturen branden zeer kleine hoeveelheden metaaloxiden in de scherf door de glazuurlaag, waar-

Rechts: Kelk met tinglazuur door de meester van de majolica, Alan Caiger-Smith

Bladzijde hiernaast: Zink en titanium zorgen voor het oppervlakte-effect bij deze enorme 'knikkerpot' door Edouard Chapallaz

door het gespikkeld en vlekkerig wordt, en de kleuren zijn over het algemeen doffer en aardachtig. Gelukkig bevatten natuurlijke ruwe grondstoffen zoals veldspaat (dat voorkomt in graniet) het noodzakelijke vloeimiddel en kalium zit natuurlijk ook in houtas.

Net als bij aardewerkglazuren bestaan de kleurstoffen hoofdzakelijk uit oxiden die puur als een poeder worden aangebracht of gecombineerd met een natuurlijk materiaal zoals bijvoorbeeld rutiel, dat titaan bevat. Kleurstoffen en opaakmakers vormen zelden meer dan 10 procent van het basismengsel voor het glazuur. Hun werking en onderlinge reacties zijn echter zeer complex. Sommige metaaloxiden werken bijvoorbeeld zelf enigszins als een vloeimiddel doordat ze de temperatuur waarop het glazuur vloeibaar wordt, verlagen.

### Kennis van glazuur

De glazuurruimte van de keramische afdeling van een kunstacademie of een groot pottenbakkersatelier staat altijd vol met kleine glazen potten die ogenschijnlijk identieke donkere poeders bevatten en grote bussen of zakken met nog meer poeders, meestal grijswit van kleur. De ervaren pottenbakker kan ze gemakkelijk identificeren – de glazuurbestanddelen zien er heel verschillend uit en voelen ook allemaal anders aan – maar voor de beginner is het vaak een teleurstelling dat alles zo saai en kleurloos lijkt. Het valt soms niet mee om een beginner ervan te overtuigen dat een lichte gemberkleurige vloeistof een felblauw glazuur kan opleveren. Pas in de oven worden de ware aard en kleurenpracht van oxiden onthuld.

Aan wat glazuurbestanddelen bij hoge temperaturen allemaal kunnen doen, zou je een levenslange studie kunnen wijden. Een boek voor beginners dient niet te lang stil te staan bij wat er in een glazuur zit, maar naar mijn eigen ervaring kunnen de volgende beschrijvingen van de materialen die je in elke glazuurruimte kunt vinden de beginner op weg helpen.

### Opaakmakers

*Tinoxide* is traditioneel het glazuurbestanddeel om opaak wit te verkrijgen. Het tin in het glazuur lost niet op, maar weerkaatst eenvoudig het licht en maskeert de kleur van de klei. Tinglazuur is de witte achtergrond van het beschilderde aardewerk dat bekend staat als majolica. Tin is een goede opaakmaker tot aan steengoedtemperaturen, maar wordt minder vaak gebruikt voor keramiek die op hoge temperaturen wordt gebakken aangezien de ruwe bestanddelen van steengoedglazuren, zoals dolomiet, zelf als opaakmakers werken. Wit tinoxide is een duur materiaal.

*Zirkoon* wordt vaak in plaats van tinoxide gebruikt voor witte aardewerkglazuren. Het is goedkoper en ziet er 'vloeibaarder' uit na het branden. In combinatie met oxiden maakt het aardewerkglazuur helder en glanzend.

*Zinkoxide*, een licht kristallijne opaakmaker, is duur en ietwat onvoorspelbaar. Het wordt vaak aan een glazuur toegevoegd om haarscheurtjes te voorkomen, maar kan er wel toe leiden dat het glazuur wegtrekt op bepaalde gedeelten van de pot (zie bladzijde 138).

*Dolomiet*, magnesiumcarbonaat, is een goed bruikbare opaakmaker voor steengoedglazuren en heeft ook nog andere goede eigenschappen (zie bladzijde 117).

*Titaandioxide*, bekend als opaakmaker voor verven, geeft een vlekkenpatroon indien gebruikt in combinatie met andere oxiden doordat het donkere plekken afwisselt met witte spikkels. Als het onvermengd wordt gebruikt als opaakmaker heeft het een romige kleur. Rutiel is een natuurlijk materiaal dat zowel titaan als ijzer bevat. Het ijzer is vaak zichtbaar als donkere spikkels.

*Antimoonoxide* is een goed bruikbare opaakmaker in aardewerkglazuren, hoewel het in glazuren die op lood zijn gebaseerd geel kleurt.

### Kleurstoffen

*IJzeroxide* in een van zijn vele vormen is een van de meest gebruikte kleurstoffen in keramiek. Dit rode, licht- of donkerbruine of zwarte poeder, bekend onder benamingen als ferro-oxide, ferrioxide, magnetiet, dodekop, haematiet en crocus martis, of gewoon als roest, maakt naar gelang zijn sterkte glazuren licht strokleurig tot donker stroopkleurig of zwart. Als het ongeveer 6 procent van het totale glazuurvolume uitmaakt, geeft het de karakteristieke

Kobaltcarbonaat (lichtblauw) en kobaltoxide (donkerder) op een schaal van Catherine Vanier.

roodbruine kleur. Bij steengoedreductie (zie hoofdstuk 20) helpt het ook om een celadonpot groen, grijs of leiblauw te kleuren.

*Kobaltoxide* is een heldere blauwe kleurstof die je vaak ziet op Willow Plate en Meissen keramiek. Het is een dure, maar ook heel sterke kleurstof en daarom heb je er maar heel kleine hoeveelheden van nodig. Het wordt vaak gebruikt in combinatie met andere oxiden die zijn felle kleur wat dempen. Kobaltcarbonaat doet hetzelfde, maar is iets goedkoper en iets lichter.

*Koperoxide* is, zoals de meeste kleurstoffen, zwart in poedervorm, maar fel pauwgroen na het gladbranden. Omdat het nogal krachtig is wordt het snel zwart als het in grote hoeveelheden wordt gebruikt. Spaarzaam gebruikt, krijgt het de lichtgroene kleur van geoxideerde koperen daken. Bij de reductiebrand van steengoed (zie bladzijde 178) verandert het totaal en krijgt de kastanjebruine kleur van een koperen steelpan. Kopercarbonaat is iets minder sterk van kleur.

*Mangaandioxide* is dof paars als het spaarzaam en onvermengd wordt gebruikt. Samen met andere oxiden dempt het felle kleuren en in combinatie met kobalt wordt het violet. Bij steengoedtemperaturen heeft mangaandioxide de nuttige eigenschap dat het als een vloeimiddel werkt en zich aan de klei hecht zonder hulp van een conventioneel glazuur, waardoor niet-poreus vaatwerk ontstaat dat niet geglazuurd wordt. Wanneer het dik wordt opgebracht, vooral in combinatie met een kleine hoeveelheid kopercarbonaat, wordt het warm goudbruin tijdens het branden. Het wordt ook gebruikt als kleurstof voor klei en geeft roodbakkende klei de kleur van pure chocolade.

*Nikkeloxide*, groen van kleur als poeder, heeft een grijsmakend effect, lelijk indien onvermengd gebruikt. Je kunt het wel goed gebruiken om de harde kleuren van hoge-temperaturen glazuren iets zachter te maken. In combinatie met chroomoxide kleurt het groen.

*Chroomoxide* produceert gewoonlijk dofgroene kleuren, hoewel je er met andere oxiden zoals tin en ijzer roze en gele tinten mee kunt verkrijgen. Ik vind het een naar en vervelend oxide dat vaak glazuren bederft door te gaan bubbelen. Sommige pottenbakkers kunnen er echter blijkbaar wèl goed mee omgaan.

*Vanadium- en uraanoxide* zijn nuttig voor het maken van een gele kleur, vooral in loodglazuren. Deze laatste zijn tegenwoordig moeilijk te verkrijgen.

De diepte van een kleur die een glazuur krijgt door verschillende oxiden hangt af van hun eigen kleurkracht en de hoeveelheid oxide die wordt gebruikt. Een procent ijzer valt nauwelijks op, terwijl 1 procent kobalt duidelijk een blauwe kleur te zien geeft. Als de kleuroxiden, alleen of in combinatie, meer dan 10 procent uitmaken van het totaal wordt het glazuur lelijk metaalachtig, het oppervlak oneffen en ontstaan er gauw blaasjes of kratertjes. Een oneffen oppervlak is ongewenst als de pot veel gebruikt, gewassen en gedroogd moet worden, hoewel een oneffen oppervlak, kleurschakeringen en ongelijkmatige kleuring soms juist worden nagestreefd en siliciumcarbide soms in kleine hoeveelheden wordt toegevoegd om andere oxiden zodanig te beïnvloeden dat een kraterachtig effect ontstaat.

Een gespikkelde glazuur kan ontstaan als titaandioxide of tinoxide door de andere kleurstoffen wordt gemengd. Een glazuur wordt vlekkerig als de kleuroxiden erin niet fijn genoeg zijn gemalen. De meeste oxiden worden kant en klaar gemalen geleverd, maar als ze tot korrels zijn samengeklonterd door inwerking van vocht kun je ze gemakkelijk weer fijnmalen met een vijzel en stamper. Als je een willekeurig gevlekt effect wenst, wordt dat het best verkregen door de kleurstof als poeder aan de plastische klei toe te voegen. Op steengoedtemperaturen zullen de oxiden dan door het glazuur branden als kleurige vlekken.

### Andere belangrijke materialen

Van de voorraad materialen in de glazuurruimte wil ik nog de volgende – en meest belangrijke – noemen die je daar in bussen of zakken kunt vinden.

*Veldspaat*, waarschijnlijk in de grootste zak, is de grondstof die vaak wordt gebruikt voor hoge-temperatuur glazuren, niet alleen als bron van aluminiumoxide en silicium, maar ook van natrium of kalium, die als vloeimiddel werken. Onvermengd geeft veldspaat een weinig spectaculair, maar karakteristiek melkachtig glazuur op ongeveer 1260 °C.

Veldspaat is een natuurlijk materiaal waarvan de chemische formule variabel is – bijvoorbeeld kaliveldspaat en natronveldspaat (met een iets lager smeltpunt) zijn allebei volop verkrijgbaar bij de leveranciers van keramische grondstoffen. Maar veldspaat uit de ene vindplaats verschilt ook weer van die uit een andere en ongelukkigerwijs is er ook verschil tussen de ene partij en de andere uit dezelfde vindplaats. Als ik zie dat een glazuur dat normaliter altijd goed is dof wordt en tegenvalt, geef ik meestal de schuld aan de laatste partij veldspaat – gemakkelijk gezegd, maar wel moeilijk te weerleggen.

*Kaolien (China-klei)* dient te bestaan uit zuiver aluminiumoxide en silicium en niets anders, maar de meeste kaolien in de handel bevat sporenelementen die een marginaal effect hebben op dit materiaal dat hoofdzakelijk gebruikt wordt voor hogetemperatuur glazuren. Onvermengd smelt het niet. Het is natuurlijk een hoofdbestanddeel van gietklei (zie hoofdstuk 13). Kaolien is licht in gewicht en crèmekleurig en voelt heel speciaal aan. Een ervaren pottenbakker kan dit materiaal dus zelfs geblinddoekt herkennen.

*Ball-clay* is in ongebakken toestand grijzer dan kaolien en heeft een groter gehalte sporenelementen. Het is een belangrijk materiaal voor gebruik in kleimassa's en gietklei. In glazuren wordt ball clay vooral gebruikt voor keramiek die op hoge temperaturen wordt gladgebrand.

*Bentoniet* is een heel plastische klei die wordt gebruikt in glazuren om de suspensie te bevorderen – in kleine doses van 1-2 procent helpt het voorkomen dat zware deeltjes in een glazuur naar de bodem zinken. Gebruik je te veel dan wordt het glazuur geleiachtig en valt er niet meer mee te werken. Bentoniet wordt ook gebruikt in porselein in plaats van ball clay om het witter te maken.

*Cornish stone* (pegmatiet of petuntse) is een alternatief voor zowel natrium als kalium als vloeimiddel in steengoedglazuren. Dit materiaal wordt daarom vaak gebruikt in plaats van veldspaat en is – ongebakken – meestal te herkennen aan de kleur: lichtblauw gevlekt als een eende-ei. Cornish stone bestaat uit verpulverd stollingsgesteente dat verscheidene sporenelementen bevat; daarom is er eigenlijk geen chemische standaardformule voor.

*Dolomiet* bevat calcium en magnesium, bestanddelen die beide de matheid bevorderen in steengoedglazuren. Dolomiet is ook een opaakmaker die onvermengd een ietwat kristallijn, kenmerkend beigegrijs aanzicht heeft en vaak heel mooi combineert met kleuroxiden.

*Krijt* (kalksteen) is een belangrijk bestanddeel van steengoedglazuren. Het is een vuurvast materiaal met een zeer hoog smeltpunt, maar dat in combinatie met veldspaat werkt als vloeimiddel.

*Flint* en *kwarts* zijn siliciumoxiden die in verschillende grondstoffen voorkomen. Een van de twee wordt meestal toegevoegd aan glazuren als versteviger of verharder en omdat ze op zichzelf niet smelten worden ze vaak gebruikt als isolatiepoeders of 'batwash' op ovenplaten (zie hoofdstuk 20).

*Nefeliensyeniet*, rijk aan natrium en kalium, is een krachtig vloeimiddel voor gebruik in 'zachte' steengoedglazuren die op lage temperaturen worden gladgebrand. Het kan worden omschreven als 'veldspaat-met-iets-meer' en produceert een van mijn favoriete glazuren.

*Talk* (steatiet) bevat een hoog gehalte aan magnesium, net als dolomiet, en je kunt er het oppervlak van steengoedglazuren mee matteren. Sporenelementen zoals ijzer en titaan geven glazuur dat talk bevat een crème kleur in de oven.

Het is heel goed mogelijk dat een van de laatste bussen een etiket draagt waar alleen maar 'As' op staat en de overblijfselen van een kampvuur bevat. As is een vloeimiddel dat enorm veel verschillende kleuren, texturen en oppervlaktestructuren kan produceren en heeft bovendien heel veel karakter, waardoor dit materiaal bij sommigen heel geliefd is en bij anderen juist veel ergernis opwekt. Het werken met as heeft veel meer weg van koken dan van scheikunde, daarom wordt pas in hoofdstuk 16 over recepten uitgelegd hoe je as moet vergaren en bereiden.

Om dit bedrieglijk eenvoudig lijkende stuk te maken is de nodige kennis nodig van de effecten die scheikundige bestanddelen kunnen hebben. Claude Champy gebruikte een licht glazuur bestaande uit (in gewichtsverhoudingen) kaliveldspaat (60), flint (60), krijt (40), titaandioxide (15), zinkoxide (5) gedeeltelijk overlappend en reagerend met een zwart glazuur gemaakt van natronveldspaat (120), krijt (30), kaolien (15), kobaltoxide (3), chroomoxide (3) en rood ijzeroxide (10). Het is gebakken op 1280 °C.

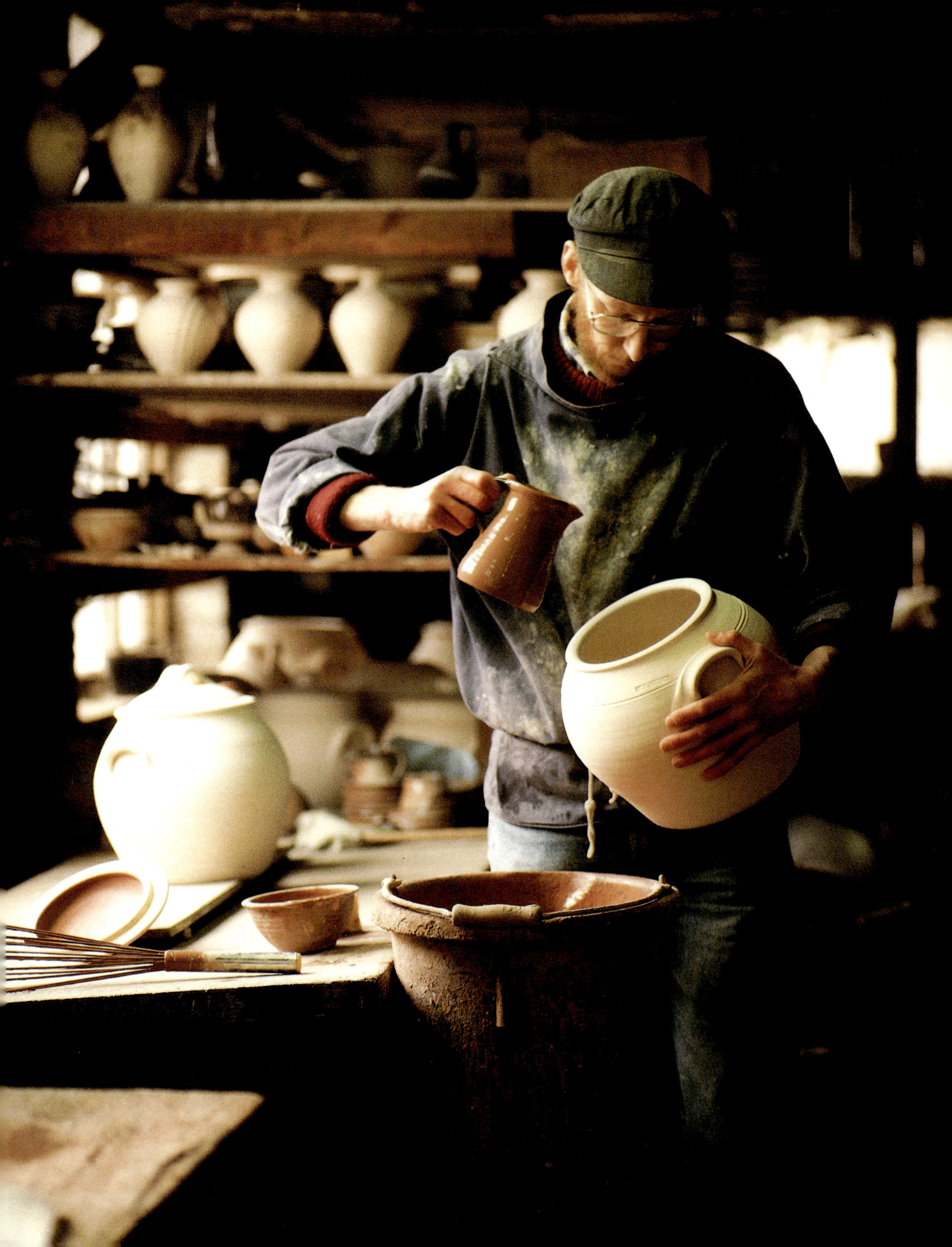

# 15
# DOMPELEN EN OVERGIETEN

Er zijn vele manieren om een glazuur aan te brengen. Voor potten die gebruikt worden voor voedsel is het belangrijk dat het glazuur in een gladde, gelijkmatige laag wordt opgebracht, en dat gaat niet met een verfkwast. Spuiten met een soort nevelspuit zoals een spuitpistool met compressor is een efficiënte en economische methode voor industriële doeleinden, maar is onbevredigend voor de atelier-keramist. Zorgvuldig gedoseerde verstuivingen met een spuit op een ronddraaiende pot geven weliswaar een glad oppervlak, maar in een klein atelier ontstaat te veel verlies doordat het glazuur dat de pot mist niet opgevangen en opnieuw gebruikt kan worden. Onderdompelen in glazuur is de beste methode voor een gelijkmatige bedekking en de handglazuurder dient technieken zoals dompelen en overgieten goed onder de knie te hebben.

### Het zeven van een glazuur
De beginner zal waarschijnlijk voor het eerst kennis maken met een glazuur in de vorm van een romige vloeistof, volgens een recept samengesteld uit ingrediënten die in het vorige hoofdstuk zijn besproken, of kant en klaar gekocht als poeder en aangelengd met water. Het wordt bewaard in een emmer met een deksel erop. Het eerste wat je moet doen is het glazuur zeven, omdat de ingrediënten verschillen in gewicht en waarschijnlijk uiteen zijn gevallen in diverse lagen in de emmer. De belangrijkste, zoals loodfrittes in aardewerkglazuren, zakken voortdurend naar de bodem van de emmer. Het hele glazuur moet daarom boven een andere emmer gezeefd worden om weer het juiste glazuurmengsel te krijgen. Hiervoor heb je stevig, roestvrij gaas van fosforbrons of een andere natuurlijke of kunstvezel nodig met een maaswijdte van 0,15 mm (100 mesh) in een houten of plastic rand, en een borstel om de onwillige deeltjes van het glazuur door de zeef te wrijven.

Het ruwe oppervlak van het fosforbronsgaas maakt korte metten met rubberhandschoenen en vingernagels; zeef en borstel dien je daarom te beschouwen als een onafscheidelijk paar, zoals vijzel en stamper. Beide moeten bijzonder schoon worden gehouden, omdat kleine deeltjes van een krachtige kleurstof die in de zeef of borstel achterblijven terecht kunnen komen in het volgende glazuurmengsel dat je zeeft.

Het glazuren van een pot lijkt eenvoudig en geschiedt heel netjes als een ervaren pottenbakker dit doet, maar voor beginners is het lang niet makkelijk. Die zullen het sneller leren als ze voldoende ruimte voor zich op de werkbank hebben en voldoende glazuur in de juiste soort bak. Een emmer is handig voor het opvangen van het glazuurmengsel bij het zeven, aangezien een zeef met een doorsnede van 20,5 cm er gemakkelijk in past. Het is ook handig een kan klaar te hebben staan evenals een emaille of plastic bak met ongeveer dezelfde afmetingen als een afwasbak.

### Het glazuren van een cilindervorm
Als zowel de binnen- als de buitenkant van een cilindervorm geglazuurd moeten worden, wordt normaliter eerst de binnenkant gedaan. De kan wordt gevuld met het glazuurmengsel uit de emmer door dit vanuit de emmer in de kan te gieten. De meeste beginners willen de kan vullen door die in het mengsel onder te duwen, maar als de buitenkant van de kan vuil is wordt het glazuur

*Gefacetteerde pot van David Leach. Het oosterse tenmoku-glazuur krijgt een lichtere kleur waar de facetten elkaar ontmoeten en benadrukt zo de vorm. Hoogte 23 cm.*

**HET GEBRUIK VAN EEN VERFSPUIT**

*Gebruik geen spuit voor glazuren tenzij je gebruik kunt maken van een speciaal vervaardigde spuitcabine waarin de pot kan worden rondgedraaid.*

**HET ZEVEN VAN GLAZUUR**

*De zeef rust op houten latten boven de bak tijdens het zeven. Zorg er wel voor dat de bak groot genoeg is voor het gehele glazuurmengsel.*

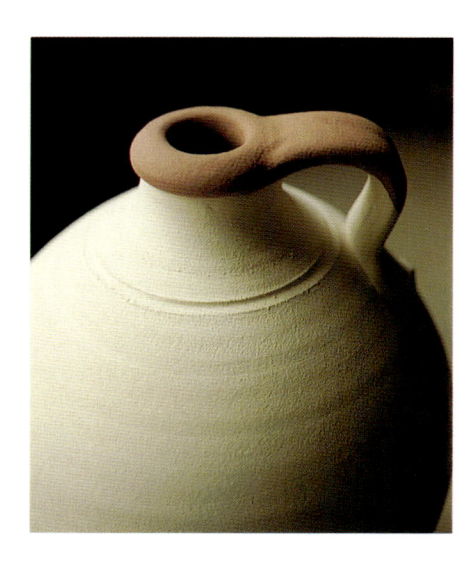

Niet alle potten hoeven helemaal geglazuurd te worden. Deze ciderkruik van John Leach is van binnen geglazuurd, evenals op de schenkrand waar de cider in contact kan komen met de pot. Deze traditionele kruik is gebakken op steengoedtemperatuur, zodat de ongeglazuurde wand niet meer poreus is.

## DE BINNENKANT VAN EEN CILINDER GLAZUREN

1-2 Als je een kan in het glazuurmengsel dompelt, zorg dan dat die schoon is om contaminatie te voorkomen. Vul de cilinder tot meer dan de helft en leeg hem daarna onmiddellijk. Draai daarbij de pot zodat het glazuur over de gehele binnenkant uitloopt.

aangetast. Het glazuur dient in de cilindervorm gegoten te worden tot bovenaan de rand en onmiddellijk weer uitgegoten te worden in een emmer.

Als je het vloeibare glazuur uit de pot giet kun je met een snelle draai met de pols voorkomen dat zich druppels op de rand vormen. Indien er glazuur op de buitenkant loopt tijdens dit proces, moet je dat wegvegen met een droge spons, zodat zich geen dubbele laag kan vormen als de buitenkant wordt geglazuurd. Een biscuitscherf zal de vloeistof in het glazuur in een paar seconden absorberen en het glazuur zal droog achterblijven op het oppervlak.

De buitenkant van een cilindervorm kan het gemakkelijkst worden geglazuurd door de pot ondersteboven te houden, hem aan rand en bodem met de vingertoppen vast te houden en hem tot aan de vingertoppen in het glazuur in de emmer te dompelen. Haal hem er vervolgens na ongeveer een seconde weer uit. Het luchtslot dat zich vormt (als in een duikklok) zal voorkomen dat de binnenkant een tweede glazuurlaag krijgt. Een van de grootste frustraties hierbij kan zijn dat je tot de ontdekking komt dat er niet genoeg glazuur in de emmer zit om de pot helemaal onder te kunnen dompelen. De pot mag de bodem van de emmer niet raken, anders wordt de geglazuurde rand beschadigd. Het is daarom verstandig eerst te kijken hoe diep de emmer met glazuur is en hoe hoog de pot voordat je begint. Met een draai met de pols kun je opnieuw het teveel aan glazuur afschudden. Als je de pot rechtop zet in je hand zal de vloeistof op de rand zich gelijkmatig verspreiden.

Deze voorzichtigheid lijkt misschien overdreven, maar je zult al gauw ontdekken dat glazuur dat ongelijkmatig is opgebracht er na het gladbranden klungelig uitziet en dat gebreken niet gemakkelijk te verhelpen zijn. Voorzichtig glad 'duwen' van het geglazuurde oppervlak met de vingertoppen voordat het wordt gladgebrand zal de ruwe randen wat effenen en de putjes opvullen. Maar als dit te ruw gebeurt, veeg je stukken glazuur geheel weg en het valt niet mee om die te vervangen.

Als het glazuur tot op de bodem moet komen is het moeilijk te vermijden dat er afdrukken zichtbaar zullen blijven daar waar je de cilindervorm met de vingers hebt vastgehouden. Een aardewerkpot die een geglazuurde bodem moet krijgen kan beter overgoten worden zoals dat wordt beschreven in het gedeelte getiteld 'Het glazuren van open vormen'. Steengoed is niet meer poreus nadat het is gebrand en heeft dus geen glazuur aan de voet nodig; de kunst van het dompelen daarvan bestaat hierin dat je de pot stevig vasthoudt met de vingertoppen en wel zo dat ze minder dan 5 mm van de onderkant zijn geplaatst. Afdrukken op het glazuur door vingers vormen op zich geen ernstig gebrek, maar staan op bepaalde potten niet erg fraai.

Als een geglazuurd oppervlak eenmaal is opgedroogd, moet het heel voorzichtig aangevat worden opdat het niet wordt beschadigd. De buitenkant van een cilindervorm kan ook volledig worden geglazuurd als deze eerst ondersteboven tot halverwege wordt ondergedompeld en vervolgens na droging de andere helft wordt ondergedompeld tot aan het punt waar het eerste droge glazuur ophoudt. Als de 'las' netjes is gedaan, zal die niet te zien zijn. Als de glazuurlagen elkaar overlappen zie je echter wel een verschil in kwaliteit.

DOMPELEN EN OVERGIETEN 121

Boven: Een hoge porseleinen vaas van Young Jae Lee, geglazuurd door dompelen. Dunne glazuren moeten goed worden afgeveegd tot ruim boven de bodem, anders plakt de pot vast bij het branden.

## DE BUITENKANT VAN EEN CILINDER GLAZUREN

## GEKANTELD DOMPELEN

1-2 Je kunt ook twee handen gebruiken om een cilinder in het glazuur te dompelen, maar de vinger die de rand vasthoudt zal dan een afdruk nalaten. Die dient te worden weggewerkt met een druppel glazuur als de pot droog is.

Door een pot verscheidene malen gekanteld in het glazuur te dompelen krijg je geen gelijkmatige laag, maar het kan wel een decoratief resultaat opleveren.

## Het glazuren van open vormen

Een open vorm zoals een grote kom vraagt een grotere vaardigheid bij het glazuren dan een cilinder. Aangezien de omtrek van de rand relatief groot is vergeleken met de rest van het voorwerp, moet het ingegoten glazuur bij het uitgieten een lange afstand afleggen wil het gehele oppervlak bedekt worden. De hand waarmee de kom wordt vastgehouden dient zodanig geplaatst te zijn dat je de kom gemakkelijk een hele slag kan draaien bij het uitgieten. Te veel aarzeling bij het uitgieten van het overtollige glazuur kan leiden tot een te dikke laag glazuur en een plasje op de bodem als het glazuur smelt.

Beginners hebben de neiging deze fase te overhaasten en gieten het glazuur dan te snel uit, waardoor grote plekken van het voorwerp onbedekt blijven. Als dit gebeurt, dien je onmiddellijk meer glazuur in te gieten. De glazuurlagen zullen elkaar zichtbaar overlappen, maar het enige alternatief is dat je al het glazuur afwast met water en opnieuw begint als de kom droog is.

Als de binnenkant van de kom droog is, laat je hem omgekeerd rusten op je gespreide vingertoppen. Met lange vingernagels kun je het glazuur aan de binnenkant beschadigen, maar met de vingertoppen niet. Nu kun je het glazuur over de buitenkant gieten met een kan in je vrije hand. Sommige pottenbakkers geven er de voorkeur aan de buitenkant van de kom eerst te glazuren omdat zo eerder een glazuurlaag wordt verkregen die overal even dik is, zowel aan de binnenkant als aan de buitenkant. Als je dat ook liever doet, draai dan eenvoudig de procedure om. Je dient de buitenkant dan wel heel voorzichtig te behandelen als je de binnenkant glazuurt.

Het overgieten van de buitenkant van een heel grote kom gaat het best als je de kom omgekeerd op latjes of dunne metalen strips laat rusten (sterke, lange breinaalden zijn ook prima) die je op de rand van een plastic bak legt. Glazuur dat je met een kan over de buitenkant giet zal, als je het glazuur gelijkmatig uitgiet, het gehele oppervlak bedekken zonder overlappingen. De rand zul je waarschijnlijk nog even snel onder moeten dompelen in het glazuur om de afdrukken van de latjes weg te werken. Dit doe je als de buitenkant droog genoeg is om de kom aan de voet vast te kunnen houden. Een handig hulpmiddel dat veel tijd bespaart is een draaischijf waarop de plastic bak met latjes en de omgekeerde kom rondgedraaid kan worden, zodat je stil kunt blijven staan terwijl je het glazuur uitgiet met de kan.

Kleine kommen en ander open vaatwerk kunnen in één snelle beweging worden geglazuurd door ze gekanteld heel even helemaal onder te dompelen in het glazuur, waarbij je ze vasthoudt aan de voet. Een kom die op die manier is geglazuurd zal een gladde, gelijkmatige glazuurlaag hebben en een mooie, gave rand.

De vele vormen die tussen cilindervorm en komvorm in liggen vragen alle een eigen behandeling en het is verstandig de vorm en grootte van de glazuuremmer aan te passen aan het voorwerp, vooral als je maar een beperkte hoeveelheid glazuur hebt. Als je probeert een pot door een te kleine hoeveelheid glazuur te rollen, bedenk dan dat een fraai glazuur dat slecht is opgebracht gewoonlijk erger is dan een simpel glazuur dat perfect is opgebracht.

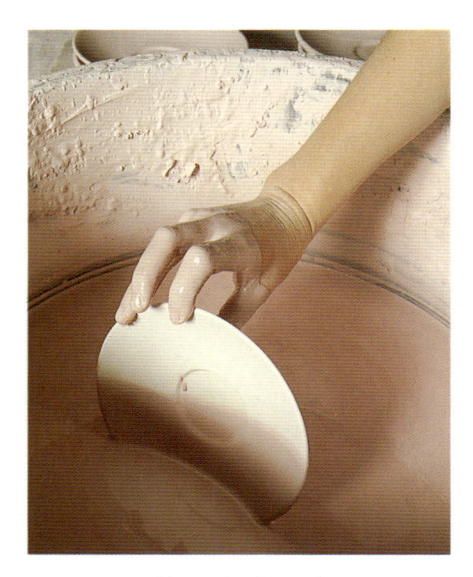

Boven: Door één onderdompeling in een diepe emmer worden beide kanten van een schotel geglazuurd.

Bladzijde hiernaast: Net als make-up kan een glazuur lijnen verbergen of accentueren. Op deze kom van Tove Anderberg maakt het de groeven donkerder.

### EEN KLEINE KOM GLAZUREN

1 Veel beginners vinden glazuren zenuwslopend. Als je jezelf een reeks vloeiende bewegingen hebt aangeleerd kun je de binnenkant van een kom snel glazuren.

2 Door de kom een hele slag te draaien bedek je de rand terwijl je het glazuur uitschenkt. Hiermee voorkom je een rommelige tweede ingieting.

DOMPELEN EN OVERGIETEN **123**

## EEN GROTE KOM GLAZUREN

3 De voet wordt vastgehouden met de duim en de rand met een vingertop. Een luchtslot verhindert dat de binnenkant opnieuw wordt geglazuurd.

4 Bij deze methode moet je de rand later bijwerken. Als je de kom alleen bij de voet vast kunt houden is dit niet nodig.

De buitenkant van een grote kom wordt geglazuurd door hem omgekeerd op twee latjes te plaatsen en met glazuur te overgieten. De rand wordt later bijgewerkt.

## Kannen en theepotten

Het glazuren van potten met handvatten, zoals kannen, is vaak een waar genot. Als het handvat eerst wordt geglazuurd tot aan het punt waar het vastzit aan de pot, dan kan de rest van de pot in één keer worden geglazuurd, aan de binnen- en buitenkant, door de pot aan het opgedroogde handvat vast te houden. Dit voorkomt tevens dat vingerafdrukken het oppervlak bederven.

Theepotten zijn echter wat lastiger te glazuren vanwege de tuit. Het schenkvermogen van de pot wordt voor het eerst getest als het glazuur door de tuit stroomt en de pottenbakker moet er beslist aan denken de gaten in de bodem van de tuit weer vrij te maken als alle glazuur is uitgegoten, anders raken ze verstopt met glazuur en zal er nooit thee uit geschonken kunnen worden. Als het

Als je het handvat ongeglazuurd laat, kun je de pot zo in het glazuur dompelen dat hij niet bijgewerkt hoeft te worden. Op de foto een gecanneleerde theepot met celadonglazuur van Geoffrey Whiting.

## EEN THEEPOT GLAZUREN

1 Traditioneel worden de opstaande en vlakke binnenrand waar het deksel op rust ongeglazuurd gelaten: door het glazuur af te vegen of door een waslaag (hierboven).

2 De binnenkant van een theepot wordt geglazuurd tot aan de rand door de pot rond te draaien, waarbij de tuit dicht wordt gehouden.

3 Het glazuur wordt uitgegoten door de tuit, maar als de zeefgaten verstopt raken met glazuur dienen ze weer open gemaakt te worden met een draad.

deksel van de pot, dat aan beide zijden in het glazuur kan worden gedompeld, wordt gebrand terwijl het op de pot ligt, moet het glazuur voorzichtig met een spons van de opstaande en vlakke binnenrand van de pot worden afgeveegd, anders zal het deksel op de pot vastbakken en kan de theepot niet gebruikt worden. Een andere manier om deze plekken vrij van glazuur te houden is er vóór het glazuren een waslaag op aan te brengen (zie hoofdstuk 19).

Een spons is handig om het glazuur te verwijderen op plekken waar het niet is gewenst, maar moet nooit worden gebruikt, nat noch droog, om ongelijkmatig geglazuurde plekken glad te strijken, want dan wordt al het glazuur van de pot verwijderd. Plekken waar het droge glazuur is afgeschilferd, zoals op de rand van een kom, kun je bijwerken met een verfkwast gedoopt in glazuur, maar deze moet dan eerder als een 'oogdruppelaar' worden gebruikt dan als kwast, anders verwijder je meer glazuur dan dat je toevoegt.

De beginner zal nu langzamerhand behoorlijk in de war zijn geraakt van alle adviezen en waarschuwingen, en ontmoedigd constateren dat wat eenvoudig een afwerkingsfase leek opeens het moeilijkst van alles blijkt te zijn. Met de hand glazuren is niet gemakkelijk, maar het is wellicht bemoedigend te weten dat er geen beter gereedschap dan je handen is als het gaat om het aanbrengen en netjes bijwerken van glazuur.

### Gelijkmatig aanbrengen

Een gladde, gelijkmatige glazuurlaag is essentieel bij aardewerk dat niet poreus mag blijven en zulk aardewerk dient als het eenmaal geheel is geglazuurd op een zogenaamde triangel geplaatst te worden (zie bladzijde 176). De drie punten van een triangel laten slechts een heel kleine afdruk achter op de bodem van een pot en beïnvloeden de ondoordringbaarheid die ontstaat na het gladbranden niet nadelig. Als de pot eenmaal veilig op de triangel staat dient hij zo weinig mogelijk beroerd te worden tijdens het aanbrengen van eventuele decoraties en zo spoedig mogelijk in de oven geplaatst te worden.

Steengoedglazuren variëren meer in kleur naar gelang de dikte van de aangebrachte laag dan aardewerkglazuren, en dubbele lagen worden zichtbaar als lichtere plekken. Tegelijkertijd hoeft een ongelijkmatige opbrenging niet altijd fout te zijn; een pottenbakker die veel met steengoed werkt streeft slechts zelden een perfect egale kleurvorming na. Glazuren met de hand wordt vooral toegepast bij steengoed en voor beginners is het gemakkelijker de technieken van dompelen en overgieten te leren met steengoedglazuren. De bestanddelen ervan hechten na droging beter op de scherf van een pot en zijn daardoor minder vatbaar voor beschadiging op weg naar de oven.

### Het gebruik van een kwast

Op steengoed dat niet gebruikt wordt voor voedsel, bijvoorbeeld een pot waarvan een schemerlamp is gemaakt, is de gelijkmatigheid van een glazuurlaag minder belangrijk en kan glazuur worden aangebracht met een kwast. Een kleine kwast van ongeveer 4 cm breed is prima en hoe dikker het glazuur wordt aangebracht hoe minder zichtbaar de kwaststreken zijn: het resultaat hangt af van wat de pottenbakker beoogt.

Het werken met een kwast is heel geschikt voor het éénbrandprocédé (zie bladzijde 137) en de adhesie van het glazuur wordt nog verbeterd als een kleine hoeveelheid Arabische gom (ongeveer een dessertlepel op 2 l glazuur) wordt toegevoegd aan het mengsel. Als je voor deze methode kiest, moet je er rekening mee houden dat er een zekere oneffenheid op het oppervlak zal ontstaan nadat de pot is gebrand.

Pottenbakkers die gespecialiseerd zijn in deze techniek, zoals Lucie Rie, laten de pot altijd ronddraaien op een draaischijf als ze het glazuur aanbrengen en zorgen ervoor dat de laag glazuur goed dik is. Denk er echter aan dat de scherf net zo'n groot absorptievermogen heeft als vloeipapier. Als je deze methode wilt proberen, experimenteer dan eerst met verschillende dikten glazuur op een testpot. Zo leer je heel snel hoeveel je moet aanbrengen.

### Het maken van een glazuur

Een beginner die zijn hoofd helemaal heeft staan naar museumkeramiek en mooie kleurenschema's kan tijdens een keramiekles behoorlijk verrast worden

**HET GLAZUREN VAN EEN DEKSEL**

1-2 Een laagje was aangebracht rond de rand van een omgekeerd deksel op een draaischijf houdt het glazuur netjes weg van de rand als het deksel wordt gedompeld. Gebruik was als je verscheidene potten moet glazuren of stel het glazuren van een theepot uit totdat je was opwarmt voor een ander decoratief gebruik.

Voor deze platte schaal heeft Lucie Rie gebruikt gemaakt van een geel glazuurkleurmiddel – een vervangingsmiddel voor uraan.

## WERKEN MET DE KWAST

1-2 Allerlei kwasten – en kwaststreken – kunnen worden gebruikt om glazuur op een pot aan te brengen. Biscuit en ongebakken potten zuigen vocht op, voeg daarom Arabische gom toe om te voorkomen dat de poeder afschilfert. De kwast is alleen geschikt voor potten waarop een ongelijkmatige glazuurlaag decoratief is.

door de vraag: 'Wil je blauw-glanzend of transparant-glanzend glazuur?' Het is helaas vrij normaal dat je bij zulke lessen slechts de keus hebt uit saaie kant-en-klare glazuren en je zult je niet altijd populair maken als je je eigen glazuren wilt maken. De reden hiervoor is dat er schade aan de oven en andere potten kan ontstaan als een glazuur wordt gebruikt dat smelt bij een lagere temperatuur dan die tot waar de oven wordt opgestookt. Je moet dus eerst checken tot welke temperatuur de oven wordt opgestookt en of de speciaal gemaakte glazuren passen bij deze temperatuur.

Diverse kant-en-klare glazuren zijn in de handel verkrijgbaar en foto's in de catalogi van de leveranciers geven hun kleur en textuur goed weer. Ze zijn betrouwbaar en hun smeltpunt is bekend, maar het gebruik ervan levert niet veel plezier op. Glazuren kun je zo gemakkelijk zelf maken met een gering aantal stoffen dat het zonde is het niet te proberen. De resultaten, hoewel misschien niet perfect, zullen tenminste net zo persoonlijk zijn als de potten zelf. Specifieke en nuttige recepten worden gegeven in het volgende hoofdstuk. De mengsels komen tot stand door de bestanddelen te wegen en water toe te voegen. Glazuurmaterialen worden fijn gemalen geleverd, maar sommige kunnen klonteren in de zakken. Het scheelt later tijd en energie als je die klonten weer fijn maalt met een vijzel en stamper of met je vingers voordat je de materialen weegt.

Ik moet bekennen dat ik meer dan eens ben begonnen met het klaarmaken van een partij glazuur – 3 kg aan droog materiaal is een normale minimum hoeveelheid – om er halverwege achter te komen dat ik niet genoeg had van een bepaald bestanddeel om het hele mengsel af te maken. Het resultaat van een 'tekort' aan een bepaald materiaal kan interessant zijn, maar levert meestal een tegenvallend glazuur op. Zet daarom de zakken of bussen met de materialen eerst bij elkaar, en als de voorraad van één materiaal nogal beperkt is, weeg dat dan eerst en verminder de hoeveelheden van de andere materialen evenredig of wacht tot de voorraad is aangevuld.

De volgorde waarin je de droge bestanddelen mengt is niet belangrijk, maar de gewichten moeten wel kloppen. Zorg dus dat de weegschaal schoon is en dat je je berekeningen onder de knie hebt. Glazuurrecepten worden vaak op 100 (gewichts)delen becijferd; kleuroxiden zijn daarbij niet inbegrepen en worden dan ook uitgedrukt in toegevoegde procenten.

Als je warm water aan de ingrediënten toevoegt zal dat de overgebleven klonten zachter maken, waardoor het mengsel gemakkelijker door de zeef in een andere kom of emmer stroomt. Gebruik een zeef met een maaswijdte van 0,15 mm (100 mesh) en zorg ervoor dat alle ingrediënten erdoor gaan, want als er wat achterblijven, bijvoorbeeld in de borstel, dan is het glazuurmengsel niet correct. Twee of drie keer zeven van de ene kom naar de andere duurt ongeveer een half uur, afhankelijk van de ingrediënten. Door meer water toe te voegen wordt het proces versneld, maar als daardoor het glazuur te dun en waterig wordt moet het later afgegoten worden als de bestanddelen zijn bezonken; een te dun glazuur kan niet eerder gebruikt en ook zelfs niet getest worden.

De perfecte consistentie van een glazuur is moeilijk te definiëren omdat die afhangt van hoe poreus de pot is en van de optimale glazuurdikte op de scherf. Steengoedglazuren, vooral die as bevatten, worden gewoonlijk dikker opgebracht dan aardewerkglazuren, en om de consistentie te omschrijven als 'roomdik' heeft weinig zin aangezien room net zo varieert in dikte als glazuur. Als het echter zo dun als melk is, dan is het te dun om gebruikt te kunnen worden en dient wat water te worden afgegoten.

Als eenmaal de gewenste consistentie is verkregen, moet je regelmatig roeren of een suspenderend middel toevoegen om de ingrediënten goed vermengd te houden. Sommige pottenbakkers voegen bentoniet toe (tot 2 procent in droog gewicht) in plaats van kaolien of ballclay, omdat dit de goede eigenschap heeft dat het alle glazuuringrediënten in suspensie houdt.

### Het testen van glazuren

Het eerste dat je moet doen met een nieuw glazuur is het testen. De meeste atelier-keramisten hebben favoriete kleivormen waarop ze glazuren testen, variërend van eierdopjes tot gladde of ingesneden tegels. Een ring klei die van een gedraaide cilindervorm is afgesneden is bijzonder geschikt aangezien de kwaliteit van het glazuur hierbij zichtbaar wordt op bolle en holle oppervlakken; ook kun je hiermee zien hoe het glazuur van kleur verandert of 'breekt' aan de randen.

Het is verstandig het glazuur op verschillende kleimassa's te testen indien meerdere soorten klei worden gebruikt, aangezien de verbinding tussen glazuur en oppervlak elke keer weer anders is. Ten slotte is het essentieel dat de testvorm wordt gemerkt door er een nummer of benaming op te schilderen met een metaaloxide dat leesbaar blijft na het gladbranden. Een glazuurtest heeft alleen zin als je weet welk glazuur het is. Hetzelfde geldt natuurlijk ook voor het vloeibare glazuur. Glazuren die worden opgeborgen zonder label zijn een gruwel in bijna elk atelier of klaslokaal. Het beste kun je een viltstift aan een touw om een vast voorwerp, zoals een waterkraan, binden, zodat je die altijd bij de hand hebt. Het nummeren van de emmer of bus met glazuur is voldoende ter identificatie, maar als je het hele recept op een label schrijft kunnen anderen sneller nieuwe hoeveelheden aanmaken.

### Het bewaren van glazuren

Persoonlijk vind ik snoeppotten met een wijde opening bijzonder geschikt om glazuurmengsels in te bewaren en twee ervan kunnen gemakkelijk 3 kg droog glazuurmengsel vermengd met water bevatten. Het grote voordeel van deze potten is dat je er je hand in kunt steken om de kleverige klontjes glazuur die na verloop van tijd naar de bodem zakken eruit te halen.

Glazuren in potten of emmers met deksel moeten jarenlang mee kunnen, evenals plastic kommen en kannen. De dure zeven met fosforbronsgaas zijn echter gauw geruïneerd als ze in water blijven liggen weken, want dan zwellen de houten frames en raakt het gaas los aan de zijkanten. Het fijne gaas kan kapot gaan als er gereedschap op wordt gelegd en er hoeft maar een klein gaatje in te zitten of de hele zeef is waardeloos geworden. Laat dit belangrijke gereedschap voor het maken van glazuren daarom niet in de gootsteen of plat op een schap rondslingeren, maar hang het verticaal op aan een kleine spijker in de muur.

---

**HET MENGEN VAN EEN GLAZUUR**

1 Voeg aan de gewogen ingrediënten in een plastic bak warm water toe, vermeng die en verpulver de klonten met je ene hand.

2 Als je een plastic borstel met witte haren gebruikt, kun je gemakkelijk zien of er na het zeven glazuurdeeltjes in zijn achtergebleven.

## IN DE VITRINE
# GEDECOREERDE POTTEN

Links
VAUGHN SMITH
Scherp afgetekende ontwerpen in contrasterende kleuren worden het best verkregen door middel van sjabloondruk of de papier-spaartechniek, maar hier lijkt het net of de elkaar overlappende zwarte katten zijn opgebracht met zware kwaststreken. De katten op het gedraaide deksel zijn uit een platte plak klei gesneden, omgebogen en geschilderd met felgekleurde onderglazuur-verven. Aardewerk.
Hoogte 73,5 cm.

Bladzijde hiernaast, linksboven
ROBIN WELCH
Het matte oppervlak van deze grote gedraaide vaas is het resultaat van kleurstoffen die stabiel blijven bij hoge temperaturen. Het goud in het uitgespaarde vierkant is later aangebracht, waarna de vaas opnieuw is gebakken op 800 °C.

Bladzijde hiernaast, linksonder
JAC HANSEN
De schitterende en uitgekiende decoratie, verkregen met sgraffito, inlegwerk en kleurstoffen onder een galenietachtig glazuur, maakt dit tot een uitzonderlijk beeldje.

Rechts
GILLES LE CORRE
Grote, gedraaide schotel, gedecoreerd met gekleurde glazuren die met kwast zijn aangebracht en gladgebrand op steengoedtemperaturen in een zuurstofarme atmosfeer. Diameter 48 cm.

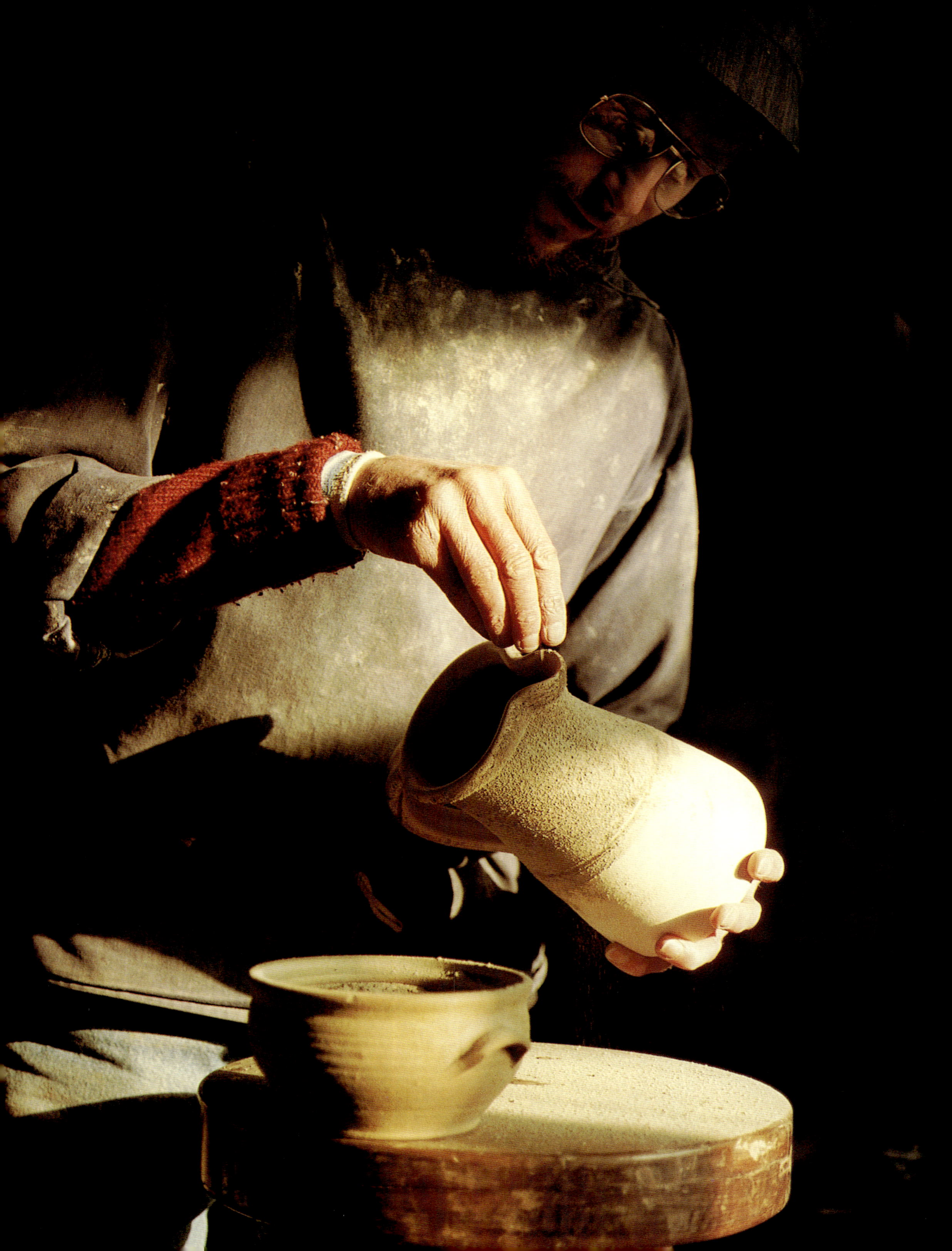

# RECEPTEN, RESULTATEN EN REMEDIES

Het vergaren van as van hout of plantaardig materiaal voor het maken van een glazuur heeft iets geheimzinnigs dat je vaag doet denken aan alchemie, vooral omdat de boeken die gedetailleerd hierop ingaan de beginner weigeren te vertellen wat hij of zij met de vergaarde as moet doen om de vaalgrijze poeders te verkrijgen die door een glazuur worden gemengd.

Kaliumrijke houtas is een vloeimiddel en wordt gewoonlijk samen met klei die aluminium- of siliciumoxide bevat gebruikt voor een steengoedglazuur. Voor de beginner of amateur-pottenbakker zijn asglazuren zeer aantrekkelijk vanwege het geringe aantal ingrediënten. Daarnaast vormen de sporenelementen in de houtas een breed scala aan kleuren, texturen en kwaliteiten, zodat de pottenbakker, door het vergaren en prepareren van de as, werkelijk deel heeft aan de creatie van iets unieks. Omdat de bestanddelen van de verschillende soorten en partijen as enorm kunnen variëren is de keramiekindustrie, die een constante kleurkwaliteit verlangt, niet geïnteresseerd in asglazuren.

### Het experimenteren met asglazuren

Er zijn heel veel combinaties van aluminium- en siliciumoxiden mogelijk en om te ontdekken hoe de as uit de ene partij zich verhoudt tot die uit een andere dienen experimenten gebaseerd te zijn op een standaardrecept zoals vermeld op bladzijde 136, zodat je een 'ijkpunt' hebt waarmee je vergelijkingen kunt maken. De variabele is de as, omdat verschillende boomsoorten verschillende sporenelementen bevatten. Hetzelfde geldt voor grassen en ander plantaardig materiaal. De lokale bodemsoorten waaruit de boom stoffen opneemt variëren ook heel sterk. Het is daarom niet mogelijk de resultaten nauwkeurig te voorspellen. We weten alleen dat asglazuren variëren van crèmekleurig tot grijs en groen of zelfs helder oranje, zowel bij zuurstofrijk als zuurstofarm gladbranden van steengoed.

Alle soorten houtas leveren een vloeimiddel, waarbij de sporenelementen de kleur bepalen, maar helaas ruïneert de as van andere materialen (zoals steenkool) het resultaat. Het is daarom belangrijk er zeker van te zijn dat de as bestaat uit plantaardig materiaal en niets anders. Voor een houtvuur wordt vaak verschillend hout door elkaar gebruikt, maar dat verpest geenszins het uiteindelijke glazuur; het maakt het alleen onmogelijk om opnieuw hetzelfde resultaat te verkrijgen.

Iemand die een open haard of houtkachel heeft, beschikt over de mogelijkheid zuivere as te verkrijgen via een beheersbaar proces – door het eenvoudigweg op te vangen op een stuk aluminiumfolie dat onder het rooster gelegd is – en zelfs voor de flatbewoner zijn er mogelijkheden. Kampvuren, houtsnippers die verbrand worden na de kap, of zelfs tuinbladeren die in de herfst verbrand worden leveren een prima as, op voorwaarde dat die wordt vergaard voordat de waardevolle chemische stoffen door regen zijn weggewassen en dat er geen aarde doorheen zit.

Aangezien je een enorme hoeveelheid hout nodig hebt om voldoende as te krijgen voor zelfs maar een klein beetje glazuurmengsel (450 gr as is de minimale hoeveelheid) scheppen enthousiaste beginners vaak wortels, zand en gruis mee op in een poging om alle as te vergaren, maar zo wordt die totaal verpest door verontreinigingen. Het is beter onzuivere as te laten liggen en alleen het fijne witte of okerkleurige poeder te vergaren in een metalen blik, bij voorkeur als het nog warm is. Deze super-versheid heeft niets met magie te maken: zo ben je er slechts zeker van dat er niets is weggewassen of weggewaaid voor je de as verzamelde.

Als je de as in een plastic emmer met water doet, scheidt de lichte, onbruikbare houtskool zich af van de zwaardere as. Deze houtskool en het grijze schuim eromheen moet je eraf scheppen. In deze fase moet je de as voorzichtig behandelen, want door vermenging met water ontstaat een redelijk sterke alkalische oplossing (caustische potas of kaliumhydroxide). Als je je handen of de borstel in de vloeistof laat liggen, beginnen ze op te lossen. De meeste pottenbakkers herkennen wel het karakteristieke zeepachtige gevoel dat je aan je vingers krijgt als je een minuutje of zo bezig bent geweest houtskooldeeltjes uit de as te vissen.

Ik ken een pottenbakker in Portugal die ongeglazuurd aardewerk maakt in de traditionele amforavorm, waarin drinkwater wordt bewaard en koel gehouden door verdamping. Zijn oven stookt hij met vast materiaal, meestal hout, maar in het seizoen stookt hij amandeldoppen. Elke twee of drie minuten worden er scheppen vol amandeldoppen in het vuur gegooid en komt er een zwarte, vettige rook uit de schoorsteen, terwijl de berg amandeldoppen, die met vrachtwagenladingen worden aangevoerd, ongemerkt steeds kleiner wordt. De witte as die zich onder op de bodem van de oven verzamelt is voor hem van geen waarde als vloeimiddel in glazuur omdat hij geen geglazuurd steengoed maakt, maar hij heeft me ooit wat gegeven om uit te testen.

Als er veel kalium in de as zit, kan het alkali voor bijzonder spectaculaire effecten zorgen. De as van amandeldoppen die mijn Portugese vriend me gaf vrat alras de groene verf weg van de metalen kom waarin ik ze te weken had gelegd, en daar bleef het niet bij. Omdat ik het gewicht en het volume van de hoeveelheid as wenste te verkleinen voor transport per vliegtuig naar Engeland, droogde ik het goedje tot ik iets overhield dat leek op een vochtige steen. Dit verpakte ik zorgvuldig in plastic zakken, krantenpapier en een rieten mandje. Na een paar uur op de houten schappen van een bagagedepot had het goedje al dit verpakkingsmateriaal aangevreten en veroorzaakte een behoorlijke rotzooi op het schap.

Deze as te temmen was langzamerhand een uitdaging geworden, vooral

*Door fijne, droge houtas met de hand op een bevochtigde biscuitpot te strooien (hiernaast) krijg je een prachtig steengoedglazuur (boven). De binnenkant is apart geglazuurd.*

met het vooruitzicht op een waarlijk unieke kleur of textuur als beloning. Helaas, toen de as eindelijk vermengd werd volgens de standaardformule op bladzijde 136, was het resultaat zo'n lelijk, vettig, troebel glazuur als ik maar zelden had gezien; het oppervlak voelde onplezierig aan en zat vol barsten. Een van de lessen die je hieruit kunt trekken is dat hoe meer kalium de as bevat, hoe krachtiger het vloeimiddel in het glazuur zal zijn en hoe 'glasachtiger' het resultaat.

Pottenbakkers verminderen de hoeveelheid kalium in de gezeefde as op een heel onwetenschappelijke manier – door de oplosbare kaliumhydroxide af te gieten als de vaste deeltjes zijn bezonken. Dit proces staat bekend als 'wassen' en verlangt dat je de intuïtie hebt van een goede kok. Hoe vaker water wordt toegevoegd aan de emmer met as en vervolgens afgegoten als de as is bezonken, hoe meer kalium wordt uitgewassen. Er is echter geen eenvoudige manier om dit te meten. Het uiteindelijke glazuur wordt 'harder' (dat wil zeggen, het zal verharden op een hogere temperatuur) en zal waarschijnlijk steeds matter worden naarmate het minder kalium bevat. Dit kan leiden tot een heel interessant glazuur of juist het tegenovergestelde, vandaar dat het asglazuur van de ene pottenbakker nooit hetzelfde zal zijn als dat van de andere.

Het zo kwistig afgieten van kalium lijkt misschien zonde, maar veldspaat, een belangrijk ingrediënt in veel glazuren, werkt ook als een vloeimiddel, en de pottenbakker is misschien alleen geïnteresseerd in de kleurstoffen die besloten liggen in de chemische bestanddelen van de boom. Niemand weet precies hoeveel kaliumhydroxide dient te worden afgegoten van de as om het beste resultaat te verkrijgen, maar als een halve emmer droge as tot aan de rand wordt bijgevuld met water, kan de helft van de vloeistof worden afgegoten als de as is bezonken en kan de emmer weer worden aangevuld. Het proces kan drie of vier keer worden herhaald voor een nog beter resultaat. Denk eraan dat de vloeistof die je afgiet sterk alkalisch kan zijn, waardoor je gaten in je kleren kunt oplopen of je huid kunt verbranden. Giet de vloeistof dus voorzichtig af, met voldoende water om deze te verdunnen.

De as moet weer een droog poeder worden voordat zij afgewogen kan worden met andere droge ingrediënten zoals veldspaat, ball-clay of kaolien. De heldere vloeistof dient dus voorzichtig afgegoten te worden na de laatste 'wassing' waarbij het sediment achterblijft. Dit sediment heeft tijd nodig om op te drogen en zodoende strekt de bereiding van de as zich uit over verscheidene weken, vooral als het gebeurt tijdens wekelijkse lessen. As wordt slechts gebruikt in zes van de onderstaande recepten, maar het hele proces van vergaren en prepareren wordt de beginner van harte aanbevolen. De resultaten zijn vaak schitterend en altijd zeer persoonlijk.

Na zo'n lange beschrijving van een enkel glazuurbestanddeel is de lezer wellicht bang dat alle andere een gelijke behandeling eisen. Dat zou echter weinig zin hebben aangezien de atelier-keramist of beginner die andere materialen van de leverancier betrekt. Die andere materialen kunnen sterk variëren, hoewel de leverancier best genegen zal zijn een analyse te verstrekken indien daarom wordt gevraagd.

### De recepten

Alle bestanddelen voor de volgende recepten zijn meestal gemakkelijk te verkrijgen bij de leverancier. Ze zijn allemaal niet-giftig, maar met de metaaloxiden moet je wel voorzichtig omgaan. Ik raad je daarom aan handschoenen en een masker te gebruiken. De gevaarlijkste stof die in de volgende recepten wordt gebruikt is waarschijnlijk de hierboven vermelde kaliumhydroxide uit houtas, waar je heel voorzichtig mee moet zijn.

Het twintigtal glazuren dat hieronder is beschreven is uitgebreid getest en de meeste ervan zijn al lang bekend. Materialen en ovens kunnen echter verschillen, zodat je mogelijk andere resultaten krijgt dan ik. De getallen in de recepten staan voor gewichtsverhoudingen en zullen bij elkaar opgeteld niet altijd uitkomen op 100. Ze kunnen staan voor grammen, ponden of zelfs kilogrammen, naar gelang de benodigde hoeveelheid. Een glazuur gemaakt van 2,5 kg droge bestanddelen is een handige hoeveelheid die, vermengd met water, bijna een hele emmer vult. Indien er in de instructies verwezen wordt naar toevoegingen (van oxiden bijvoorbeeld), zijn de verhoudin-

**HET 'WASSEN' VAN HOUTAS**

1-2 Het maken van een asglazuur is net als een loterij – de resten van een houtvuur kunnen iets schitterends opleveren. Draag altijd rubber handschoenen om je handen te beschermen tegen de caustische potas als je de as 'wast' en gebruik een oude keukenzeef om de houtskool, spijkers en krammen te verwijderen.

gen aangegeven in percentages van het gegeven recept.

De meeste handboeken voor serieuze pottenbakkers bevatten hoofdstukken over glazuren en er bestaan veel boeken speciaal gewijd aan dit onderwerp. Wellicht raakt de lezer in verwarring door zoveel keuzemogelijkheden, maar zulke boeken vormen een waardevolle bron van informatie, evenals natuurlijk de recepten verkregen van andere pottenbakkers.

Hoe serieus of sporadisch je ook potten bakt, hou altijd een aantekenboek bij van de experimenten die je uitvoert. Noteer daarin de ingrediënten en waar ze vandaan komen, aanbevolen temperaturen, datums en opmerkingen. Schrijf ook de recepten op die je van anderen hebt gekregen, zelfs als je geen tijd hebt ze te testen. Eens komt er een dag dat je dat wel kunt.

## Aardewerkglazuren

Glanzend aardewerk beschilderd met felle kleuren wordt op dit moment steeds populairder, zowel in de massaproductie van serviesgoed als bij keramische kunstenaars. Leerlingen die heldere groene, oranje of turquoise glazuren willen, worden natuurlijk op hun wenken bediend door de keramische leverancier, maar de mengsels die in de handel zijn leveren vaak een wat flauwe egale kleur op. Echt levendige effecten op aardewerk verkrijg je pas door gekleurde slib aan te brengen op de kleimassa of door onder- en opglazuurverven die met een kwast of verstuiver worden opgebracht. De kleuren worden dan 'gedragen' door het glazuur dat transparant, halftransparant of opaak kan zijn. Het alomtegenwoordige majolicaglazuur, waarvoor tinoxide als voornaamste opaakmaker wordt gebruikt, is het meest geliefd. Het is een wit glazuur, maar reageert goed op kleuren en brengt de schoonheid van het penseelwerk goed naar voren. De volgende lijst van recepten begint daarom met een subtiel majolicaglazuur.

**Daphne Carnegy Majolica**     1120 °C

| | |
|---|---|
| 61 loodbisilicaat | 4,5 zirkoonboraxfritte |
| 15 cornish stone | 4,5 standaard boraxfritte |
| 7 kaolien | 2 zinkoxide |
| 7 tinoxide | 2 bentoniet |
| 6 zirconiumsilicaat | |

Dit is een variant van het glazuur van Alan Caiger-Smith. Het wordt gebrand tussen 1040 en 1140 °C en wordt doorschijnender naarmate de temperatuur stijgt. Het wordt crème-achtig wit op gepolijst werk en grijs op roodbakkende klei. Het reageert uitstekend op kleuren, dat wil zeggen dat de opgebrachte kleuren krachtig en helder blijven en contrasteren met het glazuur zelf. Er ontstaan vrijwel nooit barsten in. Van harte aanbevolen.

**Honingglazuur**     1000 °C

80 loodbisilicaat     20 body-klei

Een doorzichtig of honingkleurig glazuur, de kleur is afhankelijk van de body-klei, hiermee wordt dezelfde klei bedoeld als die van het werkstuk. Vanwege de lage gladbrandtemperatuur is dit een prima glazuur voor zelfgemaakte ovens waarvan de maximumtemperatuur niet vaststaat (zie hoofdstuk 20).

**Loodvrij glazuur**     1140 °C

| | |
|---|---|
| 56 veldspaat | 10 barium carbonaat |
| 33 flint | |
| 25 colemaniet (bevat borax) | 1,5 kalksalpeter (calcium nitraat) |
| 12 gecalcineerde zink oxide | |

Veel gemeenschappelijke ateliers geven momenteel de voorkeur aan loodvrije glazuren. De gaarbrand ligt op een temperatuur die flink hoger ligt dan normaal voor aardewerk.

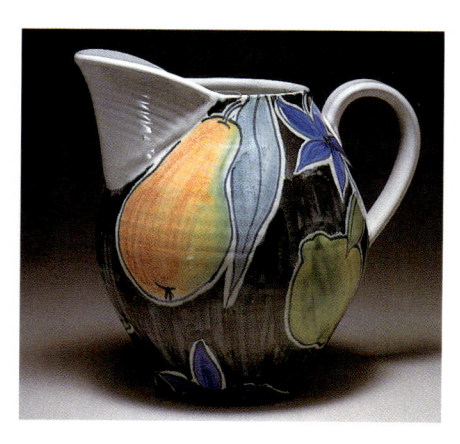

Helemaal boven: Levensgrote figuur in uit zachte plakken opgebouwd aardewerk van Philip Eglin. Gebruikte oxiden en kleurstoffen in de plastische, leerharde en droge fasen en bij het biscuitbranden. Het heldere glazuur werd gebrand op 1060 °C.

Boven: Een 25 cm hoge kan van Daphne Carnegy, waarvoor het majolicaglazuur is gebruikt dat hier links is beschreven. Met een laag was werden de vormen van het fruit uitgespaard. De kleurverven zijn aangebracht op het ongebrande glazuur.

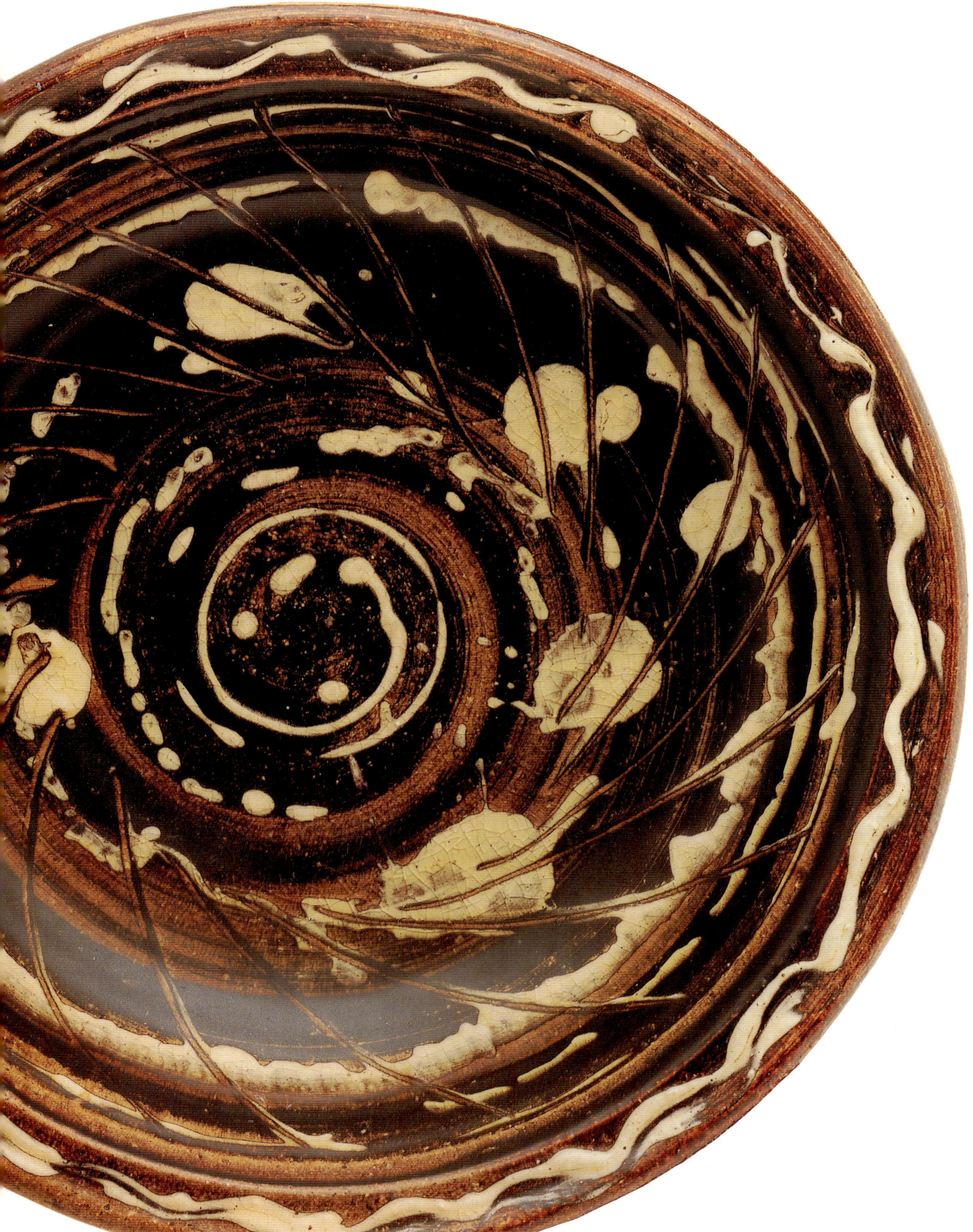

gen aangegeven in percentages van het gegeven recept.

De meeste handboeken voor serieuze pottenbakkers bevatten hoofdstukken over glazuren en er bestaan veel boeken speciaal gewijd aan dit onderwerp. Wellicht raakt de lezer in verwarring door zoveel keuzemogelijkheden, maar zulke boeken vormen een waardevolle bron van informatie, evenals natuurlijk de recepten verkregen van andere pottenbakkers.

Hoe serieus of sporadisch je ook potten bakt, hou altijd een aantekenboek bij van de experimenten die je uitvoert. Noteer daarin de ingrediënten en waar ze vandaan komen, aanbevolen temperaturen, datums en opmerkingen. Schrijf ook de recepten op die je van anderen hebt gekregen, zelfs als je geen tijd hebt ze te testen. Eens komt er een dag dat je dat wel kunt.

## Aardewerkglazuren

Glanzend aardewerk beschilderd met felle kleuren wordt op dit moment steeds populairder, zowel in de massaproductie van serviesgoed als bij keramische kunstenaars. Leerlingen die heldere groene, oranje of turquoise glazuren willen, worden natuurlijk op hun wenken bediend door de keramische leverancier, maar de mengsels die in de handel zijn leveren vaak een wat flauwe egale kleur op. Echt levendige effecten op aardewerk verkrijg je pas door gekleurde slib aan te brengen op de kleimassa of door onder- en opglazuurverven die met een kwast of verstuiver worden opgebracht. De kleuren worden dan 'gedragen' door het glazuur dat transparant, halftransparant of opaak kan zijn. Het alomtegenwoordige majolicaglazuur, waarvoor tinoxide als voornaamste opaakmaker wordt gebruikt, is het meest geliefd. Het is een wit glazuur, maar reageert goed op kleuren en brengt de schoonheid van het penseelwerk goed naar voren. De volgende lijst van recepten begint daarom met een subtiel majolicaglazuur.

| **Daphne Carnegy Majolica** | 1120 °C |
|---|---|
| 61 loodbisilicaat | 4,5 zirkoonboraxfritte |
| 15 cornish stone | 4,5 standaard boraxfritte |
| 7 kaolien | 2 zinkoxide |
| 7 tinoxide | 2 bentoniet |
| 6 zirconiumsilicaat | |

Dit is een variant van het glazuur van Alan Caiger-Smith. Het wordt gebrand tussen 1040 en 1140 °C en wordt doorschijnender naarmate de temperatuur stijgt. Het wordt crème-achtig wit op gepolijst werk en grijs op roodbakkende klei. Het reageert uitstekend op kleuren, dat wil zeggen dat de opgebrachte kleuren krachtig en helder blijven en contrasteren met het glazuur zelf. Er ontstaan vrijwel nooit barsten in. Van harte aanbevolen.

| **Honingglazuur** | 1000 °C |
|---|---|
| 80 loodbisilicaat | 20 body-klei |

Een doorzichtig of honingkleurig glazuur, de kleur is afhankelijk van de body-klei, hiermee wordt dezelfde klei bedoeld als die van het werkstuk. Vanwege de lage gladbrandtemperatuur is dit een prima glazuur voor zelfgemaakte ovens waarvan de maximumtemperatuur niet vaststaat (zie hoofdstuk 20).

| **Loodvrij glazuur** | 1140 °C |
|---|---|
| 56 veldspaat | 10 barium carbonaat |
| 33 flint | 1,5 kalksalpeter (calcium nitraat) |
| 25 colemaniet (bevat borax) | |
| 12 gecalcineerde zink oxide | |

Veel gemeenschappelijke ateliers geven momenteel de voorkeur aan loodvrije glazuren. De gaarbrand ligt op een temperatuur die flink hoger ligt dan normaal voor aardewerk.

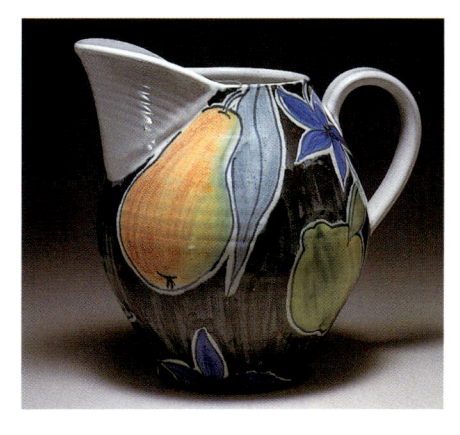

Helemaal boven: Levensgrote figuur in uit zachte plakken opgebouwd aardewerk van Philip Eglin. Gebruikte oxiden en kleurstoffen in de plastische, leerharde en droge fasen en bij het biscuitbranden. Het heldere glazuur werd gebrand op 1060 °C.

Boven: Een 25 cm hoge kan van Daphne Carnegy, waarvoor het majolicaglazuur is gebruikt dat hier links is beschreven. Met een laag was werden de vormen van het fruit uitgespaard. De kleurverven zijn aangebracht op het ongebrande glazuur.

### Transparant wit glazuur          1060 °C

56 loodbisilicaat    30 veldspaat
7 kaolien            5 krijt

Dit is een geschikt transparant glazuur dat het goed doet op slibgoed. Een toevoeging van 10 procent tinoxide geeft een opaak witte majolicaglazuur.

### Goedgehumeurde, doorzichtige glazuur     1050 °C

75 lood sesquisilicaat   18 kaolien
                         6 flint

Dit glazuur is ontwikkeld door Mary Wondrausch voor slibgoed. Ze noemt het 'goedgehumeurd' of 'goedgemanierd' omdat het niet craqueleert of uitloopt. Door 1 procent ijzeroxide toe te voegen wordt het goudkleurig; bij 2-3 procent wordt het amberkleurig. De temperatuur moet een uur worden gehandhaafd op 1050 °C.

### Johannes Peters Glazuur          1220 °C

72 nefelien syeniet    6 witte steengoedklei
9 calciumboraat        7 talk

Dit glazuur brandt gaar op een lagere temperatuur dan het conventionele steengoed en de kleimassa is op 1220 °C nauwelijks verglaasd. Het kan echter alleen gebruikt worden op klei die op hoge temperatuur wordt gebrand en wordt het best omschreven als zacht steengoed. De sliblagen van verschillende dikte en kleur komen mooi naar voren door dit schitterend heldere glazuur. Johannes Peters gebruikt afwisselend crèmekleurige en witte slib op de rode klei en schildert de decoratie met kobalt eroverheen.

Onder: Johannes Peters' serviesgoed wordt gekenmerkt door witte en crèmekleurige slib op rode klei. Daaroverheen wordt het glazuur aangebracht dat hier links wordt beschreven. De schoonheid ervan wordt nog versterkt door een lichte craquelé.

## Steengoedglazuren

### 1 BNO          oxiderend op 1250 °C

50 Cornish stone    10 kwarts
35 kaolien          5 krijt
20 dolomiet

Matte glazuren zien er soms uit alsof ze te kort zijn gladgebrand. Bij dit glazuur is dat niet het geval. Dolomiet geeft het zijn zijdematte uiterlijk en verzacht en verzwakt ook de normaliter sterk kleurende oxiden. Het is mooier en witter als het dik wordt opgebracht. Toevoeging van 8 procent ijzeroxide geeft een mooie bruine kleur (zie 1a in het schema op blz. 135) die niet te glanzend is en uitstekend geschikt voor serviesgoed. Een toevoeging van slechts 5 procent ijzeroxide en 2,5 procent tinoxide geeft een wasachtig Indischrood.

### 2 Rode reserve          1280 °C

26 ball-clay    16 krijt
26 kwarts       12 rood ijzeroxide
21 veldspaat

Een glanzend paarsrood glazuur dat een gouden schittering krijgt als er een dun laagje titaanoxide overheen wordt geschilderd.

# RECEPTEN, RESULTATEN EN REMEDIES

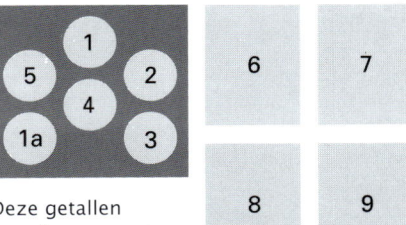

Deze getallen verwijzen naar de genummerde glazuurrecepten op deze pagina en de pagina hiernaast. Verwacht geen identiek resultaat.

**3 Ruths groen**  1250-1280 °C

40 veldspaat          38 kaolien
20 krijt              4 koperoxide

Een uitstekend glazuur voor serviesgoed. Als het gehalte aan koperoxide wordt opgevoerd wordt het groen krachtiger tot het metallic zwart wordt.

**4 Abrey Crackle**  oxiderend op 1250 °C

40 veldspaat          30 krijt
25 steengoed body-klei
25 ball-clay          5 titaandioxide
0,25 kobaltoxide      0,25 nikkeloxide

Gerald Abrey, een metallurg, heeft zijn naam gegeven aan dit glazuur dat bij mij jarenlang favoriet was voor serviesgoed. Het is licht grijs-blauw gespikkeld. 'Crackle' slaat hier op het korrelige uiterlijk dat ontstaat door titaandioxide. Als het kobalt wordt verhoogd tot 5 procent en het nikkel wordt weggelaten wordt het helderblauw. Als beide worden weggelaten blijft de textuur hetzelfde maar wordt de kleur iets lichter.

**5 'Helder' veldspaatachtig**  1250 °C

58 veldspaat          17 krijt
14 flint              6 ball-clay
5 zinkoxide

Dit glazuur is eerder doorschijnend dan doorzichtig, met het karakteristieke melkachtige aanzicht van een veldspaatglazuur. Als het dik wordt opgebracht komen er fijne belletjes vast te zitten in het glazuur die een heldere schittering geven. Het kan uitstekend gecombineerd worden met koperoxide (1 procent) om een grijs-groene kleur te krijgen – een celadonglazuur zonder reductie.

**6 'Hamada' Tenmoku**  1250 °C

40 kwarts             21 veldspaat
15 ijzeroxide         11 krijt
8 as                  5 kaolien

Het grote gehalte aan ijzeroxide produceert een donkerbruin glanzend glazuur dat heel mooi staat op serviesgoed of kannen. Het beste resultaat wordt verkregen bij reductiebrand.

**7 Lucie Rie's wit**  oxiderend op 1250 °C

58 natronveldspaat    14 kaolien
10 zinkoxide          10 tinoxide
8 krijt               8 flint

Dit is het beroemde glanzend witte glazuur dat Lucie Rie gebruikt voor haar serviesgoed vaak gecombineerd met mangaan- en kopercarbonaat om de randen bruin te maken. Het kan ook gebruikt worden met minder tin – 5 of zelfs 2 procent – maar is duur en neigt tot samentrekken als het gebruikt wordt op biscuitgoed, misschien vanwege de hoge hoeveelheid zink. De potten van Lucie Rie zijn natuurlijk eenmaal gebrand (zie bladzijde 137), waardoor dit probleem wordt vermeden.

**8 Gills wit**  oxiderend op 1250 °C

50 veldspaat          20 zinkoxide
10 krijt              10 tinoxide

Dit is een eenvoudige formule voor een mooi glanzend wit glazuur. Een beetje kwarts (2 procent) is wellicht nodig om craqueleren te voorkomen omdat dit recept niet geschikt is voor alle vormen. Voor keramiek die eenmaal gebrand wordt is het uitstekend geschikt en wordt dan iets minder glanzend. Het is vrij duur om te maken, net als alle andere glazuren die tinoxide bevatten.

**9 Bryans goud**  1250 °C

54 kaolien            27 krijt
13 veldspaat          6 geeloker

Dit is een aangepaste versie van het glazuur dat Bryan Newman gebruikt en geeft een heel droog oppervlak vanwege de grote hoeveelheid kaolien, maar het geeloker (een minder krachtig soort ijzeroxide) creëert een interessant spikkeleffect. Dun opgebracht wordt het bruin en dik opgebracht crèmekleurig.

**10 Donkergroen**  oxiderend op 1280 °C

48 veldspaat          22 kaolien
20 krijt              10 flint
3 koperoxide

Dit mooie donkergroene glazuur met een zeer glad oppervlak heeft kleine zwarte spikkels waar het koperoxide zijn kracht laat zien. Toevoeging van 1 procent kobaltoxide en 1 procent tinoxide in plaats van koper geeft een net zo fraai donkerblauw.

**11 Bryanston**  reducerend op 1280 °C

50 veldspaat          18 kwarts
10 kaolien            9 ball-clay
8 krijt               5 talk

Ik kreeg dit glazuur van Steve Sheridan, de Australische pottenbakker die les geeft op de Bryanston School in Dorset. Bij reductiebrand produceert het een magnifiek rookachtig groen na toevoeging van 2 procent ijzeroxide. Oxiderend gestookt zonder ijzer krijgt het een mooie witte kleur die een zeer stabiele ondergrond vormt voor kleurstoffen. Steve Sheridan benadrukt het craquelé-effect door zijn potten in te wrijven met sepia-inkt.

## Asglazuren

**Standaardformule**  1250 °C
40 as                 20 ball-clay
40 veldspaat

**Glanzend asglazuur**  1250 °C
(craquelé)
50 as                 50 veldspaat

**Droog asglazuur**  1250 °C
50 as                 50 kaolien

Een glazuur dat alleen uit as bestaat gaat meestal druipen en kan het best gebruikt worden voor de binnen- en bovenkant van de pot, zodat het de pot niet op de ovenplaat vastplakt. Als je een houtas gebruikt die veel kalium bevat zal de glans doffer worden naarmate je meer kaolien toevoegt.

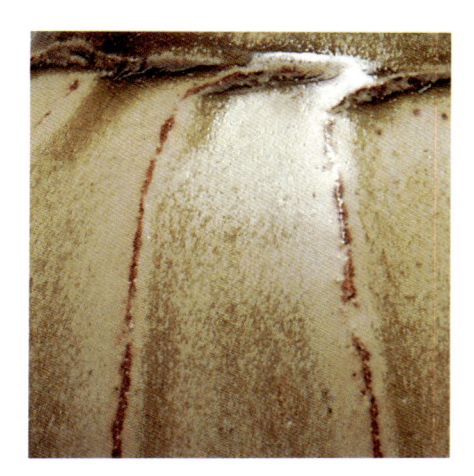

Het probleem met asglazuren is dat je nooit precies hetzelfde resultaat krijgt met een andere partij as. Het loont de moeite de standaardformule aan te houden, maar je kunt ook experimenteren met kaolien, krijt en talk in plaats van ball clay, en natuurlijk kunnen toevoegingen van oxiden ook leuke effecten opleveren. Door 1 procent tinoxide toe te voegen ontstaan bijvoorbeeld heel fijne witte lijntjes in het glazuur. Asglazuren leveren meestal het beste resultaat bij reductiebrand. Zoals vermeld in hoofdstuk 20 is het de veranderde kleur van de klei onder het glazuur die de pot meer karakter geeft – de kleur wordt dieper en 'rokeriger'.

Het droge asglazuur (zie recept) is niet geschikt voor serviesgoed maar kan wel worden gebruikt voor sculpturale werkstukken, hoewel er onmogelijk een effen kleur mee verkregen wordt. Hoe dikker het is, hoe lichter het wordt. Schitterende kleuren ontstaan na toevoeging van kleine percentages ijzer (bruin), kobalt, of kobalt en nikkel (grijs-blauw).

## Porseleinglazuren

Laat je niet in verwarring brengen door deze benaming. Porselein is een kleisoort en vereist geen speciaal glazuur, doch slechts een glazuur dat versmelt op de juiste temperatuur, dat wil zeggen op 1250-1300 °C. Daarom kunnen alle steengoedglazuren, inclusief de asglazuren genoemd in de voorgaande alinea's, toegepast worden op porselein, hoewel vele ervan het beter doen op de grovere steengoedklei. De volgende glazuren doen het bijzonder goed op porselein.

### Gilberts wit  1250-1280 °C

| | | | |
|---|---|---|---|
| 40 | veldspaat | 15-20 | goed gewassen houtas |
| 38 | kaolien | 0,1 | koperoxide (naar keuze) |
| 20 | krijt | | |

Dit mooi wasachtige of droge glazuur kleurt heel wit op scherpe porseleinranden. Het koperoxide produceert een licht turkoois, als de as al niet zorgt voor een eigen krachtige kleur. Goed gewassen as zal niet veel kalium bevatten en daardoor bijdragen aan de matheid van het glazuur. Het recept kreeg ik van Gilbert Harding-Green en is een gewijzigde versie van Ruths groen.

### Takeshi helder  1250 °C

| | | | |
|---|---|---|---|
| 20 | veldspaat | 15 | kaolien |
| 20 | krijt | 15 | kwarts |
| 15 | nefelien syeniet | 10 | talk |
| | | 2 | beenderas |

Dit transparante glazuur van Takeshi Yasuda is mijn favoriete glazuur voor porselein. Het is een helder glazuur dat heel mooi craqueleert. Door een beetje ijzeroxide toe te voegen wordt het groenig (bij reductie) of bruin.

## Zoutglazuren

'Opdampglazuur' is de term die gebruikt wordt om de verglaasde laag op een pot die ontstaat, niet doordat de stoffen die al zijn aangebracht op de potten gaan smelten, maar wel doordat dampen in de oven neerslaan op de pot op het hoogtepunt van het stookproces. Kalium uit hout dat verbrandt geeft het zo bewonderde willekeurige patroon op Bizen-keramiek. Een bekendere techniek is die waarbij zout of soda wordt gebruikt om een damp te verkrijgen die op het werk neerslaat als druppels, waarvan de vorm vaak zichtbaar blijft als het glazuur is gestold.

Zoutglazuur kent een breed scala aan toepassingen in de keramiek: het wordt gebruikt door keramisten die sculpturen maken en het waarderen om zijn textuur en mogelijkheden, maar ook bij de fabricage van keramische draineerbuizen als goedkoop en gemakkelijk middel om deze waterdicht te maken. Als je gewoon keukenzout (natriumchloride) in de stookkamer strooit ontstaat door het natrium een laag glazuur op het werk en de ovenwanden, terwijl het chloride verdampt in de vorm van giftig gas. Het spreekt vanzelf dat zulke glazuren uitsluitend gemaakt kunnen worden in een op brandstoffen gestookte buitenoven met schoorsteenpijp.

Grijs-bruin gevlekt zoutglazuur was ooit een vertrouwd gezicht op serviesgoed en de beroemde Bellarminekannen uit Keulen. Het gebruik van gekleurde slib, vooral die met kobalt, breidt het scala van kleuren aanzienlijk uit. In de afgelopen tijd is zoutglazuur zeer populair geworden bij veel gerenommeerde keramisten.

Aan de ander kant kiezen milieubewuste mensen steeds meer voor het gebruik van het milieuvriendelijkere soda, omdat de giftige chloordampen bij het gebruik van zout schadelijk kunnen zijn voor het milieu en misschien ook voor de pottenbakker zelf. Soda in de vorm van sodiumbicarbonaat of sodiumcarbonaat geeft een resultaat dat overeenkomt met dat van zout en zelfs een breder scala van kleuren. Het is dan ook niet verwonderlijk dat het gebruik van soda steeds populairder wordt. Net als bij zout wordt soda in de oven gebracht bij steengoedtemperaturen, meestal door het in oplossing in de stookkamer te sproeien. Een uitgebreide uitleg wordt gegeven op blz. 178.

Helaas kan de opdamptechniek niet in elektrische ovens worden toegepast, omdat die geen schoorsteenpijp hebben en de elementen daarin zouden worden aangetast door vloeimiddelen bevattende dampen.

## Het éénbrandproces

Glazuren kunnen zich op de ene kleisoort heel anders gedragen dan op de

*Boven: Een asglazuur gemaakt volgens de standaardformule met as van populierenhout.*

*Rechts: Een zoutgeglazuurd bord van Jane Hamlyn. De lichte spikkels op de rand zijn typisch voor zoutglazuur.*

Theepot door Ruthanne Tudball. Sodaglazuur, dat zich verbindt met de silica in de scherf, is in wezen transparant, hoewel het de kleur oppikt van elke engobe die op de rauwe pot is aangebracht. Waar de neergeslagen soda niet dik genoeg is om een dikke glazuurlaag te vormen 'vlamt' de oranje en roze kleur op. Een type glazuur dat bijzonder geschikt is voor deze in zachte vormen gedraaide theepot.

andere. De combinatie van een doorschijnend amberkleurig aardewerkglazuur op rode klei bijvoorbeeld creëert een warme kleur bruin, en het effect van kleislib onder het glazuur wordt besproken in hoofdstuk 18. Een glazuurmethode die de kwaliteiten van het glazuur aanmerkelijk kan veranderen is het rauwglazuren of éénbrandproces, waarbij het glazuur direct op de ongebakken scherf wordt aangebracht en slechts eenmaal wordt gebrand tot het smeltpunt van het glazuur. Zoals valt te verwachten versmelt het glazuur sterk met de scherf en het oppervlak is vaak minder glanzend dan hetzelfde glazuur op biscuitgoed.

Lucie Rie en Hans Coper gebruikten de éénbrandtechniek voor al hun werk, en het is verbazingwekkend dat deze techniek niet op grotere schaal wordt toegepast, vooral aangezien zij brandstof spaart. Tegenover het voordeel van economisch stoken staat echter weer het grote risico van een mislukking, vooral tijdens het opbrengen van het glazuur. Maar één keer gebakken werk heeft een opmerkelijke dichtheid en is de moeite waard als je over een eigen oven beschikt. Degene die de gladbrandoven vult voor een avondcursusgroep zal geen éénbrandproducten accepteren vanwege het gevaar dat het kan barsten en zodoende het werk van andere leerlingen kan beschadigen. In tegenstelling tot de medische student, die alles leert over het menselijk lichaam voordat hij of zij in de praktijk ziekten of aandoeningen geneest, leert de pottenbakker zijn materialen meestal pas goed kennen door het herstellen van fouten.

## Craquelé

Het korte, onmuzikale 'ping' van een glazuur dat breekt op een pot die net uit de oven komt is een gekmakend geluid voor een pottenbakker: het betekent dat fijne haarscheurtjes in het glazuur ontstaan die zich verder zullen uitbreiden totdat de hele pot bedekt wordt met een netwerk van lijntjes die stof opvangen en daardoor nog zichtbaarder worden. Hoewel dat in sommige Oosterse keramiek juist wordt bevorderd door oxiden in de scheurtjes te wrijven en de voorwerpen opnieuw te bakken, wordt het in het algemeen gezien als ongewenst in serviesgoed. Een plotselinge verandering in temperatuur – zoals het 'schrikken' veroorzaakt door koude lucht bij een pot die te snel uit de oven is genomen – zal het craqueleren bevorderen. Het is deze snelle verandering in temperatuur die lelijke en onhygiënische barstjes doet ontstaan in serveerschalen die in een oven worden geplaatst om vlees warm te houden.

De oorzaak van dit vaak voorkomende probleem is de disharmonie tussen het glazuur en het voorwerp zelf. Als de scherf bij het afkoelen na het gladbranden sterker krimpt dan het glazuur, ontstaat er een drukspanning die het glazuur goed kan weerstaan. Als het glazuur echter sterker krimpt dan de pot, ontstaat er trekspanning en daar is het glazuur niet tegen bestand.

Om craqueleren te vermijden dient òf de klei of het glazuur aangepast te worden. Siliciumoxide, in de vorm van flint of kwarts, heeft een heel wonderlijke eigenschap: toegevoegd aan de 'eigen' klei versterkt het de krimp van de scherf na het branden; toegevoegd aan het glazuur vermindert het juist de krimp daarvan. In beide gevallen zorgt het voor de hogere drukspanning die het glazuur nodig heeft. Voor de amateur-pottenbakker is het doorgaans praktischer het glazuur aan te passen aan de betreffende kleisoort. Helaas verandert toevoeging van siliciumoxide de kwaliteit van het glazuur. Daarom kun je het beste beginnen met kleine hoeveelheden siliciumoxide, beginnend bij 1 procent, en proeven nemen totdat geen barsten meer optreden.

Bij aardewerkglazuren corrigeert een toevoeging van borax een glazuur dat de neiging tot craqueleren vertoont en hoewel borax zelf een vloeimiddel is kan het zelfs toegevoegd worden aan glazuren waarin lood het belangrijkste vloeimiddel is. Een bijzonder goede remedie tegen craqueleren op aardewerk is het biscuitbranden tot boven 1100 °C. Hierdoor krimpt de scherf van de gladgebrande pot meer dan op lagere temperaturen en komt het glazuur onder de juiste drukspanning te staan.

Bij steengoedtemperaturen is de versmelting van glazuur en scherf zeer hecht, aangezien beide verglazen, en hoe meer ze chemisch verwant worden, hoe minder kans er is dat er barsten ontstaan. Soms zal een glazuur ondanks de hechte versmelting met de scherf toch craqueleren als het te onregelmatig of overdreven dik is opgebracht. Als de deur van de oven te vroeg wordt geopend zal de schok veroorzaakt door koude lucht het glazuur eerder beïnvloeden dan de scherf en zullen er barsten ontstaan die eigenlijk hadden kunnen worden voorkomen. Helaas is de neiging de oven te openen terwijl hij nog warm is vaak moeilijk te onderdrukken.

Haarscheuren in glazuur worden soms ten onrechte 'craquelé' genoemd, vooral door veilingmeesters en handelaren. Dit klinkt misschien beter, maar het gaat toch om een onvolkomenheid. Haarscheuren of craquelé is een essentieel kenmerk van raku-keramiek, dat beschreven wordt in hoofdstuk 21.

Afspringen, afbladderen of afschilferen is een vorm van craqueleren waarbij het glazuur door te grote drukspanning van de scherf af wordt geduwd en afschilfert, vooral aan de randen. Dit is een ernstige fout die commerciële pottenbakkers niet mogen maken omdat stukjes glazuur – glas dus – die afschilferen in voedsel terecht kunnen komen. Hoewel het veel lijkt op craqueleren kan het 'loslaten' van glazuur gemakkelijk geconstateerd worden door het oppervlak van een pot met de hand af te tasten: het netwerk van lijntjes is enigszins verhoogd daar waar kleine plekken glazuur hard tegen elkaar drukken. Dit wordt meestal veroorzaakt door te veel siliciumoxide in de scherf of het glazuur en de beste remedie is het glazuur weg te gooien en een nieuwe voorraad aan te maken met minder flint of kwarts.

### Samentrekken
Dit is een vervelende fout met een nog desastreuzer effect op het gebakken goed. Het glazuur trekt weg waardoor kale plekken staan. Hiervoor zijn twee oorzaken aan te wijzen die allebei voorkomen kunnen worden. De aanwezigheid van vet of stof op de biscuitpot is de eerste. De natuurlijke vettigheid van vingers is al genoeg om samentrekken te veroorzaken op werk dat veel is vastgepakt. Een biscuitpot die juist heel weinig wordt aangevat ligt soms lange tijd op een schap in de werkplaats stof te vergaren en dat leidt tot precies hetzelfde resultaat. Als je het idee hebt dat de ongeglazuurde voorwerpen vettig of stoffig is, loont het de moeite de pot een tweede keer biscuit te branden en zo de ongerechtigheden te verwijderen. Zelfs als dat tijdverlies betekent.

Samentrekken van het glazuur ontstaat ook als het glazuur dat opgebracht wordt te snel uitdroogt en openbarst als modder in een opgedroogde poel. Zulke barsten kunnen voorzichtig gladgestreken worden met de vingertoppen waarbij je in feite het droge glazuur in de openingen drukt.

Samentrekken: het is te voorkomen.

Je dient potten altijd te controleren op barstjes in het droge glazuuroppervlak voor je ze in de oven zet, want als een pot met barstjes in de glazuurlaag de oven in gaat kan de oppervlaktespanning van het smeltende glazuur ertoe leiden dat het opkrult, vooral bij een dikke glazuurlaag. Het resultaat is altijd heel lelijk. Dit is ook het geval als je een pas geglazuurde pot in de oven zet nog voor hij droog is. Het oppervlak zal dan openbarsten en samentrekken als de pot wordt verhit en er vocht verdampt in de vorm van stoom. Het glazuren van een biscuitpot die nog warm is zal er vaak toe leiden dat er al barsten in het glazuur verschijnen vóórdat het gebrand wordt, evenals bij een tweede laag glazuur.

Matte glazuren neigen eerder tot samentrekken dan glanzende, die zijn vaak wat vloeibaarder, en het is mijn ervaring dat glazuren die zink of tin bevatten, of een combinatie van deze twee, vaak lijden aan deze kwaal. Deze is echter gemakkelijk te verhelpen door in de volgende aangemaakte hoeveelheden glazuur steeds minder van deze ingrediënten te doen. Ten slotte kan een glazuur dat mooi over de klei vloeit toch wegtrekken over een strook slib, vooral bij donker slib.

### Blaasjes in het glazuur
Dit is een onaantrekkelijk verschijnsel dat soms voortkomt uit het gebruik van te veel chroom in combinatie met andere kleurende oxiden. Blaasjes ontstaan ook in aardewerkglazuren die lood bevatten als de ovenatmosfeer zuurstofarm of 'gereduceerd' is (zie hoofdstuk 20). Als de boosdoener reeds in het glazuur zit, is de enige remedie een nieuw glazuur te maken. Soms zijn blaasjes echter het gevolg van oververhitting en dan ligt de oplossing voor de hand.

Blaasjes ontstaan ook als twee onverenigbare glazuren elkaar overlappen en een kleine bel gas onder de bovenste glazuurlaag blijft zitten, zelfs als de pot is afgekoeld. Het oppervlak verliest zijn functionaliteit door blaasjes, toch wordt het ontstaan van blaasjes soms juist bevorderd voor een decoratief effect op goed dat niet voor huishoudelijk gebruik is bestemd – door de blaasjes weg te schuren creëer je een kantachtig effect.

### Speldenprikken
Deze fout is het resultaat van 'vulkanische activiteit' in de glazuurmantel of de onderliggende scherf gedurende het gladbranden. Kleine erupties van gas vanuit het glazuur laten lelijke 'kratertjes' achter. Dit wordt vaak verholpen door het glazuur een paar minuten 'door te laten garen': de hoge oventemperatuur aanhouden als het glazuur is gesmolten, zodat het glazuur zich opnieuw kan verdelen over de kale plekjes. Dit is echter geen bevredigende oplossing bij matte glazuren, aangezien zulke glazuren nooit erg goed uitvloeien op de scherf.

Als de erupties uit de scherf komen, wordt het oppervlak 'pokdalig', wat heel attractief kan zijn op een nogal grof type steengoed. Het wordt door sommige pottenbakkers zelfs bevorderd door 1 procent siliciumcarbide tot te voegen aan de klei.

### Blazen in de scherf
Dit zijn grote blazen die veroorzaakt worden door gas dat nog steeds aanwezig is in de klei. Dit is strikt genomen geen glazuurfout, maar openbaart zich wel tijdens de glazuurbrand en kan veroorzaakt worden doordat de temperatuur hoger wordt opgestookt dan is aanbevolen voor de klei, of door het gebruik van klei die ongerechtigheden bevat. Blazen in de scherf kunnen niet worden gecorrigeerd.

### Koelscheuren
Als koelscheuren ontstaan tijdens het gladbranden dan is dat de ultieme glazuurfout. Eén oorzaak van koelscheuren is een te snelle afkoeling. Een andere oorzaak kan zijn dat je potten zonder standringen rechtstreeks op de ovenpla-

## RECEPTEN, RESULTATEN EN REMEDIES 139

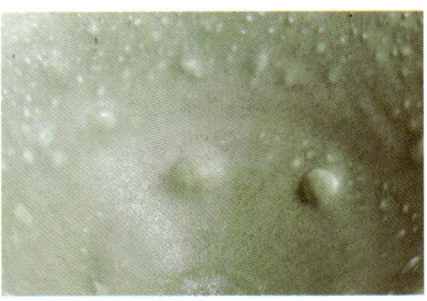

Helemaal boven: Speldenprikken staan lelijk op serviesgoed, maar kunnen ook aantrekkelijk zijn, zoals op deze steengoed pot van Lucie Rie.

Boven: Blazen in de scherf zijn altijd lelijk.

ten hebt geplaatst. Aan de rand koelen ze dan sneller af dan aan de voet.

Een bepaalde vorm van koelscheuren die me ooit veel verdriet en teleurstelling bezorgde heeft betrekking op porselein. Als de kleimassa heel dun gedraaid is koelt een glazuur soms af tot een trekkracht ontstaat die te sterk is voor de scherf, waardoor deze eenvoudigweg knapt in plaats van dat het glazuur gaat craqueleren. Er bestaan twee remedies: de ene is de trekkracht in het glazuur te verminderen door toevoeging van flint, en de andere is het vasthouden van de oventemperatuur op het sinterpunt van de klei door te pendelen (zie hoofdstuk 20) en het werk dan langzamer af te laten koelen.

### Onder- en oververhitting

Beide zijn eerder stookfouten dan glazuurfouten. Alle moeite is tevergeefs geweest als je een zorgvuldig geprepareerd glazuur niet op de optimale temperatuur gladbrandt. Een verschil van 10 °C kan al bepalen of een pot 'gewoontjes' dan wel bijzonder wordt.

De kenmerken van niet hoog genoeg gestookte werkstukken zijn onmiskenbaar: een dof, droog oppervlak dat doet denken aan een onrijpe peer. Als het niet mogelijk is de oventemperatuur te variëren, bijvoorbeeld doordat het werk van meerdere leerlingen in dezelfde oven worden gebakken, dan moet je afzien van het gebruik van een glazuur dat niet op de juiste temperatuur gebakken kan worden.

Te hoog gestookt werk ziet er niet alleen te druiperig en stroperig uit, het glazuur zal waarschijnlijk ook zijn uitgevloeid in een plas op de bodem of langs de buitenkant naar beneden zijn gelopen zodat de pot is vastgebakken op de ovenplaat. Zwaartekracht beïnvloedt de kwaliteit van een glazuur en soms zal een glazuur dat een prachtige, gelijkmatige laag op een tegel vormt akelig dun gaan druipen als het op het verticale oppervlak van een pot wordt opgebracht. Je moet daarom altijd rekening houden met de vorm van de pot als je een glazuur uitkiest.

Experimenteren met glazuren en vormen is doorgaans alleen mensen vergund die veel tijd tot hun beschikking hebben, maar voor de pottenbakker met slechts weinig tijd, die lang heeft gewerkt aan een pot en vervolgens niet tevreden is met het glazuur, bestaat er nog een sprankje hoop: een tweede glazuurlaag kan worden aangebracht, waarna de pot opnieuw gebakken kan worden. Het resultaat van een combinatie van twee verschillende glazuren die gladgebrand zijn op verschillende tijdstippen lijkt op geen van beide en zal zelfs niet bij benadering lijken op wat je logischerwijs zou verwachten. Maar het zal wellicht beter zijn dan het oorspronkelijke glazuur. Voor een goede hechting van het tweede glazuur moet je de pot iets verwarmen en een kleefmiddel toevoegen aan het glazuur. Arabische gom of zelfs suiker is hiervoor geschikt. Deze middelen zullen het glazuur zelf niet aantasten. Om het nieuwe glazuur gelijkmatig over het al eens geglazuurde oppervlak te verdelen door middel van overgieten is niet eenvoudig en daarom wordt het aanbevolen de tweede laag op te spuiten met een glazuurspuit.

Links: Blaasjes – als de ene glazuurlaag over de andere wordt aangebracht. Door ze af te schuren kan een patroon ontstaan zoals op de gracieuze porseleinen kom van Suzanne Bergne.

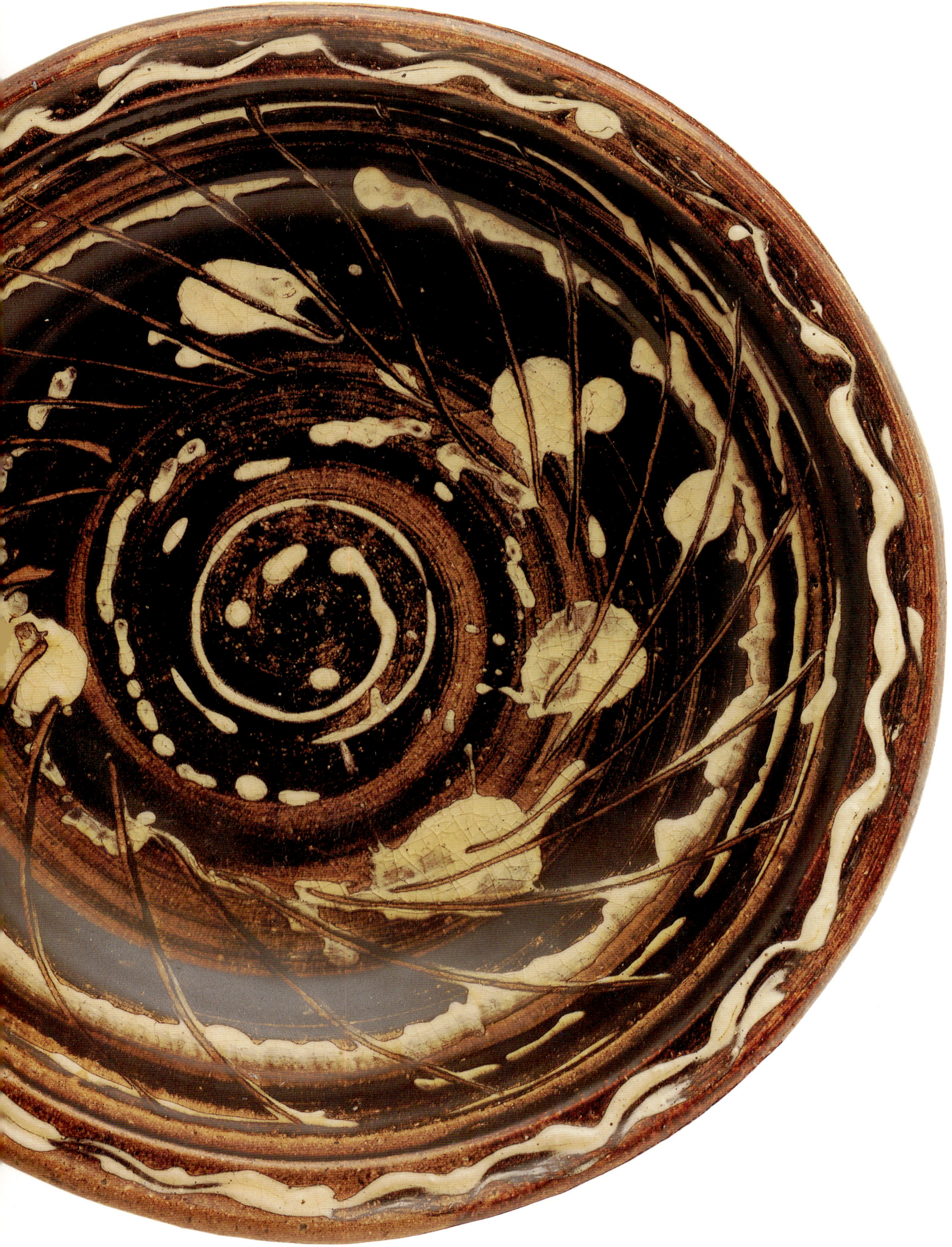

# DECORATIE EN VORMGEVING

*Het is natuurlijk door de eeuwen heen allemaal al eens eerder gedaan en zo goed dat de moed je soms in de schoenen zinkt als je een pot wilt decoreren. Alle vroegere culturen hadden hun eigen meesterdecorateurs – denk maar eens aan de minoïsche vazen, de Perzische keramiek, de Mimbres indianen van Noord-Amerika...*

*Vorm en decoratie vallen vaak samen in de keramiek en het is daarom moeilijk te zeggen waar een pot eindigt en de decoratie begint. Het handvat of de tuit van een functionele pot kan deel uitmaken van een gedurfd of ingewikkeld concept. Ook kan het zijn dat de pot enkel dient als drager van de decoratie, zeker als het een geschilderd ontwerp betreft.*

Bladzijde hiernaast: Schaal van Katherine Pleydell Bouverie die het beste van Oost en West in zich verenigt: witte en bruine slib aangebracht op een zowel conventionele als onconventionele wijze. Diameter 30,5 cm.

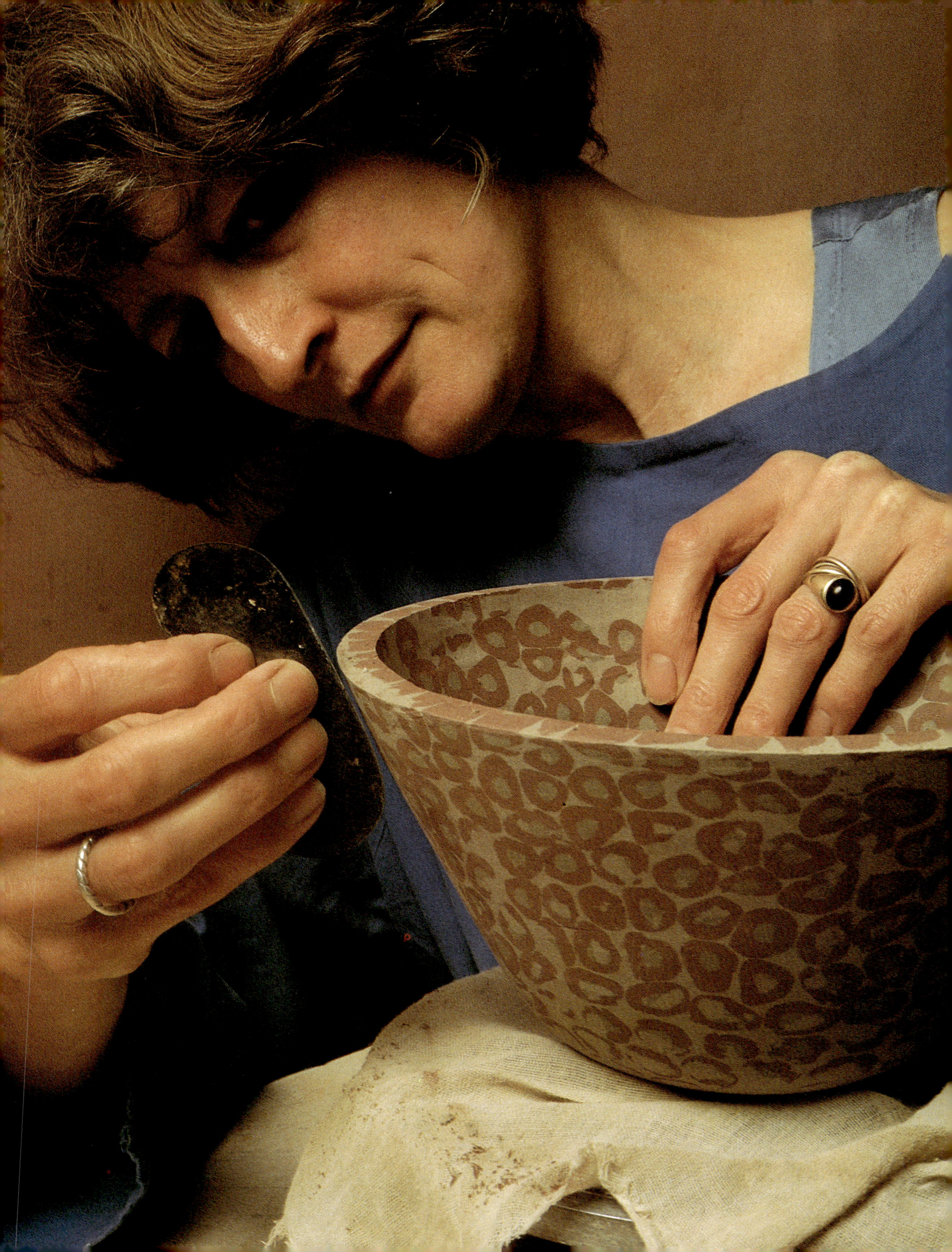

# VEELKLEURIGE KLEI

'We kunnen inspiratie putten uit de schoonheid van heel deze wereld. Het is moeilijk... niet bevangen te raken door de veelheid van indrukken', zo schrijft Bernard Leach.

Hij beschrijft vervolgens hoe de maatstaven van schoonheid zijn weg bepaalden en hoe hij zijn hele leven lang heeft getracht de Engelse traditie en de Japanse cultuur te verenigen. Niemand heeft zo mooi en hartstochtelijk geschreven over keramiek als Leach, maar sinds hij dit schreef is het verbijsterend aantal keuzemogelijkheden waarmee een beginner geconfronteerd wordt zelfs nog groter geworden. De grenzen en toepassingen van keramiek zijn uitgebreid en sommige technieken zijn meer toegankelijk geworden.

Zij die, om wat voor reden dan ook, last hebben van een creatieve blokkade dienen te bedenken dat klei een vriendelijk materiaal is waarmee je bijna alles kunt doen. In klei kun je iets vastleggen, zoals een handafdruk bijvoorbeeld. En nauwkeurig reproduceren, of het nu gaat om identieke gietsels uit een mal of het profiel van een autoband. Met klei kun je keramische uitvoeringen maken van alle interessante objecten, van citroenen tot limonadeflessen; een bevriende kunstdocent maakte eens een minstens 3,6 meter lange slang van keramiek, in een vredig opgerolde pose en met een 'slangehuidglazuur' die heel echt leek.

Kleur en textuur zijn de variabelen die klei heeft te bieden. Het gebruik van kleisoorten die te zeer van elkaar verschillen kan tot gevolg hebben dat ze uit elkaar vallen tijdens het branden, maar experimenten hebben aangetoond dat uitersten elkaar ook aantrekken. Een kleisoort kan gekleurd worden met verschillende oxiden, vermengd worden met fijne of grove chamotte of zelfs met kurk dat wegbrandt in de oven en een oppervlaktestructuur vol gaatjes oplevert.

Ewen Henderson gebruikt een techniek waarbij hij dunne lapjes klei samenvoegt als een sandwich of naast elkaar als een variatie op de traditionele roltechniek, waardoor deze contrasten heel goed naar voren komen. Samengestelde kleurlagen door het gebruik van verschillende kleisoorten is ook een essentieel kenmerk van de geheel in de vorm opgenomen decoraties in Claudi Casanovas' keramische sculpturen. Zijn werken zijn tamelijk groot, maar deze techniek is ook bijzonder geschikt voor degenen die op wat bescheidener schaal interessante potten willen maken en de mogelijkheden en beperkingen van klei beter willen leren kennen.

## Kleurvariaties

Het door elkaar gebruiken van verschillend gekleurde kleimassa's kent een lange traditie. Het bekendste voorbeeld hiervan is de agaatkeramiek die in de zeventiende eeuw in Engeland ontstond. Hierbij wordt donkere en lichtgekleurde klei gecombineerd zodat een streperig effect ontstaat en wordt het kneedproces opzettelijk beperkt zodat de kleuren zich niet vermengen. Zodra de klei in plakken is gesneden, kun je deze uitrollen tot platen voor schalen die in een holle of op een bolle mal worden gevormd, waarna het oppervlak wordt schoongeschraapt om de kleurcontrasten die door de roller misschien wat vervaagd zijn weer naar voren te halen.

---

**NERIAGE**

Een sandwich van donkere en lichte klei in stroken gesneden en daarna in blokjes kunnen in een patroon gelegd en voorzichtig geplakt worden.

**MILLEFIORI-TECHNIEKEN**

Millefiori is een techniek in de glaskunst, maar het equivalent ervan in de keramiek is al eeuwen oud. Hier wordt donkere klei om een lichte kern gerold en in stukjes gehakt.

Het ene patroon wordt op het andere gelegd – de spiraal van zwart-wit gestreepte blokjes zal na het branden mooi contrasteren met het lichter gekleurde gedeelte.

## 144 DECORATIE EN VORMGEVING

Links: Als de kleimassa zelf een krachtig maar willekeurig patroon heeft kun je het beste een eenvoudige vorm kiezen. Deze kom van Jane Waller heeft de vorm van een halve bol. De techniek wordt hieronder geïllustreerd. Als de gekleurde balletjes samengeperst worden krijgen ze een nagenoeg zeshoekige vorm. Hoe fraai de pot uiteindelijk wordt hangt af van de onderlinge harmonie van de kleuren nadat de pot is gebakken. Diameter 20,5 cm.

Bladzijde hiernaast: Een handgevormd bord van Ewen Henderson, gemaakt van grote, dunne plakken gelaagde klei, met oxidevlekken en een enkele glazuurlaag. Diameter 25,5 cm.

Keramiek met patronen gevormd door verschillend gekleurde klei wordt in het Engels ook wel 'scroddled ware' genoemd. In Nederland gebruikt men de term agaatkeramiek (of de Franse benaming 'neriage') voor deze techniek waarmee verfijnde patronen kunnen worden gecreëerd. Uit een blok van op

---

### HET COMBINEREN VAN GEKLEURDE KLEIMASSA'S

1 Het met de hand rollen van de balletjes klei, die alle verschillende oxiden bevatten, vormt de eerste fase van dit liefdewerk.

2 De verschillend gekleurde balletjes worden willekeurig naast elkaar gelegd in een gipsmal bekleed met een vochtige mousselinedoek.

3 Om een gelijkmatige vorm te krijgen worden de balletjes geplet. De stamper is bedekt met mousseline, droog of gedrenkt in lijnzaadolie, tegen het kleven.

elkaar geperste lagen van afwisselend lichte en donkere klei worden stroken gesneden van gelijke breedte. De stroken worden vervolgens plat aan elkaar gelegd zodat één brede plak klei met afwisselende kleuren wordt verkregen. Door een puntig metalen gereedschap heel lichtjes heen en weer over het oppervlak te trekken ontstaat een veervormig patroon (zoals beschreven voor slib op bladzijde 156). Ook hierbij kan het patroon worden schoongeschraapt nadat de plak is uitgerold.

Je kunt de verschillend gekleurde klei op allerlei manieren combineren en opnieuw samenvoegen. Slechts bedekt met een doorzichtig glazuur levert het op zich al een fraai werkstuk op. Je kunt de scherpe grenzen tussen de donkere en lichte lagen echter ook opzettelijk wat vager maken met een spons of een opaak glazuur waar ze zacht doorheen schijnen. Een goed voorbeeld van dit laatste is het beroemde in spiralen gedraaide werk van Lucie Rie. Ze draait haar werk eenvoudigweg uit een klomp klei bestaande uit donkere en lichte delen die samengeperst zijn zonder kneden, zodat een steeds wijdere band van donkere klei zich in een spiraal omhoog slingert, die eenmaal gebakken door het glazuur brandt. Een goed voorbeeld van zo'n pot vind je afgebeeld op bladzijde 146.

Patronen van verschillend gekleurde klei kunnen ook op een meer mechanische wijze worden verkregen. De Engelse pottenbakker Jane Waller ontwikkelde een techniek waarbij ze balletjes klei van gelijke grootte naast elkaar in een drukmal legt zodat die, als ze goed plat zijn geslagen met een stamper, de zeskantige vorm van een honingraat krijgen. Een dunne kaasdoek ligt tussen de klei en het oppervlak van de drukmal om de breekbare structuur bijeen te houden tijdens het drogen. Na het drogen wordt de kleilaag uit de mal genomen en de doek losgetrokken.

Het scala aan patronen dat je in een drukmal kunt vormen is natuurlijk zeer uitgebreid. Je kunt bijvoorbeeld een sliert witte klei in een dunne plak donkere klei rollen en de zo verkregen rol in stukjes snijden. Die stukjes, die op Engelse drop lijken, kun je plat naast elkaar leggen en in plakken uitrollen. Die plakken kun je dan in een mal verder vormgeven en je kunt er eventueel ook tegels uit snijden. Dit proces is heel tijdrovend en je moet heel schoon en netjes werken, want alleen als het contrast tussen de kleuren goed zichtbaar blijft zullen de patronen duidelijk zijn.

Het is ook heel frustrerend als zulke patronen later uit elkaar barsten in de oven. Dit gebeurt veelal doordat de kleilagen niet goed op elkaar aansluiten. De beste manier om dat te voorkomen is ervoor te zorgen dat de gekleurde kleilagen bestaan uit dezelfde basisklei: een speciale, witte klei die in de handel bekend staat als T-material (Pottery Crafts) of witte steengoedklei kan worden geprepareerd en in twee klompen worden verdeeld. De ene klomp blijft wit, terwijl aan de andere steeds meer kleurende oxiden worden toegevoegd, tot 7 procent van het droog gewicht van de kleimassa. Kobalt, ijzer, mangaan en oker kunnen apart of vermengd worden gebruikt. T-material bevat reeds korrels molochiet, maar een toevoeging van molochiet of een andere vorm van chamotte tot 10 procent van het droog gewicht van de klei kan helpen de samengestelde kleilagen bij elkaar te houden tijdens het branden.

### HET DRAAIEN VAN GEMENGDE KLEI

Als ballen donkere en lichte klei tegen elkaar gedrukt worden zonder te kneden ontstaat bij het draaien een schroefpatroon.

## IN DE VITRINE
# POTTEN VAN GEMENGDE KLEI

**Boven**
ROBIN HOPPER
Moderne agaatkeramiek. Als donkere en lichte kleimassa's worden gemengd, wordt het patroon vaak minder duidelijk door het draaien of bewerken. Het komt weer duidelijk tevoorschijn door het oppervlak voorzichtig af te schrapen met een scherp (scheer)mes. Het resultaat blijft ongeglazuurd.
Hoogte 20 en 26 cm.

**Rechts**
LUCIE RIE
Een spiraalvormig patroon ontstaat als onvermengde donkere en lichte kleimassa's worden gedraaid op de schijf. Als de uiteindelijke vorm is samengesteld uit twee of drie gedraaide stukken, zoals in deze klassieke vaas, dan moeten de verschillende delen goed op elkaar aansluiten. Hier is het mangaan in de 'donkere' klei zachtjes door het dik opgebrachte glazuur gebrand.
Hoogte 43 cm.

Onder
EWEN HENDERSON
Rechts
CLAUDI CASANOVAS
De structuur van de klei zelf zorgt bij deze twee werkstukken voor het decoratieve effect. De regelmatige stratificatie in Casanovas' verwrongen vorm geeft die een anorganisch en geologisch uiterlijk. Hendersons complexere sculptuur is gemaakt van lagen porselein, bone china en steengoedklei, overladen met oxiden en glazuur.

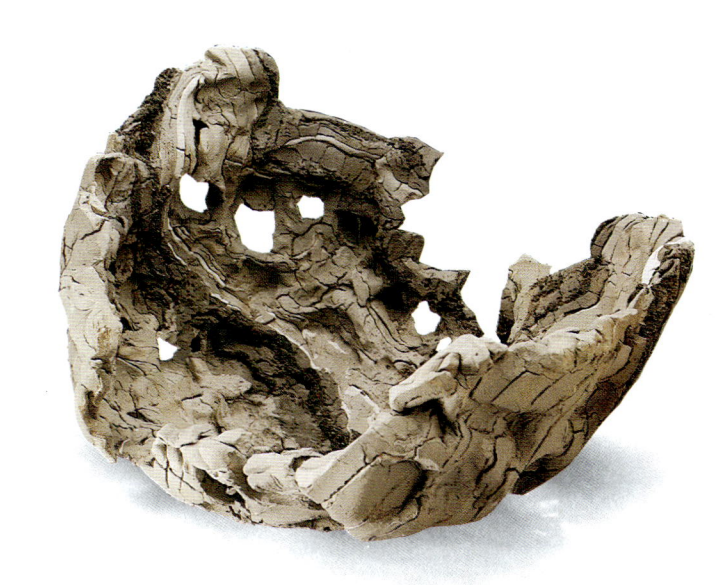

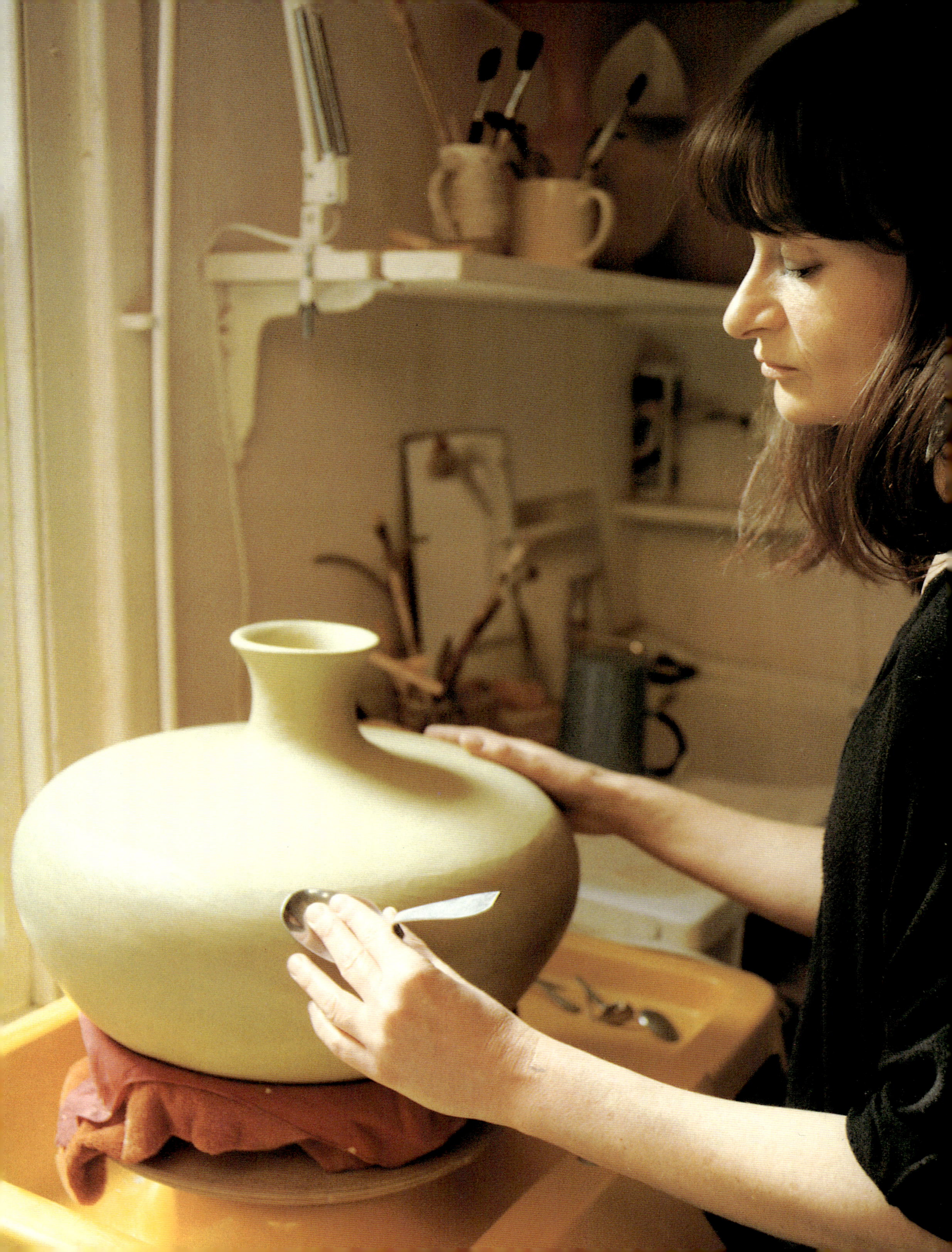

# DECORATIE VAN DE RAUWE SCHERF

De Grieken waren de grote 'decorateurs' van keramiek in de zin dat ze keramiek gebruikten als drager voor een geschilderd ontwerp. Hun werk was zowel tweedimensionaal, vanwege de 'platte' toepassing van kleuren (hoewel figuren vaak in perspectief werden weergegeven), als driedimensionaal door de manier waarop het een gebogen oppervlak opvulde of bedekte. Soms waren de potten uit Attica meesterwerken wat decoratie betreft, maar vaak ook niet. De meeste van deze potten worden tegenwoordig meer gewaardeerd door sociaal-geschiedkundigen dan door kunstenaars. De rode, zwarte en witte ontwerpen vormden nooit een echte eenheid met het materiaal van de pot zoals we die gewoonlijk zien in Oosterse en Perzische keramiek. Die ontwerpen vullen en completeren het oppervlak van hun potten zo subliem dat het haast kleinerend is te spreken van 'decoratie', een woord dat aangeeft dat de 'versiering' na de vervaardiging van een oppervlak of voorwerp is toegevoegd, maar geen onderdeel uitmaakt van het oorspronkelijke concept. Je hebt bijvoorbeeld West-Afrikaans vaatwerk dat zo harmonieus is ontworpen en gedecoreerd dat je niet weet waar het ene element ophoudt en het andere begint, of de ongeglazuurde voedselpotten van de Braziliaanse Indianen uit het Mato Grossogebied die door hun krachtig geschilderde decoraties getuigen van de onweerstaanbaarheid van het keramisch oppervlak – een oppervlak dat de pottenbakker toeschreeuwt dat het gedecoreerd wil worden, en het liefst helemaal.

In het vorige hoofdstuk heb ik het glazuren van een pot besproken en ik hoop dat het de lezer nu duidelijk is dat een zorgvuldig uitgebalanceerd glazuur op zich al een perfecte decoratie van een pot is. Ik heb vaak genoeg gezien hoe een leerling zijn of haar werk niet compleet vond als er niet een paar bloemen op werden geschilderd en een fraaie pot verpestte met een stijf en schreeuwerig schilderwerkje van generlei waarde dat totaal niet paste bij de vorm van de pot.

Er bestaan geen vaste regels voor decoratie, net zo min als die er nog zijn voor het ontwerp. Een strak geometrisch patroon kan net zo fraai zijn als een vrije, organische versiering; een woest verwrongen pot kan net zoveel schoonheid bezitten als een delicaat kantwerkje van klei. Er is slechts één stelregel die ik op het decoreren van keramiek wil toepassen – namelijk dat het met *overtuiging* moet gebeuren, dat wil zeggen met een zekere hand en zonder weifelen. De hete atmosfeer van de oven kent geen medelijden met voorzichtige pogingen en knoeierige kwaststreken, maar haalt een krachtige tekening, een duidelijke lijn en een strakke rand juist naar voren.

## Stempelen

Klei kan worden gedecoreerd door er een patroon in af te drukken of te stempelen als de klei nog plastisch of leerhard is. Je kunt een hele waslijst van huishoudelijke ditjes en datjes opstellen die je hiervoor kunt gebruiken, maar het is wel belangrijk dat je slechts één of twee soorten stempels voor een pot gebruikt. Hoe eenvoudiger het ontwerp van het 'zegel', hoe beter. Natuurlijk kun je ook zelf stempels maken uit gips of hout. Bepaalde natuurlijke vormen lenen zich goed voor stempels en de beste 'stempel' die ik ooit heb gehad was de zaaddoos van een eucalyptusboom, met

Boven: Deze geometrische figuren die Paul Soldner in rauwe klei stempelde doen denken aan Egyptische bas-reliëfs. Ze kunnen abstract of figuratief zijn. Dit voorbeeld laat zien hoe goed de decoratie samengaat met de vorm – de twee zijn bijna niet te scheiden.

Onder: Potten met de vorm van dierenfiguren kunnen heel oud, maar ook heel modern zijn. In de jaren zestig maakte een Waura-indiaan uit het Mato Grosso-gebied in Brazilië deze vleermuispot door aan een kom een aantal simpele handvatten en een kop toe te voegen.

150 DECORATIE EN VORMGEVING

'Toevallige elementen'. Decoratie vormde een integraal onderdeel van het ontwerpproces dat ten grondslag lag aan dit muurtableau van Tom en Elaine Coleman. De op lage temperatuur gebrande elementen zijn geglazuurd (of geverfd) in opvallende kleuren om de textuur en het contrasterende karakter van de verschillende delen te benadrukken.

## HET COMBINEREN VAN GEKLEURDE KLEIMASSA'S

Experimenteer met alledaagse voorwerpen als stempels of ontwerp zelf stempels die je uit blokjes hout of gips snijdt.

een strak stervormig patroon aan het eind dat zowel geometrisch als levendig is. In het atelier kan een beginner die de nodige inspiratie ontbeert de uiteinden van afdraaigereedschap of Segerkegels gebruiken om te oefenen in het maken van regelmatige patronen.

Eén enkele, kleine afdruk van bijvoorbeeld een knoop kan nogal stom staan op een pot, maar een regelmatig, recht patroon van knoopafdrukken kan een fraaie blikvanger zijn. Een band van afdrukken rond een gedraaide cilinder kan gemakkelijk gemaakt worden met een geïmproviseerde roller van hout, gips of kurk waarin een ontwerp is gegraveerd. Als zulke middelen echter gebruikt worden om te verdoezelen dat een pot slecht is gedraaid, dan is het resultaat meestal teleurstellend en ziet de pot er alleen maar nog knulliger uit. Regelmatige of willekeurige patronen kunnen, als ze met gevoel worden aangebracht, goed staan op de effen oppervlakken van uit plakken opgebouwd werk. Je kunt met stempels ook patronen aanbrengen op handgemaakte tegels als ze leerhard zijn, hoewel de druk hun vorm kan veranderen en het resultaat alleen effectief is als de tegels niet precies gelijk van vorm of even glad van oppervlak hoeven te zijn.

Omdat klei zich zo goed leent voor afdrukken, kunnen vrij gedetailleerde ontwerpen als cameeën nauwkeurig worden gereproduceerd. Lettervormen kunnen worden gebruikt om nuttige informatie ergens in te stempelen of fantasierijke versieringen aan te brengen. De houten en metalen letters die drukkers vroeger gebruikten voor de drukpers krijgen zo een nieuwe bestemming als stempels in de pottenbakkerij, en kunnen worden gekocht bij de meeste antiekzaken of rechtstreeks bij een drukker. Ze hebben bovendien het voordeel dat ze in spiegelschrift staan, zodat de in de klei gedrukte tekst direct leesbaar is.

Het gebruik van complete zetsels voor identificatie-doeleinden was vooral gangbaar bij oude kruiken voor mineraalwater en gemberbier, en vooral bij

# DECORATIE VAN DE RAUWE SCHERF

ciderkannen. Sommige pottenbakkers gebruiken metalen zetsels om hun naam niet alleen aan de onderkant van hun potten te vermelden, maar ook aan de zijkant. Veel pottenbakkers signeren tegenwoordig hun werk, zoals een schilder dat pleegt te doen, maar een afdruk of zegel heeft een langere traditie en er zijn in de loop der jaren vele fraaie, elegante monogrammen gemaakt van hout, gips of gebakken klei.

Een gestempeld patroon kan vaak fraaier worden door glazuur. Door een lichte bewerking met een kleurend oxide zal het oxide vooral in de diepere delen van het ontwerp blijven zitten en het patroon benadrukken. Steengoedglazuren, die meestal een andere tint geven op de randen, verzachten de contouren van de afdruk, maar doen het ontwerp niet compleet vervagen.

## Reliëfapplicatie

Bij reliëfapplicaties wordt klei opgebracht op de scherf van een pot als de pot leerhard is, met slib of water als een soort 'lijm'. Kleine dotjes klei waarin zegels zijn gedrukt kunnen bijvoorbeeld in de vorm van medaillons op reeds gemaakte potten worden aangebracht, net zoals de glazen labels op de hals van oude wijn- en portflessen.

Het beroemde jaspisporselein van Wedgwood is het klassieke voorbeeld van reliëfapplicatie, waarbij delicate ontwerpen in porselein of witte klei, gevormd in kleine gipsmallen, op een gekleurde pot worden aangebracht als bas-reliëf (een decoratietechniek die in Engeland bekend staat als 'sprigging'). Deze reliëfs kunnen – net als bij het Wedgwood – een andere kleur hebben, maar wel moet dezelfde soort klei gebruikt worden voor een goede hechting.

Kleine gemodelleerde elementen die als handvatten of puur als decoratie worden toegevoegd kunnen zeer figuratief zijn – zoals de kikker op de pot met deksel van Bernard Leach of de vossenkoppen op het vaatwerk met deksel van Ian Godfrey. Maar beginners die graag willen werken met reliëfapplicaties moeten niet streven naar natuurlijke vormen die vaak niets te maken hebben met de vorm van de pot waarop ze worden aangebracht. Simpele motieven, zoals vlechtbandmotieven, zijn vaak de beste en het is belangrijk dat je het effect van elke toevoeging aan het profiel van een pot eerst zorgvuldig bestudeert. Het belangrijkste bij dit werk is dat je voor een duidelijke modellering zorgt, een overdaad aan stempels vermijdt en een juist glazuur kiest.

## Inkerven en perforeren

Als je inkervingen maakt in het oppervlak van de pot, is de staat van de klei het allerbelangrijkst. Als de klei zachter dan leerhard is zal de druk van het gereedschap de wand van de pot vervormen en moet je wachten tot die hard genoeg is, behalve natuurlijk als je juist een hobbelige pot wilt hebben. Een bas-reliëf ontwerp kan worden gemaakt met metalen beeldhouwgereedschap, modelleermessen, scherpe houten boetseerspatels of linoleumgutsen. Ontwerpen kunnen variëren van bijzonder beheerst tot uiterst flamboyant – in de rand van een pot kan bijvoorbeeld een landschap met bomen worden gekerfd. Zulke potten zijn fraai, maar niet erg praktisch.

Een leerharde pot kan ook gedecoreerd worden door deze te perforeren. Het wegsnijden van delen uit de wand is een delicaat karwei. De pot moet droog genoeg zijn om weerstand te bieden aan het snijgereedschap, maar niet zo droog dat hij barst. Eenvoudige gaten maak je gemakkelijk met een handboortje, maar voor andere patronen heb je een scherp gepunt mes zoals een scalpel nodig. En

Twee gedraaide elementen vormen de basis voor dit rijkelijk met inkervingen en stempels versierde juwelenkistje van Ian Godfrey.

**152** DECORATIE EN VORMGEVING

hoe meer gaten er gemaakt worden, hoe zwakker het oppervlak zal worden. Heel kleine gaten lopen vol glazuur bij het gladbranden: een bekende Oosterse techniek die ook vaak wordt toegepast door Europese pottenbakkers. Ontwerpen waarbij weggesneden delen open blijven zijn effectiever.

### Canneleren en facetteren

Facetteren is een decoratietechniek waarmee je het basisontwerp van een pot verandert. Een eenvoudige dikwandige cilinder krijgt bijvoorbeeld een interessante vorm als je met een scherp mes verticale plakken van de buitenkant snijdt op het moment dat die leerhard is, of met een fijn draad als de pot nog nat op de schijf staat. Wiskundige principes en kristalstructuren zijn voor de hand liggende bronnen van inspiratie voor de pottenbakker die bovenal in de vorm van zijn pot is geïnteresseerd, maar die kunnen beter uit plakken worden opgebouwd. Bij een gefacetteerde pot is symmetrie niet het eerste vereiste.

Het belangrijkste advies dat ik beginners kan geven is dat ze het snijgereed-

---

### FACETTEREN

1 De wand van een pot moet dik zijn om er facetten in te kunnen snijden – hoe minder facetten, hoe dikker de wand moet zijn.

2 Als je het netjes wilt doen, werk dan na het facetteren de onderkant af. Het resultaat is een elegant uitgeschulpt profiel.

### CANNELEREN

Soms wordt de leerharde pot eerst gedraaid, gecanneleerd en nat gemaakt, waarna de vorm wordt aangedrukt zodat de cannelures vervormen.

schap krachtig moeten hanteren zonder weifelen. Facetteren is een goede techniek om te oefenen voordat je begint met de moeilijkere canneleertechniek, waarbij een serie oppervlakkige, holronde groeven in de buitenkant van een dik gedraaide pot worden aangebracht.

Cannelures kunnen spiraalvormig zijn, maar verticaal zijn ze net zo effectief. Een cilindervorm kan van boven tot onder gecanneleerd worden – als een Dorische zuil – met een bandmirette, een instrument met een lusvormige strook bandijzer dat gemakkelijk in de juiste vorm kan worden gebracht en deze vorm behoudt bij gebruik. Als slechts een deel van de pot gecanneleerd wordt, moeten de einden van de groeven duidelijk worden afgebakend met een schouder of de sterk gereduceerde diameter van de voet.

In Oosterse culturen worden facetten vaak aangebracht met een bamboe canneleerinstrument terwijl de pot nog op de schijf staat, waarna het draaien voortgezet wordt (echter alleen van binnenuit). Op deze manier verkrijgt een cilinder de vorm van een pompoen, waarbij de groeven in het midden breder worden. Door na het draaien aan de binnenkant van een pot 'ribben' te maken met een bamboestokje verander je het aanzicht van een pot ook radicaal en dit kan een heel fraai effect opleveren.

## 'Chatter' dessins

'Chatter' decoratie wordt aangebracht als de pot nog tamelijk zacht is met een stuk veerkrachtig metaal (Bernard Leach noemt het een 'springijzer') dat tegen de langzaam ronddraaiende pot klappert ('chatter' = klapperen). Hiermee wordt in één omwenteling een patroon aangebracht. De vorm en grootte van de afdruk is afhankelijk van het profiel aan het eind van het instrument en hoe hard de klei is. De afstand tussen de afdrukken hangt af van de snelheid waarmee de schijf ronddraait. Het geheim schuilt in de veerkracht van het metaal – een niet-flexibel afdraaigereedschap is daarom niet geschikt – en het beste materiaal dat je kunt gebruiken is bandijzer dat in een S-vorm is gebogen. Het is echter niet zo eenvoudig als het klinkt.

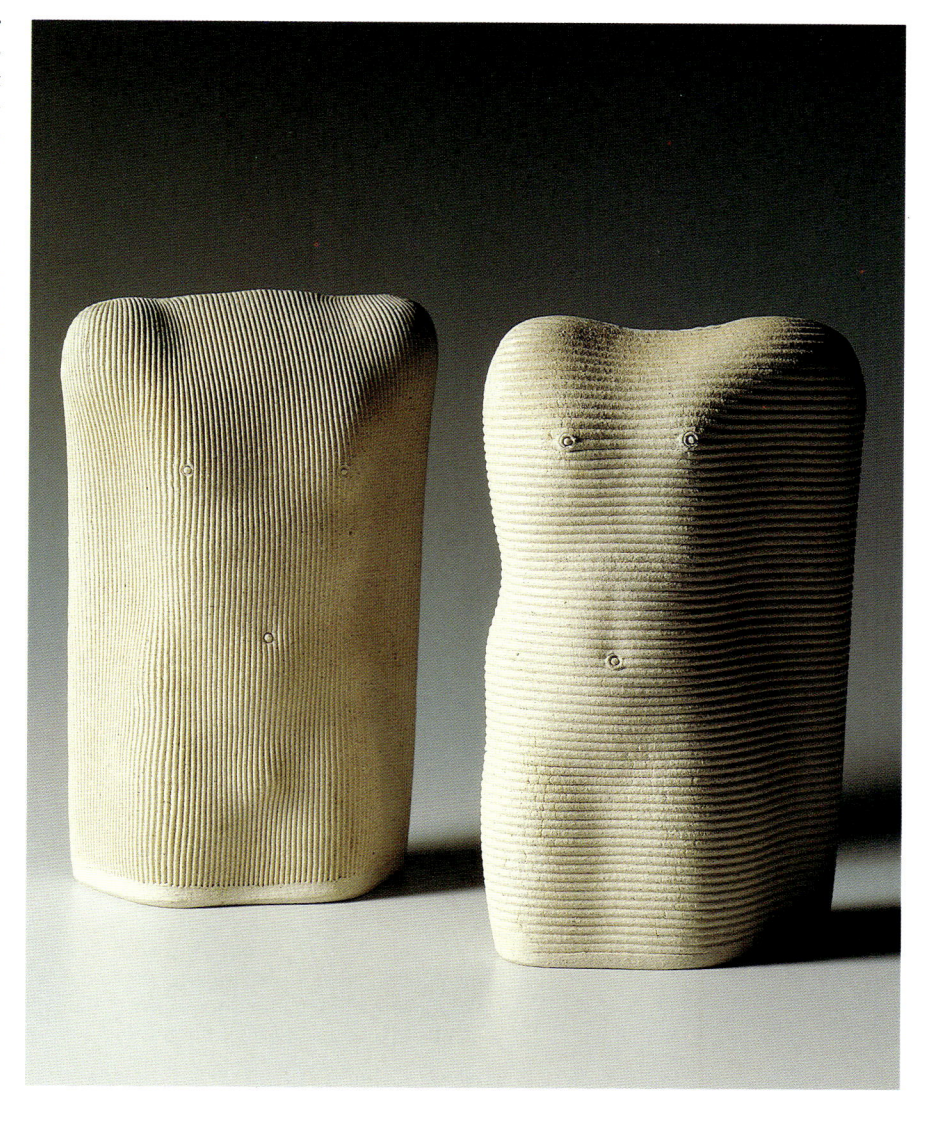

Boven: 'Man en vrouw'. Een keramische sculptuur van Vladimir Tsivin. Het contrast tussen de gestempelde details en het perfect geribbelde oppervlak is essentieel – vingerafdrukken zouden het ruïneren. Porselein, met toetsen glazuur. Hoogte circa 30,5 cm.

Bladzijde hiernaast: Een grote, gecanneleerde steengoed vaas met decoratieve handgrepen van Bernard Leach. Tenmokuglazuur.

Links: Een 'chatter' ontwerp, benadrukt door uitvloeiing van het glazuur in een kleine kom van Richard Batterham.

## Inlegwerk (intarsia)

Decoratie van leerharde of plastische potten hoeft niet slechts te bestaan uit veranderingen van het oppervlak. In dit stadium kan ook kleur worden toegevoegd door inleggen of het aanbrengen van engobe (zie hieronder).

Om een patroon in een leerharde klei te snijden kun je gutsen of snijgereedschap voor linosnedes gebruiken. Ingekleurde klei (of meerdere verschillende kleuren) kunnen dan in het uitgesneden ontwerp worden geduwd of 'gelegd', maar dan moet de gekleurde klei wel zo zacht te zijn dat je bij het opvullen de randen van de ingesneden patronen niet beschadigt. Schraap het oppervlak van de pot af terwijl het droogt, zodat het inlegwerk strak en helder afsteekt.

Deze techniek leent zich niet alleen voor gedetailleerde en fijne patronen, maar kan, grover toegepast, ook een krachtige decoratiemethode zijn. Het inlegwerk wordt onder het glazuur een glad geheel met het totale oppervlak van de pot. Deze techniek kan worden toegepast op potten die uit plakken zijn opgebouwd, keramiek die in mallen is gevormd en op gedraaid werk. De ingesneden patronen kunnen ook worden opgevuld met engobe die na droging wordt afgeschraapt.

## Engobe (slib)

De eenvoudigste vorm van geëngobeerd werk is keramiek waarbij over de kleivorm een dun laagje klei met een andere kleur is gelegd. De decoratie-klei wordt vloeibaar, net als een glazuur, over de zachte leerharde vorm gegoten en vervolgens wordt op de voltooide pot een transparant glazuur aangebracht. Gekleurde engobe wordt het meest gebruikt om de binnenkant van kommen te decoreren en kan het uitgangspunt vormen voor een heel scala aan decoratietechnieken.

Decoratieslib wordt, in tegenstelling tot gietslib zoals beschreven in hoofdstuk 13, verkregen door klei met water te vermengen tot een romige substantie en deze te zeven door een zeef met een maaswijdte van 0,15-0,175 mm (80 of 100 mesh). Als je een donkerdere engobe wilt, kun je kleurstoffen toevoegen. Een goede kleur zwart wordt verkregen door 15 procent ijzeroxide plus 3 procent kobalt of mangaan toe te voegen. Met 2 procent kobalt en 2 procent koper krijg je

**INLEGWERK**

Boven: Een vaas met afgestoken zijden van Tatsuzo Shimoaka, waarbij voor het glazuren een visgraatpatroon in de vier facetten is ingelegd, waarover vervolgens een calligrafisch ontwerp in contrasterende glazuren is geschilderd. Hoogte 25,5 cm.

Onder: Een detail van een bord met een gestempeld ontwerp dat ingelegd is met koper, gemaakt met de techniek die hier links wordt geïllustreerd.

1-2 Voor het stempelen van plastische klei kunnen metalen drukplaten worden gebruikt. Het ontwerp wordt opgevuld met contrasterende engobe die wordt afgeschraapt.

# DECORATIE VAN DE RAUWE SCHERF

een krachtig pauwblauw. Als de pot van rode klei is, kun je een dikke zwarte engobe aanmaken door 5 procent kobaltoxide aan het droog gewicht van de rode klei toe te voegen.

De klei voor de engobe moet dezelfde zijn als die van de pot zelf. Dit gaat echter niet als de pot van rode klei is en de engobe wit moet zijn. In dat geval kan een goede witte engobe worden gemaakt met kaolien (3 delen), ball clay (1 deel) en veldspaat (1 deel); of ball clay (4 delen) en kaolien (1 deel); of gelijke delen kaolien en ball clay.

Een witte engobe, die zoals hierboven beschreven verschilt van de klei waarover die wordt uitgegoten, zal niet altijd voldoen. Soms moet je verschillende recepten uitproberen voordat je de engobe vindt die past bij de uitzetting en inkrimping van een bepaalde kleimassa. Barsten die tijdens het drogen op de pot in het oppervlak van de engobelaag verschijnen zijn een waarschuwing, maar afschilferen (zoals dat kan gebeuren bij een glazuur) treedt vaak pas op nadat de pot is gebakken.

Net als de glazuren en gietklei die in hoofdstuk 13 worden genoemd moet decoratieslib een gladde en regelmatige textuur behouden en de toevoeging van bentoniet als suspenderend middel kan dat bevorderen. Ontvlokkingsmiddelen zoals gebruikt bij gietklei zijn niet nodig, omdat de krimp van de kleivorm en engobe normaal gesproken gelijk zijn. De beste methode om de engobe goed te houden is deze regelmatig te zeven (altijd voor gebruik) en in een emmer met een deksel te bewaren.

Allerlei potvormen kunnen, net als bij glazuur, door dompelen en overgieten worden voorzien van een laag engobe. Beginners wordt aangeraden te oefenen op een pot die al is afgedraaid.

De methode van engobe opbrengen die het beste resultaat oplevert voor een beginner is die waarbij een drukmal wordt gebruikt, want daarbij wordt de wand van de pot ondersteund door de mal tot alles droog is. Twee lagen engobe kunnen snel na elkaar worden aangebracht: de ene over het gehele oppervlak en de andere over een deel van het oppervlak. Als je de mal schuin houdt en heen en weer 'schommelt' krijg je een gemarmerd effect.

Een minder willekeurig patroon ontstaat als je lijnen van contrasterende engobe over een engobelaag legt en die haaks bewerkt met de punt van een naald, een veer of een dun penseeltje, zodat je een delicaat veervormig patroon krijgt. Een meertandig instrument kan ook gebruikt worden om opvallende marmerpatronen in contrasterende engobes te 'kammen'.

Soms worden die patronen aangebracht op een plak uitgerolde klei voordat die in of op een mal wordt geplaatst. Als het oppervlak van de engobelaag eenmaal dof is geworden – dat wil zeggen als de vloeistof erin is verdampt of in de moederklei is getrokken – kan de plak verder worden behandeld, maar wel met de nodige voorzichtigheid. De plak kan met de geveerde of gekamde kant onder op de bolle of in de holle gipsmal worden gelegd, zodat de andere

Tekening met contrasterende engobe op een donkere ondergrond. De gestileerde vogel op dit bord van Michael Cardew doet denken aan Perzische of Indiase ontwerpen.

## ENGOBE IN EEN DRUKMAL

Een leerhard werkstuk in een achtkantige drukmal wordt overgoten met engobe, die onmiddellijk wordt afgegoten. Een dunne laag blijft achter op de binnenkant.

## MARMEREN MET GEKLEURDE ENGOBE

1 Door tamelijk vloeibare engobe te gebruiken die je in lijnen over een ondergrond van contrasterende engobe legt, kun je het marmerproces sturen.

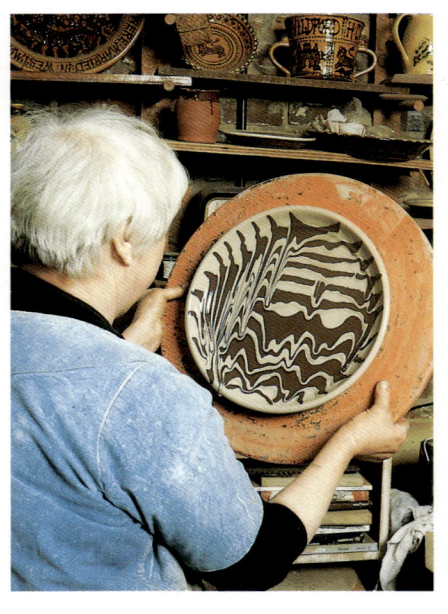

2 Houd het werk schuin en de engobe begint uit te vloeien. Houd het in deze stand tot het gewenste effect is bereikt en draai het dan in een andere stand.

3 Marmeren gaat niet zo willekeurig als het lijkt. Net als in echt marmer ontstaat het patroon door een combinatie van krachten uit verschillende richtingen.

## KAMMEN MET VEER

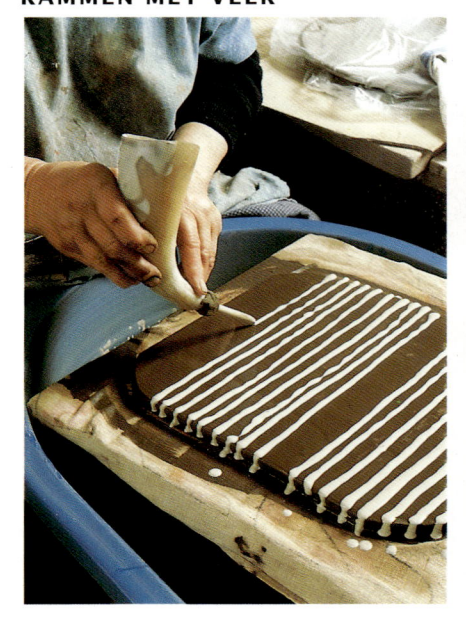

1 Borden zijn al honderden jaren lang gedecoreerd met de veertechniek. Begin met engobe in evenwijdige lijnen op te spuiten.

2-3 De lijnen kunnen donker zijn op een lichte ondergrond of omgekeerd. Ze moeten aangebracht worden terwijl de ondergrond nog nat is.

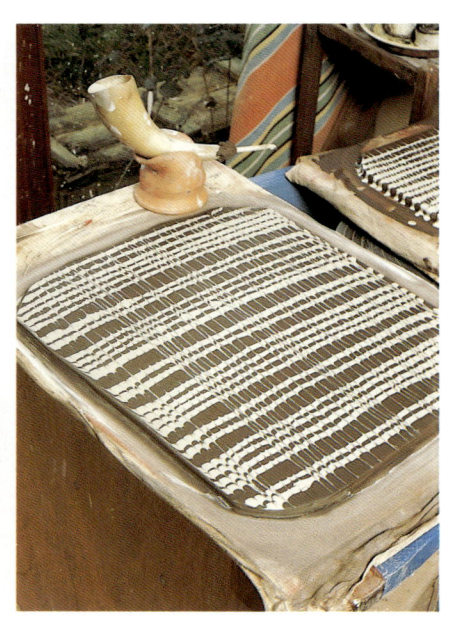

Strijk met de top van een veer of een haar van een stevige borstel haaks over de engobe in beide richtingen zodat een veerpatroon ontstaat.

DECORATIE VAN DE RAUWE SCHERF 157

kant kan worden afgewerkt zodat het patroon niet wordt beschadigd.

Eenmaal bekend met de mogelijkheden van engobe, kan de beginner eindeloos experimenteren met deze technieken, die allemaal gebaseerd zijn op het contrast en de vermenging van twee verschillend gekleurde vloeistoffen, zoals bij room in zwarte koffie. Ik laat me liever niet uit over het gevaar dat engobe-decoraties saai en vanzelfsprekend kunnen worden, want dan haal ik mij de minachting en woede op de hals van diegenen die het beroemde slibgoed uit de zeventiende en achttiende eeuw en sommige van de beste werken uit de Leach-school bewonderen.

Met een zogenaamde ringeloor, een plastic of rubber bal met tuitje, kan de inventieve pottenbakker ook met engobe tekenen. Door daarbij verschillende kleuren te gebruiken kan een nieuwe dimensie worden toegevoegd aan het werk. Een ringeloor is verkrijgbaar bij de vakhandel, maar je kunt hem ook zelf maken met een stuk binnenband en een ballpointpen (zonder inktvulling) die je door een kurk steekt.

Voor tekenen met engobe is een sterk contrast in kleur nodig (wit op zwart, bruin op wit) en de engobe moet een dikkere consistentie hebben dan gebruikelijk bij de veer- en kamtechniek, zodat de lijnen een reliëf vormen, ook nadat ze droog en gebrand zijn. Als je op de binnenkant van een kom een grondlaag van engobe hebt aangebracht, moet je die voor je gaat ringeloren eerst laten drogen tot hij niet meer plakt.

Mary Wondrausch, een vooraanstaand expert op het gebied van geëngobeerd werk, past deze techniek toe op herdenkingsborden. Hoewel het tekenen en schilderen met een ringeloor sterk wordt geassocieerd met volkskunst en politieke spotprenten, hoeft deze techniek niet per se figuratief gebruikt te worden.

Rechtsboven: Trefzekere patronen in engobe op traditioneel serviesgoed van Mary Wondrausch.

**TEKENEN MET ENGOBE**

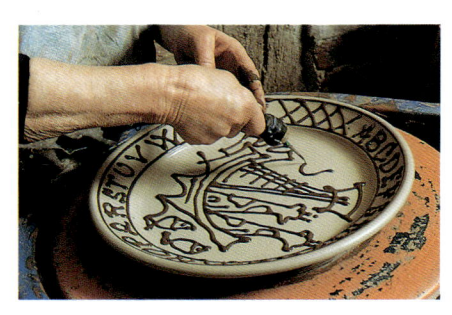

1-2 De lijnen waarbinnen de belettering komt worden het eerst aangebracht met het werkstuk op de draaiende schijf.

Dezelfde ringeloor kan worden gebruikt voor het tekenen van het ontwerp in het midden.

3 Voor de letters en de lijnen wordt één kleur gebruikt. Contrasterend gekleurde engobes die iets vloeibaarder zijn worden gebruikt om de gedeeltes binnen het ontwerp op te vullen.

Met een scherp gepunt instrument kun je fijne groeven door de engobe in de onderliggende contrasterende klei of in een ongebakken pot krassen. Deze kunnen ingelegd worden met oxiden maar ook gewoon als oppervlaktetextuur dienen, zoals bij deze kom van Lucie Rie.

### Sgraffito en schilderen met engobe

In de tot nu toe besproken decoraties met engobe zijn, net als bij glazuur, geen afdrukken van gereedschap zichtbaar, maar engobe kun je ook net als verf met een penseel op een leerharde pot aanbrengen of wegkrassen met een scherp gereedschap zoals een schraper of krabber om de onderliggende contrasterende klei bloot te leggen. Deze laatste techniek wordt 'sgraffito' genoemd.

Geschilderde engobe, meestal wordt een grote, slappe kwast gebruikt, laat na het bakken de penseelstreken zichtbaar. Grote en duidelijke penseelstreken staan vaak zeer attractief, maar een groot aantal kleine juist weer niet. De Koreaanse traditie waarbij witte engobe met een tamelijk hard penseel over het hele oppervlak van een pas gedraaide pot van donkere klei wordt geschilderd wordt hakeme genoemd. Door de hardheid van het penseel wordt de deklaag onregelmatig en streperig, en schijnt de donkere grondlaag er doorheen. Verdere decoratie wordt hierbij niet aangebracht, alleen een transparant glazuur. Juist vanwege deze oneffenheid is geschilderde engobe niet geschikt als grondlaag voor vederen of ringeloren. Deze techniek kan het best op zichzelf gebruikt worden of in combinatie met sgraffito.

Je kunt door het oppervlak van een drogende engobelaag krassen met elk willekeurig scherp gereedschap, zoals een zakmes of afdraaigereedschap, om de contrasterende kleur van de leerharde klei eronder bloot te leggen. Dit is een moeilijke, lastig te hanteren techniek en vergt veel van iemands artistiek vermogen. Tekenen met een scherpgepunt voorwerp gaat niet zo gemakkelijk als tekenen met een potlood, maar Romeinse letters die in engobe worden gekrast kunnen heel indrukwekkend staan, vooral als de pottenbakker het fascinerende typografische probleem van cirkelvormige letterzetting goed weet op te lossen.

De techniek waarbij een fijne naald wordt gebruikt om uitstralende lijnen of een kruisarcering in klei te krassen werd geperfectioneerd door Lucie Rie. Zij gebruikt voor de gekleurde laag waar de lijnen in worden gekrast meestal geen engobe maar opgeschilderd oxide.

Kammen is een andere techniek waarbij de onderliggende kleikleur zichtbaar wordt. Dit kan het beste gebeuren voordat de engobelaag opgedroogd is. De 'kam' kan uit een stuk karton of zacht plastic gesneden worden. De breedte van de tanden en de ruimte ertussen bepalen de grofheid van het ontwerp. De techniek is heel geschikt voor borden vervaardigd in drukmallen, maar kan ook gebruikt worden om de wand van een gedraaide vaas te decoreren voordat deze van de schijf wordt gehaald.

Potten gedecoreerd met kleislib werden van oudsher gemaakt van aardewerkklei en afgewerkt met een glanzend, transparant glazuur dat in vroegere tijden gemaakt werd van galeniet (loodsulfiede). Tegenwoordig wordt galeniet niet meer gebruikt vanwege het gevaar van vergiftiging. Het slib dat saai en dof is als het is aangebracht, laat pas door het glazuur zijn ware kleurenpracht zien. Potten van steengoed kunnen ook met slib worden gedecoreerd, hoewel de kleuren dan minder helder zijn, en worden in dat geval meestal niet geglazuurd. De sliblaag wordt in zo'n geval sinter-engobe genoemd Zulke potten kunnen een interessante textuur hebben, maar zijn niet erg praktisch. Als het oppervlak ruw is trekken ze veel stof aan en zijn moeilijk schoon te maken.

### UITSPAREN MET PAPIER

1-2 Met een patroon van dun, vochtig papier op een leerharde klei kan een contrasterende engobe op het oppervlak worden geschilderd. Als de engobe droog is, wordt het papier verwijderd zodat een scherp afgetekend ontwerp zichtbaar wordt. Deze spaartechniek wordt ook gebruikt bij geglazuurd werk.

DECORATIE VAN DE RAUWE SCHERF  159

Boven: Gekamde golfpatronen in de zijkant van een fles van Bernard Leach.

Rechts: De harde haren van het penseel waarmee deze hakeme-engobe is aangebracht laten hun penseelstreken na op deze vaas van Shoji Hamada.

**KAMMEN DOOR ENGOBE**

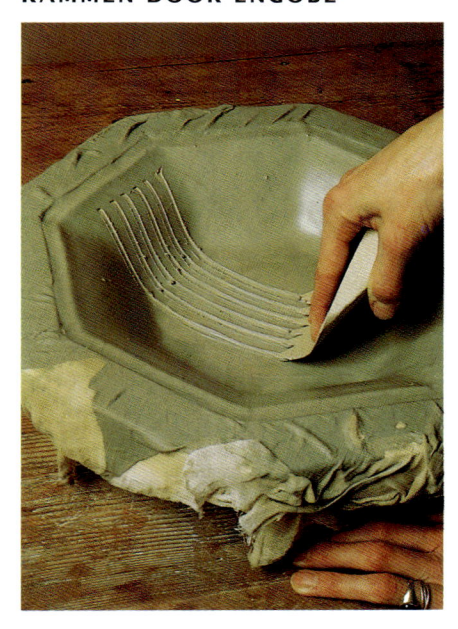

Een flexibele kartonnen kam met grote tanden wordt gebruikt om groeven in de donkere engobe aan te brengen waardoor de lichte ondergrond blootkomt.

## 160 DECORATIE EN VORMGEVING

Boven: Op deze sculptuur van Rita Ternes zijn gekleurde engobes heel precies tussen de insnijdingen aangebracht. De ongeglazuurde engobe is drooggebrand.

Rechts: Bij dit werk van Carmen Dionyse geeft het oxide dat op de klei is geverfd het gezicht van de cycloop een verkoold aanzicht. Alleen het glanzende oog is geglazuurd.

### FILEREN MET OXIDE

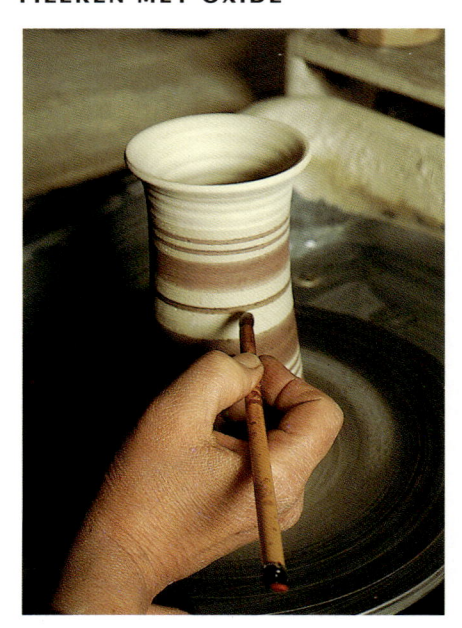

Nette lijnen of banden kunnen gemakkelijk worden aangebracht op ongebakken potten die langzaam ronddraaien op een elektrische draaischijf.

### Verven met oxiden

Dezelfde oxiden die voor glazuren worden gebruikt kun je met een kwast op een ongebakken pot schilderen of met een spons aanbrengen op een met de hand opgebouwde pot met een grove textuur. Tot ze gebrand zijn, hebben deze oxidepoeders de neiging te vlekken, zelfs als ze vermengd zijn met Arabische gom of een ander soort pasta. Na de eerste brand is de kleur teleurstellend droog en gedempt. Pas onder een glazuur worden de oxidekleuren schitterend helder en de meeste decoraties met oxiden worden daarom aangebracht na de biscuitbrand.

### Rauwpolijsten

Alle decoratietechnieken die tot nu toe zijn beschreven worden uitgevoerd vóór het glazuren. Voordat we ons gaan bezighouden met glazuurdecoratie belicht ik twee decoratievormen waar geen glazuur aan te pas komt. Een van die methodes is het bakken in kapsels, waarbij de carbonisatie in de oven een belangrijke rol speelt. Deze methode wordt besproken in hoofdstuk 21. Een andere is rauwpolijsten, een techniek die steeds populairder wordt bij kunstenaar-keramisten.

Rauwpolijsten is monnikenwerk. Het is alleen iets voor mensen die er de tijd voor willen nemen en wordt daarom nooit gedaan in commerciële pottenbakkerijen, zelfs niet die op kleine schaal werken. Het behelst het rauwpolijsten van het oppervlak van een pot met een glad voorwerp – gewoonlijk een hardhouten boetseerspatel – totdat alle minuscule gaatjes in de scherf zijn opgevuld met fijne kleideeltjes en de pot een glans krijgt die tussen die van gepoetst leer en metaal in ligt. Eén aantrekkelijk aspect van een rauwgepolijst oppervlak is dat het nooit volkomen egaal glad is.

De glans die verkregen is door een stevige leerharde pot te polijsten gaat soms verloren tijdens het branden. De glans blijft echter meestal behouden als de pot eerst bedekt wordt met zeer fijn gezeefde engobe vermengd met net zo fijn gemalen oxide (bijvoorbeeld zwarte ijzeroxide) en gebrand wordt op ongeveer 1000 °C. Deze temperatuur benadert het stookproces zoals toegepast in Afrika, waar deze

## DECORATIE VAN DE RAUWE SCHERF

techniek reeds lang wordt gebruikt voor uit rollen opgebouwde potten. Keramiek die is gedraaid of in mallen is gevormd kan gepolijst worden, hoewel draaigroeven dit niet gemakkelijk maken en dunne randen gauw kunnen breken.

Een gepolijste pot kun je natuurlijk omschrijven als 'grafietachtig' als het uiteindelijk resultaat er inderdaad zo uitziet. Als grafiet echter daadwerkelijk wordt toegevoegd aan de engobe, krijg je een glans die weer verdwijnt tijdens het bakken in de oven. IJzeroxide in de engobe zal een bruinere kleur produceren. De decoratieve kwaliteiten van een rauwgepolijst oppervlak worden verhoogd als de pot wordt gebakken in een oven met open vuur (gas- of oliegestookt). Hierdoor krijgen de kleuren meer schakeringen. Fijn ingekerfde ontwerpen in de rauwgepolijste scherf kunnen zeer effectief zijn indien ze beperkt blijven tot kleine gedeeltes – de traditionele Afrikaanse ontwerpen hebben vaak een ruitpatroon – zodat de ruwe textuur contrasteert met de omringende glans.

### RAUWPOLIJSTEN

1 Gekleurde engobe bevordert het polijstproces. Toen deze uit rollen opgebouwde pot droog was, kreeg hij een egale laag okerkleurige engobe.

2 Hier wordt de achterkant van een gebogen lepel gebruikt. De bedoeling is minuscule losse kleideeltjes in de poriën te wrijven wat een gepolijst oppervlak geeft.

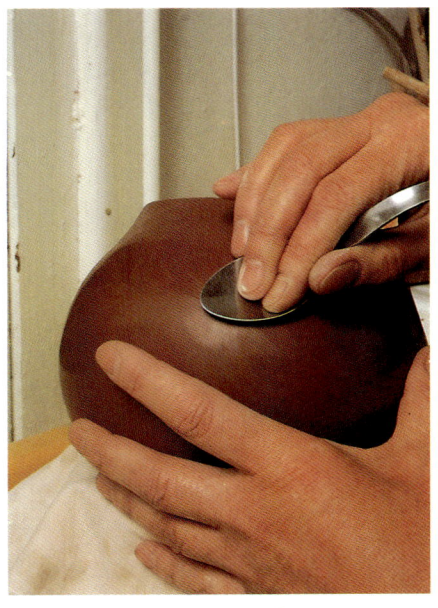

3 Handgemaakte potten hebben zelden zulke gladde oppervlakken als gedraaide of in mallen gevormde potten. Dat lukt door zorgvuldig opbouwen en geduldig polijsten.

IN DE VITRINE
# GEDECOREERDE POTTEN 2

Links (detail)
LAWSON OYEKAN
Calligrafische tekens, snedes in de klei en met de vingers gemaakte kuiltjes verlevendigen het oppervlak van dit werk.

DECORATIE VAN DE RAUWE SCHERF 163

Links
ASTRID GERHARTZ
Porseleinen cilinder van 15 cm hoog. Als gegoten of gedraaid porselein zo dun is als bij dit werk, zal het vrijwel zeker vervormen in de oven. Deze pottenbakster wilde dat juist, omdat zo het ware karakter van het medium goed naar voren komt.

Onder
RUDY AUTIO
Het schilderen van figuren op potten is een drieduizend jaar oude traditie en gewoonlijk voegen die figuren zich naar de gedraaide vorm. Hier heeft Rudy Autio een heel aparte vorm gecreëerd die de geschilderde figuren ten dele driedimensionaal weergeeft. Dit is een goed voorbeeld van hoe decoratie en vorm samen kunnen gaan; los van elkaar zou geen van beide veel betekenen.

Boven
THOMAS HOADLEY
Deze gedecoreerde vaas is gemaakt van gekleurd porselein dat aan de ene kant is bedekt met bladgoud.

Onder
ELISABETH VON KROGH
Een symmetrische vorm die typisch is voor het moderne atelierwerk met gietklei. Voor de veelkleurige, geschilderde decoratie zijn onderglazuurverven gebruikt. Hoe je er ook naar kijkt, het blijft een tijger.

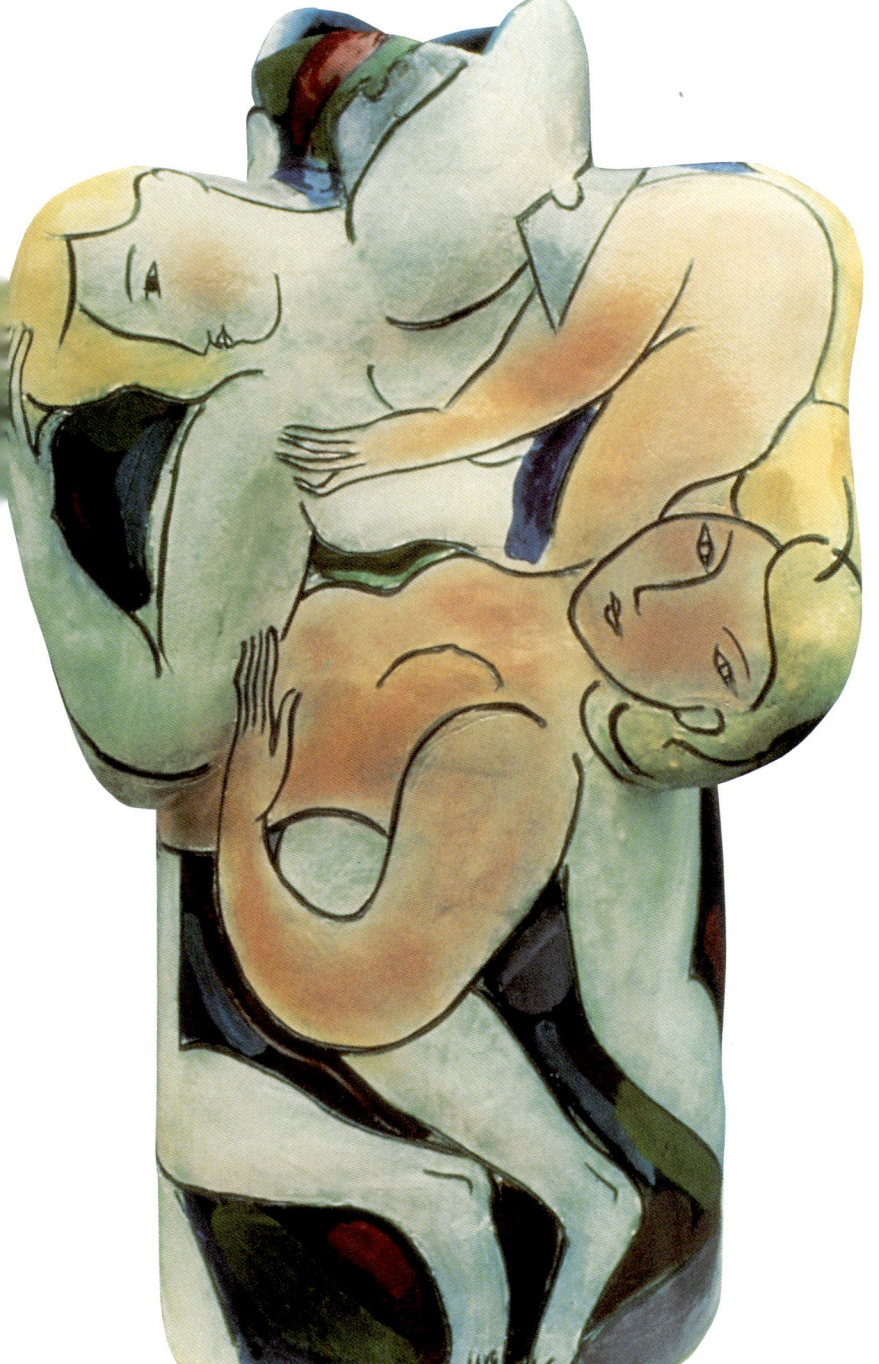

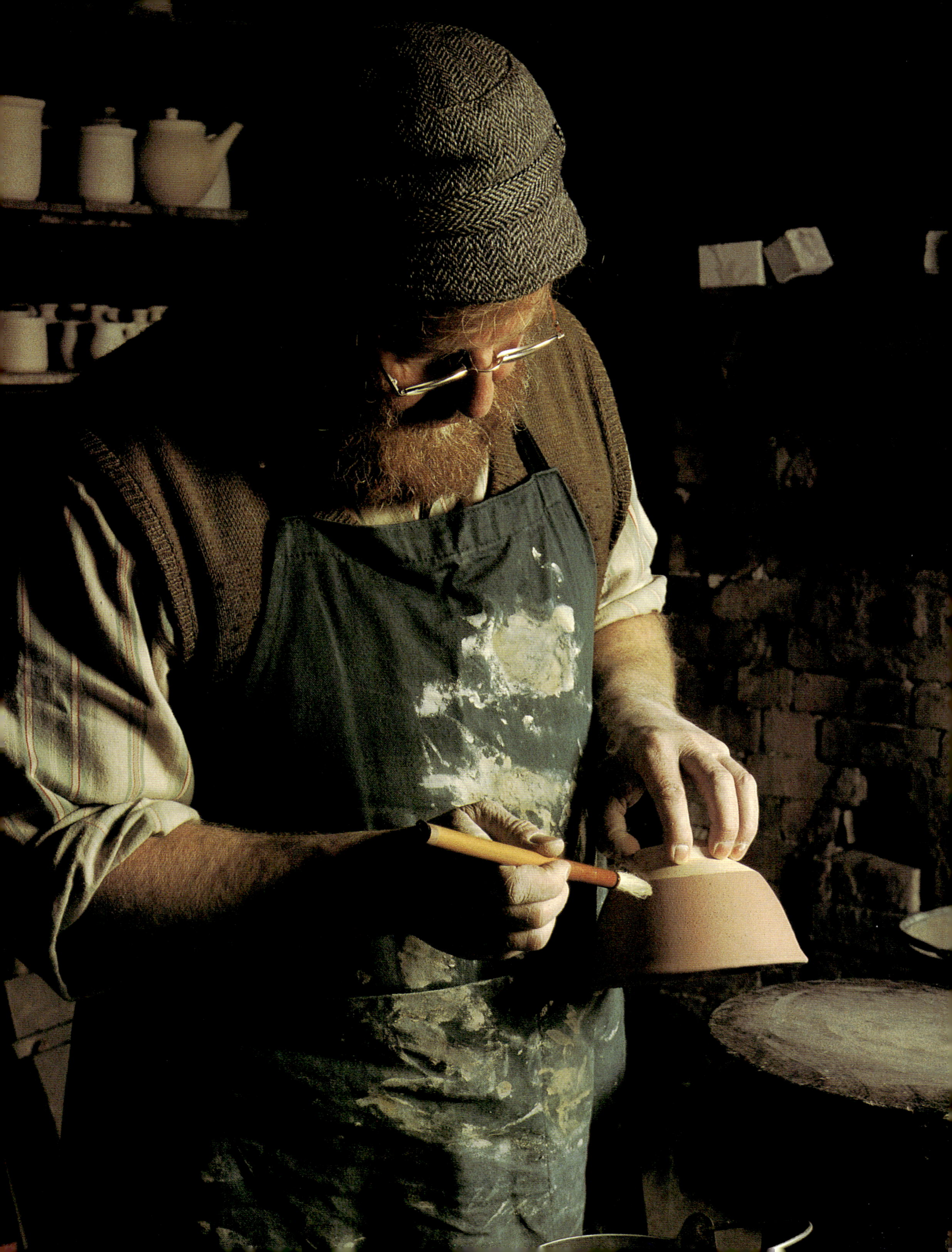

# BISCUIT- EN GLAZUURDECORATIES

Bij decoraties op biscuitwerk denken veel beginners meteen aan schilderpenselen vol kleurstof die bibberend worden vastgehouden boven een absorberende scherf die dorstig en definitief elke druppel opzuigt die per ongeluk valt. Hoewel de decoratiefase vaak een hernieuwde kennismaking met het penseel en een worsteling met de vormelementen van een ontwerp inhoudt, is beschildering slechts een van de vele manieren waarop een biscuitgebrande pot gedecoreerd kan worden. Een aantal routine-vaardigheden moeten eerst worden aangeleerd om meer zelfvertrouwen te krijgen in deze fase.

## Dompelen

Het glazuur zelf is de enige decoratie die nodig is als de vorm van een pot voor zich spreekt is of geen geschikte oppervlaktes heeft voor verdere versiering. Een glazuur dat over een ander glazuur wordt gelegd creëert een contrast, vooral als de gebruikte glazuren heel verschillend zijn. Een populaire manier om de problemen van een creatief ontwerp te omzeilen is een donker glazuur over een deel van een reeds licht geglazuurde pot te gieten, waarbij men de druppels die uitlopen eenvoudig laat zitten. Het resulterende kerstpudding-met-custard effect betekent helaas een enorme verstoring van de vorm en het profiel van de pot en is alleen aanvaardbaar als de pot een eenvoudige, krachtige vorm heeft.

Beheerst aangebrachte glazuureffecten geven meer bevrediging. Je kunt bijvoorbeeld eerst de ene helft van een bord verticaal in een emmer glazuur dompelen (tot waar het bord het breedst is) en vervolgens, als het glazuur droog is, de andere helft voorzichtig in een contrasterend glazuur dompelen zo dat de twee glazuurlijnen elkaar net raken. Als dat glazuur droog is, kan het bord eventueel in een derde glazuur worden gedompeld, waarbij het in een hoek van 90° op de twee eerder aangebrachte glazuurhelften wordt gehouden. Het resultaat is een 'gekwarteerd' ontwerp, waarbij elk van de vier segmenten van de cirkel een andere kleur heeft.

Zelfs als het tweede glazuur zou worden gebruikt voor de derde dompeling verschillen de vier delen nog van elkaar

Picasso's genialiteit komt goed tot uitdrukking in deze originele waterkruik gedecoreerd met een combinatie van figuratief schilderwerk en sgraffito.

---

**DOMPELEFFECTEN**

1 Voor het glazuren van een kom in 'kwarten' dompel je eerst de ene helft van de pot in het glazuur zodat de afgetekende lijn precies door het midden loopt.

2 Bij de tweede dompeling wordt de andere helft bedekt met een anders gekleurd glazuur. Houd de reeds geglazuurde helft voorzichtig vast; deze moet droog zijn.

3 Een bord of kom 'kwarteren' met verschillende glazuren is een eenvoudig karwei waarbij geen vingerafdrukken ontstaan die bijgewerkt moeten worden.

**166** DECORATIE EN VORMGEVING

### SCHILDEREN MET WARME WAS

1 De warme was op de kwast droogt op zodra hij op de pot wordt aangebracht. Daarom moeten de streken stevig zijn en het ontwerp eenvoudig.

2 Bij het dompelen in glazuur wordt het attractieve patroon zichtbaar. Op de bovenste foto zie je waspatronen voor en na het gladbranden.

omdat één ervan dan een dubbele laag heeft. Variaties op deze techniek kun je gemakkelijk zelf bedenken en zullen meer dynamiek krijgen als de uiteindelijke segmenten verschillen qua grootte.

Contrasterende glazuren kunnen afwisselend, met overlappingen, worden aangebracht zodat er strepen van verschillende kleuren of texturen ontstaan. Je kunt ook handig gebruikmaken van de boogvorm die ontstaat als je een werkstuk in een schuine hoek in het glazuur dompelt. Deze techniek, ook wel 'gekanteld dompelen' genoemd, staat vaak heel decoratief op eenvoudige vormen. De beginnende pottenbakker zal al gauw leren dat de eigen 'rand' van een glazuur er vaak natuurlijker uitziet dan een scheidslijn die getekend of geëtst is met een stuk gereedschap.

**Uitsparen met was**
Glazuren hechten aan biscuit-ondergrond en aan elkaar, maar worden afgestoten door vettige oppervlakken. Als was of een soortgelijke substantie op een biscuitscherf of tussen twee glazuurlagen wordt aangebracht, zullen de gedeeltes die met was zijn bedekt alle waterhoudende vloeistof die daarna wordt opgebracht afstoten. Was die bloot blijft liggen zal wegbranden in de oven en laat zijn eigen patroon achter. Als je dit een omslachtige manier vindt om een 'negatief' patroon te krijgen, bedenk dan dat schilderen met glazuur moeilijk is en dat de enige manier waarop je glazuur rond een vorm, zoals bijvoorbeeld een eikenblad, kunt leiden is te zorgen voor een obstructie die verhindert dat het glazuur zich eraan hecht.

Een ontwerp creëren door het glazuur weg te schrapen is een alternatieve benadering, zoals de sgraffitomethode bij slibgoed, maar is niet bevredigend als het gaat om grote oppervlakken en onmogelijk waar twee glazuren op elkaar liggen die niet zijn gladgebrand. De krachtige ontwerpen op de veelgeprezen kommen van Hans Coper zijn ontstaan door het donkere glazuur pas weg te schrapen nadát de eerste witte glazuurlaag was gladgebrand.

De decoratietechniek met wasuitsparingen is snel en 'vergevensgezind' en is daarom populair bij pottenbakkers die veel produceren. De was wordt bereid door stukjes witte kaars heel langzaam te verhitten in een pannetje met terpentijn of paraffine totdat ze zijn gesmolten. Omdat het materiaal in de pan vlam kan vatten bij te sterke verhitting is het veiliger het au bain-marie te verwarmen: een kwalijk riekende rook is een teken dat het mengsel de juiste vloeibare consistentie heeft bereikt. Hou het mengsel dun door te zorgen dat er net zoveel paraffine of terpentijn als was in zit. De was 'bevriest' zodra hij op het oppervlak van de pot of het glazuur wordt gestreken en dit legt een aantal beperkingen op aan het type patronen dat succesvol aangebracht kan worden. Als de pot verwarmd kan worden, dan is het werkzame leven van de was wat langer.

Helaas heeft warme was een desastreus effect op penselen; ze kunnen nooit helemaal goed worden schoongemaakt en verliezen snel hun haren als ze lang in de vloeistof blijven staan. Voor brede effecten kan een geïmproviseerde, grove 'kwast' van touw worden gebruikt, zodat minder penselen verloren gaan.

De spaartechniek met was geeft een kenmerkend effect: het glazuur wordt op attractieve wijze afgestoten door het vet en vaak blijven kleine glazuurdruppels achter die tijdens het gladbranden vlekjes vormen op de pot. Het is ook een praktische methode om de rand en voet van een pot af te dekken bij het glazuren. Op een ring van was in de bodem van een schaal kan een andere pot met een ongeglazuurde voet worden geplaatst voor het gladbranden. Dit is een praktische manier om ruimte te besparen en esthetisch vaak heel effectief. Als was niet op glazuur maar direct op een biscuitscherf wordt geschilderd zal het rauwe gedeelte dat zo ontstaat poreus blijven als de pot slechts op aardewerktemperatuur wordt gebrand. Vaatwerk waarvan de binnenkant op deze manier is gedecoreerd is dan ook niet geschikt voor het vasthouden van vloeistoffen.

### Uitsparen met papier

Was is niet het enige materiaal waarmee vlakken kunnen worden afgedekt. Uitgeknipte patronen van papier of geweven stof geven hetzelfde effect en bladeren met een interessante vorm (een wingerdblad bijvoorbeeld) kunnen ook worden gebruikt. Dergelijke materialen dienen wel van de pot te worden verwijderd vóór het gladbranden, anders maakt het glazuur dat eraan blijft kleven een puinhoop van de pot of de oven.

Al deze spaartechnieken zijn bijzonder geschikt voor engobedecoraties op zowel rauwe en biscuitgebakken klei. Het vochtige oppervlak van de rauwe pot versterkt de adhesie van het papierpatroon. Op biscuitpotten moet het patroon vaak op zijn plaats worden gehouden met een soort lijm of pasta, vooral op verticale oppervlakken.

Papierpatronen kunnen loslaten als een pot in glazuur wordt gedompeld, daarom is spuiten in dit geval een betere glazuurtechniek. Een glazuurspuit (of zelfs een tandenborstel) kan ook heel goed worden gebruikt om een tweede glazuur of oxide rond de randen van een papierpatroon op een gladgebrand glazuur te spatten. Je kunt ook sjablonen gebruiken bij het bespatten met glazuur.

Latexlijmen zoals Copydex stoten ook glazuur af. Sommige pottenbakkers gebruiken dit kwalijk riekende goedje zelfs liever dan was.

*Rechts: Als er twee glazuren worden gebruikt, zoals op dit bord van Janice Tchalenko, hangt het welslagen niet alleen af van het gekozen patroon, maar ook van de kleur- en toonverhoudingen.*

## PATRONEN AANGEBRACHT MET SPONS

**1** Met een mes of schaar kun je een synthetische spons (geen natuurspons) inkerven waardoor een reliëfpatroon ontstaat zoals bij linosnedes.

**2** Op een effen glazuur wordt vóór het branden met een spons een patroon aangebracht in contrasterend glazuur. Het resultaat is zichtbaar op de bovenste foto.

**168** DECORATIE EN VORMGEVING

Boven: Op deze mok van de Dartington Pottery is glazuur aangebracht met ringeloor en penseel.

Onder: Op dit krachtig gedecoreerde bord van Sandy Brown zie je welke effecten je kunt bereiken met zachte draailijnen, penseeldecoratie, glazuurschilderen met oxiden en lichte onderglazuurkleuren.

### Schilderen met glazuur

De meeste decoraties op geglazuurd werk worden aangebracht met penselen, maar voordat je daarnaar grijpt loont het de moeite om enkele technieken te bestuderen die zijn genoemd in het gedeelte over engobedecoraties.

Met een ringeloor kun je een glazuurschildering aanbrengen op een rauwe pot of een geglazuurde pot die nog niet is gladgebrand. Deze attractieve techniek doet je grafische talenten opbloeien en vaak heeft de geschilderde lijn een speciale kwaliteit omdat hij uitvloeit in het onderliggend, ongebrand glazuur en deze zo beïnvloedt. Je kunt hetzelfde glazuur gebruiken met een oxide of kleur daaraan toegevoegd of een totaal ander glazuur waarmee je waarschijnlijk een contrast in zowel textuur als toon verkrijgt. Hoe fijn de lijn wordt hangt af van de consistentie van het glazuur in de ringeloor – het moet dikker zijn dan het glazuur dat gebruikt wordt voor dompelen en dient niet uit te vloeien als het uit de tuit komt. Sandy Brown beheerst het schilderen met glazuur tot in de perfectie, maar combineert deze methode met de penseeltechniek.

### Schilderen met penseel

Smeltend glazuur beïnvloedt alle geschilderde lijnen en patronen, en 'opglazuur' en 'onderglazuur' zijn termen die de beginner soms in verwarring brengen. Het verschil is simpel, hoewel de resultaten uiteenlopen en zelfs de connaisseur af en toe versteld doen staan. Een transparant glazuur aangebracht over een decoratie zal deze ietwat doen vervagen afhankelijk van de stabiliteit van de materialen die voor de decoratie zijn gebruikt. Als een ondoorzichtig glazuur (wit of gekleurd) wordt aangebracht over een decoratie, zal dit minder zichtbaar worden of zelfs helemaal niet meer zichtbaar zijn als het glazuur erg dik is. Een decoratie die wordt aangebracht op een glazuur vervaagt niet en blijft zichtbaar, maar de randen ervan zullen ietwat gaan 'drijven' als het glazuur smelt. De kwaliteit van het geschilderde oppervlak kan daarnaast verschillen van die van de rest, aangezien het op het glazuur is aangebracht.

De keramiekpenselen zijn langer en grover dan schilderpenselen en de eerste kennismaking met het schilderen op ab-

### SCHILDEREN MET GLAZUUR

Een glazuurschildering versmelt beter met het moederglazuur dan een slibschildering, vaak met een lichte maar kenmerkende uitvloeiing zoals linksboven te zien is.

sorberende klei of glazuur is voor iemand die reeds goed overweg kan met een fijn, marterharen penseel vaak een schokkende ervaring. De poreuze scherf zuigt de vloeistof uit de haren op waardoor je wordt gedwongen licht aan te zetten, anders zal het penseel opdrogen tegen de pot en een vervelende, lelijke afdruk achterlaten. Het is alsof je schildert op droog vloeipapier of tissue. Deze materialen zijn daarom zeer geschikt om eerst op te oefenen.

Beginners zullen gauw vertrouwd raken met de penseeltechniek door kleurige banden te schilderen op een cilindervorm, waarbij het penseel met een vaste hand wordt vastgehouden en de pot ronddraait op de schijf. Op dezelfde manier kunnen cirkels worden aangebracht op de binnenkant van een kom, maar beginners moeten daarbij wel oppassen dat ze geen grote druppels glazuur in de kom laten vallen.

Leveranciers van materialen verkopen kleurstoffen in verschillende tinten die ze 'onderglazuurverven' of 'decoratieverven' noemen. Veel kunstenaar-keramisten geven er de voorkeur aan hun eigen kleuren samen te stellen met oxiden die aan de glazuren worden toegevoegd, fijngemalen en aangelengd met water of water en gom. Aangezien die metaaloxiden meestal loodgrijs of zwart van kleur zijn, dient men eerst te experimenteren op een oefenpot of tegel. Schilder een streep van elk oxide dat je tot je beschikking hebt op het oefenmateriaal en noteer de naam van elk oxide. Alle oxiden dienen eigenlijk zowel op als onder elk glazuur te worden getest.

De meeste oxiden branden op hoge temperaturen door het steengoedglazuur heen als ze zijn aangebracht vóór het glazuren, maar bij aardewerktemperaturen vervagen ze of blijven onzichtbaar. Dat hoeft geen nadeel te zijn, maar het is wel belangrijk dat het vage resultaat past bij de stijl van de versiering. Om te voorkomen dat een onderglazuurdecoratie gaat vlekken bakken sommige pottenbakkers gedecoreerd biscuitwerk eerst zonder glazuur. Vervolgens brengen ze een glazuur aan en branden dit daarna glad. Hierdoor vermijd je dat het ontwerp nadelig wordt beïnvloed door het opbrengen van het glazuur en dat het glazuur wordt aangetast door de kleuren van het ontwerp.

Het glazuren van biscuitwerk met ongefixeerde onderglazuurpigmenten en oxiden is in gemeenschappelijke ateliers niet erg sociaal, omdat kleurdeeltjes uit het patroon in de emmer met glazuur terechtkomen bij het overgieten en zo het glazuurmengsel aantasten. Aan de andere kant hebben onderglazuurontwerpen, zoals op de Waterweed Bowl op bladzijde 8, een duurzaamheid die op een andere manier niet bereikt kan worden.

Houd bij het plannen van een ontwerp er rekening mee dat potten over het algemeen een ronde vorm en een bolle wand hebben. Een ontwerp maken is niet hetzelfde als een vierkant plaatje tekenen. Denk eraan dat een ontwerp op de wand van een cilinder aan de zijkanten uit het zicht verdwijnt. Je kunt het beste een onderwerp kiezen dat lang en dun is of je voor de geest halen hoe klimopranken op en rond het oppervlak zouden groeien.

Als de pot reeds decoraties of uitstekende elementen zoals handgrepen of handvatten heeft, probeer dan niet de aandacht daarvan af te leiden, maar benadruk ze juist in het ontwerp. Schilders als Picasso en Cocteau bepaalden juist

Op deze pot van Robin Welch vormt de tekening op binnen- en buitenkant samen een menselijke torso. Voor hen die liever tekenen dan schilderen zijn ook speciale krijtjes in de handel die met oxide zijn geïmpregneerd en waarmee een scherpe tekening wordt verkregen na het gladbranden. Gewoonlijk wordt de tekening aangebracht na het gladbranden en dan nogmaals gebakken.

### SCHILDEREN MET PENSEEL 1

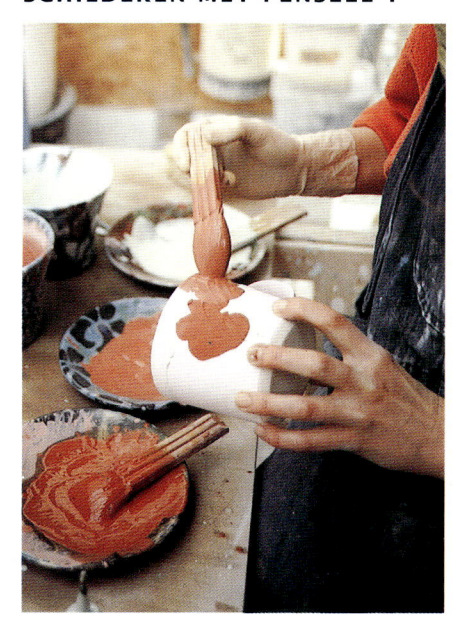

Experimenteer met verschillende penselen als je glazuur opbrengt om te zien welke afdrukken ze op de pot achterlaten.

### SCHILDEREN MET PENSEEL 2

Penselen met lange, fijne haren, zogenaamde 'slepers', zijn beter geschikt voor het schilderen van fijne lijnen of patronen dan aquarelkwasten.

Het effect van de originele vormen en verfijnde kalligrafie op deze tegel van Jean-Claude de Crousaz wordt versterkt door goudopglazuurverf gebrand op lage temperatuur.

aan de hand van de vorm van een pot welke thema's ze wilden gebruiken voor decoratie.

Repeterende patronen of biezen eisen een grote kundigheid. Ze worden vloeiender als de pottenbakker zelf stilstaat en de pot ronddraait op een schijf.

Degenen met weinig tekentalent doen er het beste aan te denken in termen van banden en blokken kleur. Een ontwerp moet krachtig zijn – een paar brede banden staan beter dan een groot aantal smalle. Veranderingen in de vorm, zoals de schouders van een pot, dienen geaccentueerd te worden met banden op of vlakbij deze overgangen.

Als je genoeg vertrouwen hebt in je eigen tekentalent en liever iets figuratiefs schildert dan een abstract patroon, kies dan een eenvoudig, organisch onderwerp (bijvoorbeeld een appel). Niets uit deze eeuw kan tippen aan de decoraties van Shoji Hamada. De meeste van zijn eenvoudige doch levendige ontwerpen zijn gebaseerd op het beeld van een rijstveld na de regen. Als paarden of raceauto's je grote passie zijn, zul je de vaardigheid van een illustrator nodig hebben om je obsessie weer te geven op je werkstukken. Maar niets is onmogelijk. Ik zag ooit een schitterende open kom met een krachtig geschilderd architectonisch ontwerp in groen, grijs en rood. Het bleek niet te zijn gebaseerd op een fraai historisch gebouw, maar op het clubhuis van een golfbaan.

Kalligrafische talenten kunnen een decorateur goed van pas komen. Als je het juiste penseel gebruikt, kunnen de dikke en dunne streken van de belettering de basis vormen voor mooie ontwerpen.

De meest geschikte fase om decoraties te schilderen is na het overgieten met glazuur en vóór het gladbranden. Zowel het glazuur als het patroon zijn dan echter wel heel kwetsbaar. Het gevaar dat vlekken of vingerafdrukken ontstaan is niet denkbeeldig en de pottenbakker dient daarom het werkstuk zo weinig mogelijk aan te raken.

## Opglazuurdecoratie

Schilderen op glazuur is de techniek die wordt gebruikt op de beroemde majolicakeramiek uit Italië, waarbij een hoofdzakelijk blauwe tekening op een witte, met tin geglazuurde aardewerk ondergrond wordt geschilderd. Hoewel de majolicakeramiek zijn hoogtepunt bereikte in de zestiende eeuw, worden vrij geschilderde ontwerpen van dit type in Mediterrane landen nog steeds gemaakt voor serviesgoed zoals borden en serveerschalen.

Hoe later in het fabricageproces van een pot een geschilderd ontwerp is aangebracht, hoe oppervlakkiger het lijkt. Sommige schilderingen die zijn aangebracht na het gladbranden slijten zelfs helemaal weg door veelvuldig gebruik. Twee belangrijke decoratietechnieken na het gladbranden zijn die waarmee opglazuurverven en lusters worden aangebracht. Beide zijn hoofdzakelijk technieken voor branden op lage temperaturen omdat de gladbrandtemperatuur ervan lager ligt dan die van het glazuur. Opglazuurverf wordt gebrand op ongeveer 750 °C; een vergelijkbare temperatuur wordt gebruikt voor lustergoed.

Opglazuurpigmenten – die ook in de handel verkrijgbaar zijn – worden vermengd met terpentijn of een oliemengsel als medium en het schilderen ermee op gladgebrand glazuur vereist verder geen speciale voorbehandeling. Heel fijne en gedetailleerde ontwerpen kunnen ermee op geglazuurde oppervlakken worden geschilderd. Voor sommige leerlingen vormt het beschilderen van kant-en-klare waar het onderwerp van een bevredigende, langdurige studie.

Lusters zijn dunne laagjes metaal die over het glazuur gelegd worden. De meeste pottenbakkers kennen een luster als een geprepareerd vloeibaar middel voor het schilderen op glazuur dat metaalzouten bevat, zoals kopersulfaat, en dat een overtuigende 'gouden' glans geeft bij het oppoetsen na het branden. Lusters kunnen ook worden vermengd met glazuren die gladbranden bij een lage temperatuur om een door en door metaalachtige glans te krijgen of op een gladgebrande glazuurlaag worden geschilderd, maar keramiek waarop luster is toegepast moet niet samen met ander werk in de oven worden geplaatst. Het is namelijk heel gevoelig voor de atmosfeer in de oven, wat ertoe kan leiden dat het later niet meer kan worden opgepoetst. Sommige lusterpreparaties verlangen een gereduceerde atmosfeer, en dat was zeker het geval bij de Perzische en moorse lusters uit de vroege Middeleeuwen.

## Zeefdruk

De decoratietechnieken die tot nu toe zijn beschreven zijn niet geschikt voor de pottenbakker die een ontwerp exact wil herhalen op meerdere exemplaren van zijn werk. In de industrie wordt dit gedaan met keramische kleurstoffen die ofwel door middel van een dunne transparante film op de keramiek worden overgebracht (transfertechniek), waarbij de film later in de oven wegbrandt, of de pot wordt direct bedrukt, door middel van een zeef.

Veel pottenbakkers lenen en combineren deze methodes van de industrie en gebruiken een zeefdrukpers om één of meerdere kleuren op een filmlaag met een papieren ondergrond aan te brengen. Het papier wordt met water losgeweekt, waarna het ontwerp op het geglazuurde oppervlak wordt aangebracht. Het ontwerp blijft natuurlijk het best intact op platte oppervlakken. Directdruk, waarbij het keramische voorwerp direct onder de zeef wordt gelegd, kan alleen op een volkomen plat oppervlak. Kant-en-klare tegels hebben afgeronde randen en die bederven vaak de kwaliteit van een directe afdruk die het gehele oppervlak dient te beslaan.

Met zeefdruk krijg je scherp afgetekende gedeeltes met effen kleuren en wordt het mogelijk foto's en gedetailleerde ontwerpen heel nauwkeurig te reproduceren. Als opglazuurpigmenten worden gebruikt bij keramische zeefdruk ontstaan zeer heldere kleuren die, om een goed contrast te krijgen, het best op een wit geglazuurd oppervlak kunnen worden gedrukt. Deze techniek is zowel geschikt voor kleine verschillende als voor grote herhaalbare vormen of figuratieve ontwerpen.

### Decoratie van tegels

Het decoreren en ontwerpen van tegels vormt een uitgebreid onderwerp op zichzelf dat amateurs afschrikt, maar veel beginnende pottenbakkers aantrekt. Handgemaakte tegels kunnen een structuuroppervlak hebben of – net zoals bij alle andere keramiek – gestempeld, ingesneden of ingelegd worden voordat ze worden gedroogd en gebakken. Als je echter een vlak, praktisch oppervlak wilt, zoals het blad van een koffietafel, dan moet het oppervlak glad zijn en kun je daarvoor het beste effen, witgeglazuurde tegels gebruiken die je decoreert met metaaloxiden, opglazuurverf of lusters. Het valt niet mee glazuren te vinden die passen bij het materiaal waarvan ongeglazuurde tegels zijn gemaakt en niet barsten. Het is eveneens moeilijk een fabrikant te vinden die ongeglazuurde tegels levert.

Geometrische patronen met tegels worden meestal verkregen door vier of meer tegels zo aan elkaar te passen dat ze een grootschalig patroon opleveren dat zich steeds herhaalt. Herhaling is echter niet een essentieel onderdeel van het ontwerpen of decoreren van tegels. De tegel is een geschikte fabricage-eenheid waarmee je een schilderij ter grootte van een kathedraalmuur kunt vereeuwigen. Een van de meest inspirerende voorbeelden van zo'n reusachtige muurschildering die ik ken is die welke Matisse op late leeftijd heeft ontworpen en uitgevoerd voor de dominicaner kapel in Vence bij Nice.

Banden, druppels en stippen van aardewerkglazuur kunnen heel effectief worden gearrangeerd op geglazuurde tegeloppervlakken zodat een ontwerp ontstaat dat volmaakt is in zichzelf of als een krachtig, enkel element in een decoratief paneel kan dienen. Maar beginners moeten er wel rekening mee houden dat een enkele, decoratieve tegel gecombineerd met andere tegels in een muuroppervlak heel storend of ronduit lelijk kan staan. Als een amateur het doorzettingsvermogen heeft een tegelpaneel te maken, dan moet hij of zij het totale ontwerp helemaal van tevoren plannen en, mogelijk, alle eenheden tegelijkertijd in dezelfde oven branden.

Boven: Een lineair ontwerp van Matisse in één enkele kleur siert de witte tegels op de binnenmuren van de dominicaner kapel in het Zuid-Franse Vence.

Onder: Dit moderne tegelontwerp uit Portugal laat zien hoe een grootschalig patroon ontstaat door dezelfde tegel steeds een kwartslag te draaien.

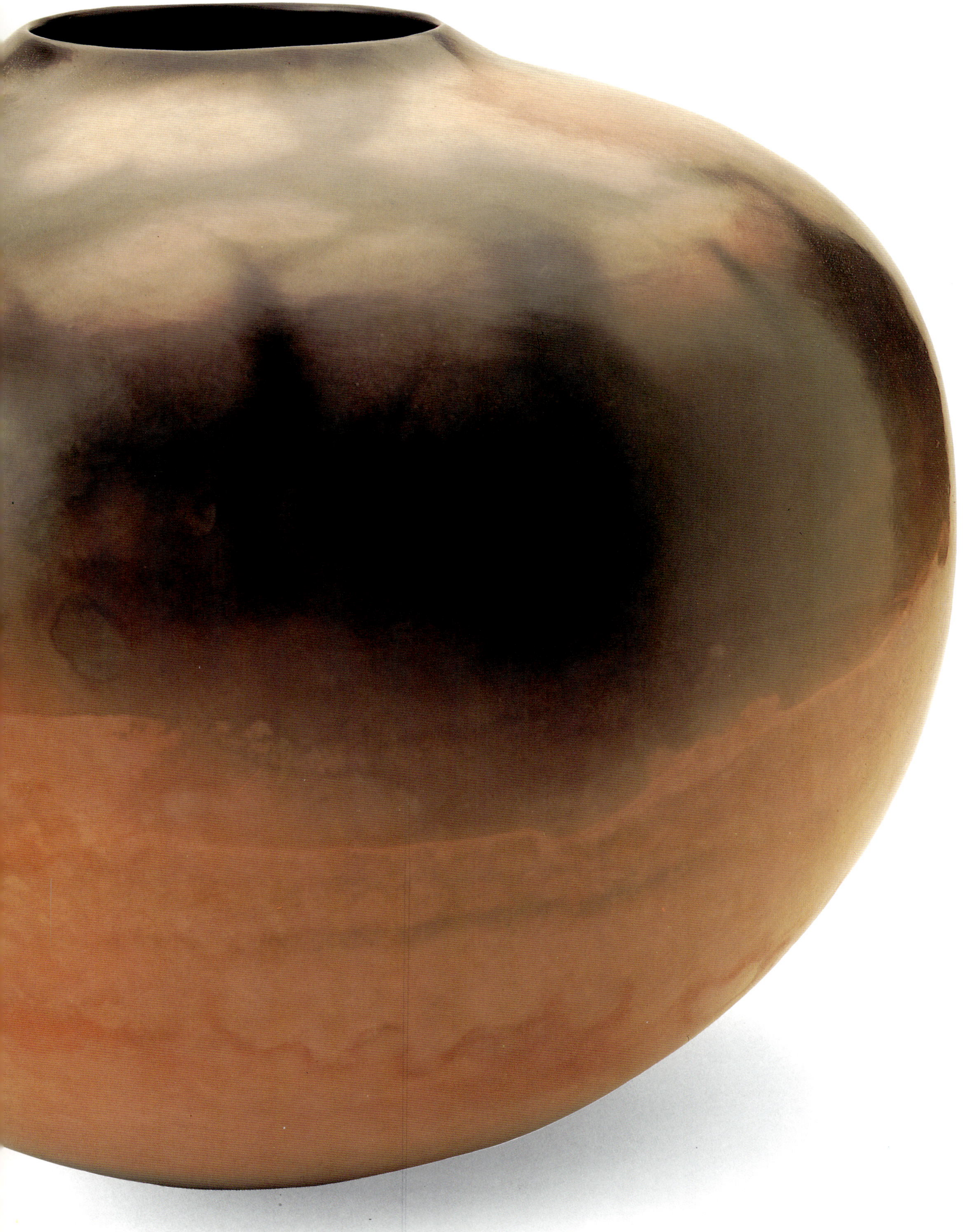

# VUUR EN RUIMTE

*Het hoogtepunt van het keramiek maken is het stoken in de oven. Sommige pottenbakkers doen dat nog altijd met hout, zodat de vlammen om het werk lekken, dat weldra begint te gloeien, eerst robijnrood en op het laatst witheet, bijvoorbeeld bij steengoed. Meer gebruikt worden gas en olie, die elk ook weer een ander oppervlakte-effect opleveren. Tussen de pottenbakker en zijn oven groeit op den duur een relatie als die tussen een oude zeeman en zijn zeilschip: hij kent alle nukken van zijn apparaat, alle sterke en zwakke punten ervan en doet er zijn voordeel mee. Als de oven eindelijk weer opengaat, is het moment van de waarheid aangebroken. Bij individueel werkende beroepspottenbakkers kan er wel tot drie maanden werk in de oven staan, en de vreugde of teleurstelling van dat ene moment is dan ook een ervaring die nergens mee te vergelijken is. Geen wonder dat bij de Japanners het openen van de oven een feestelijk gebeuren is.*

Bladzijde hiernaast: Grote opgebouwde en rauwgepolijste pot,
in zaagsel gebakken door Gabriele Koch.
Diameter 56 cm.

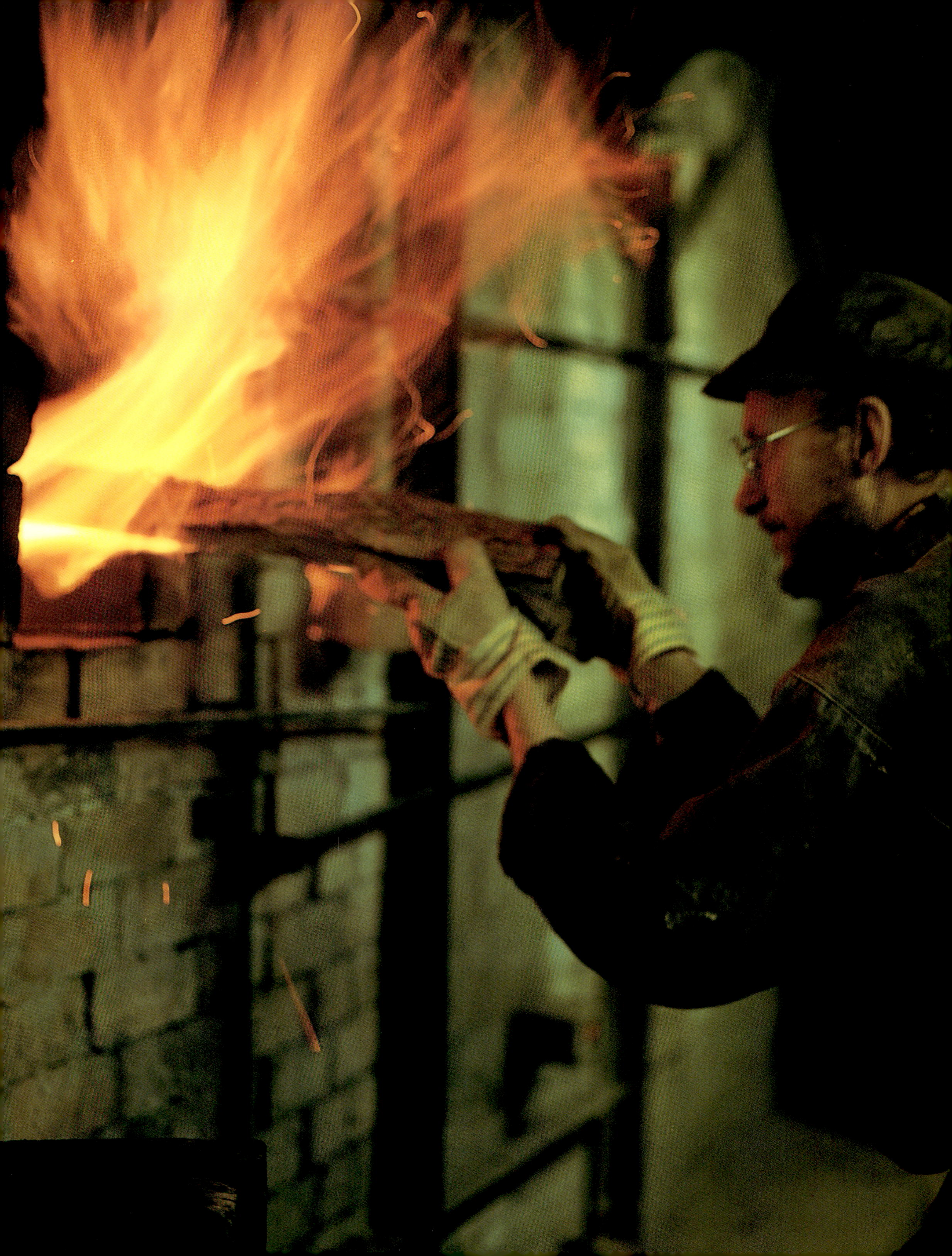

# KERAMIEKOVENS EN HET STOOKPROCES

De gemiddelde pot gaat twee keer in de oven, één keer voor de biscuitbrand en één keer voor het glazuur- of gladbranden. Toch zien veel amateurs de oven nooit van binnen, omdat hun potten door anderen worden gebakken, en omdat ze nooit hebben geleerd hoe ze een oven moeten vullen blijft het werken ermee voor hen een mysterie.

Het gebeurt maar al te vaak dat te kleine ovens of kapotte elektrische verwarmingselementen het werk ophouden, en dat je met een pot die na een week of twee eindelijk tot biscuit is gebakken opnieuw moet wachten voor hij gladgebrand kan worden, met gevaar voor beschadigen, krassen of vingerafdrukken. Op het moment dat er een perfect afgewerkte pot uit de oven te voorschijn komt, zijn de teleurstellingen van het wachten en de opgelopen schade wel weer gauw vergeten, maar elke beginner komt er al gauw achter dat het pad van een pot door de oven lang niet altijd probleemloos verloopt. Een beter inzicht in het verloop van het stookproces kan helpen onnodige irritatie te voorkomen.

## Soorten ovens

Vroeger werden alle ovens gestookt met vaste brandstof – hout, houtskool, steenkool, cokes – maar nu zijn de meeste elektrisch, zowel in de industrie als op kunstacademies. Met hout-, olie- of gasovens kunnen voor speciale glazuureffecten zeer hoge temperaturen worden bereikt en ze zijn daarom zeer geliefd bij keramisten. Hoe hij ook wordt gestookt, elke oven bevat een stevige kamer waar de potten in worden geplaatst en die tegen hoge temperaturen bestand moet zijn. Bij wanden die een temperatuur van 1300 °C moeten doorstaan zijn de constructieve eigenschappen erg belangrijk; de kamers worden dan ook meestal vervaardigd uit vuurbestendige blokken en hebben een gebogen of gewelfd dak, liefst verlopend volgens een zelfdragende kettingcurve. Voor het bakken van grote potten en een zo constant mogelijk resultaat is een gelijkmatige verdeling van de hitte in de kamer van groot belang. Deze wordt bereikt door de plaatsing van de verwarmingselementen (in een elektrische oven) of door de weg of wegen waarlangs de trek wordt geleid bij het gebruik van fossiele brandstoffen of hout. In het laatste geval wordt direct contact tussen de potten en de vlam soms vermeden door het gebruik van beschermende onbrandbare cilinders die 'kapsels' worden genoemd, dan wel door de potten in een afgesloten gedeelte of 'moffel' in de ovenkamer te plaatsen waar de vlammen omheen spelen, maar niet kunnen binnendringen. De plek het dichtst bij het vuur of de verwarmingselementen is het allerheetst en daarom minder geschikt om potten te plaatsen. Ovens zonder moffels hebben op de plaats waar de vlammen het heetst zijn vaak een afschermende wand. Dat is geen dragende wand, en dat is maar goed ook, want door de intense hitte raakt ze nogal eens beschadigd zodat ze moet worden vervangen.

Hitte stijgt op, zoals we allemaal weten, en bij goede trek brandt een vuur feller en wordt de temperatuur hoger. De fascinerende geschiedenis van de ovenbouw laat zien dat men bij het ontwerpen van schoorstenen en stookgaten altijd heeft gestreefd naar zo groot mogelijke efficiëntie. Het patroon van de hittestroom door de oven is ook van invloed op de vorm van het exterieur, en de traditionele flessehalsovens van de pottenbakkerijen in de Engelse Midlands zijn hiervan een goed voorbeeld.

Geen enkele grote oven die ten koste van veel inspanning moet worden gevuld, verhit en afgekoeld kan op het punt van efficiëntie concurreren met een tunneloven met zijn constante temperatuurverdeling waar de keramiek langzaam doorheen wordt getrokken op vuurvaste karretjes, of een klokoven, die wordt neergelaten over werk dat op een vuurvaste ondergrond is gestapeld. Deze systemen voldoen daar waar een grote en continue productie is vereist, maar een zelfstandig keramist of een keramiekcursus heeft genoeg aan een kameroven, die alleen energie verbruikt als het nodig is. Tegenwoordig worden steeds meer ovens gebruikt die vanaf de bovenkant worden gevuld en afgesloten met een deksel, alhoewel ook veel ovenkamers vanaf de voorkant worden gevuld en afgesloten met een deur of een tijdelijke wand van vuurvaste stenen.

Het vullen gebeurt altijd volgens hetzelfde principe en als je de kans krijgt moet je beslist een keer toekijken hoe een oven wordt gevuld voor de biscuit- of gladbrand, en opletten wat het verschil daartussen is.

Elektrische ovens voor pottenbakkersateliers zijn te verdelen in twee hoofdtypen: voor- en bovenladers. Beide typen hebben aan de zijkanten kijkgaten en aan de bovenkant een wasemgat, die in het beginstadium van het stookproces open worden gelaten zodat waterdamp kan ontsnappen.

### Een biscuitoven vullen

Het is zonde om ruimte in de oven ongebruikt te laten en daarom worden kleine potten in lagen op elkaar gestapeld op stevige, uitneembare ovenplaten. Deze platen en de cilindervormige steunen waar ze op rusten moeten tot hoge temperaturen verhit kunnen worden zonder van vorm te veranderen. Als de cilinders en ovenplaten onder het gewicht inzakken tijdens het bakken is het meeste werk bedorven, met name bij het gladbranden, omdat de potten elkaar dan raken en met het glazuur aan elkaar vast plakken. De ovenplaten, gemaakt van sillimaniet, zijn sterk en zwaar en de cilinders grijpen in elkaar voor de stevigheid.

Met behulp van deze ovenaccessoires kan de hele oven tot boven toe worden volgeladen. Voor het biscuitbakken kunnen de potten dicht opeen worden gestapeld en kleine potten in grote gezet. Kommen nemen veel plaats in naast elkaar op een ovenplaat, maar je kunt ze ook met de randen op elkaar zetten, waardoor die mooi recht blijven. Sterke potten kunnen op elkaar worden gestapeld maar ondiepe of dunne vormen, zoals brede platte schalen, moeten niet belast worden, vooral niet op de niet ondersteunde buitenrand. Het is verleidelijk de hoeken van een biscuitoven op te vullen met op hun kant gezette borden, maar dit leidt nogal eens tot scheeftrekken of barsten.

In een gas- of olieoven kunnen ongebakken voorwerpen tegen de wanden van een moffel worden gestapeld, maar bij elektrische elementen moet een afstand van tenminste 1 cm in acht worden genomen. Bij rechtstreeks contact met de klei en/of het glazuur kunnen de elementen doorbranden en smelten, waardoor ook de ovenwand kan worden beschadigd. Niet alleen de wanden maar ook de ovenplaten zelf moeten in goede conditie worden gehouden. Het beschermen van ovenplaten met 'batwash' of kwartspoeder wordt beschreven onder 'een glazuuroven vullen', maar het is zelfs bij biscuitbakken belangrijk geen ovenplaten te gebruiken waar glazuurspatten op zitten.

Bij het biscuitbakken krimpen de potten nog eens – met wel 15 procent, gerekend vanaf het vochtige klei-stadium en afhankelijk van het type klei. Vanwege dit krimpgedrag is het heel goed denkbaar dat de ene pot tijdens het bakken opgesloten komt te zitten in een andere (die meer gekrompen is); met dit gegeven moet je bij het vullen van de oven rekening houden.

### De biscuitstook

De voornaamste oorzaak van schade bij het bakken van biscuit is vooral vocht. Als de temperatuur in de oven boven het kookpunt stijgt verandert alle vocht dat in de klei is achtergebleven in stoom en zet daarbij uit, waardoor de pot openbarst. Als een zware pot uit elkaar spat, komt dat door het vocht binnenin de dikke wanden, niet door de dikte op zichzelf. Kleur (licht als de klei droog is) en gevoel (vochtige klei voelt koel aan) geven aanwijzingen voor de mate van droging, maar zelfs al alle klei die in een biscuitoven wordt geladen kurkdroog lijkt te zijn, is het toch belangrijk het verhittingsproces heel langzaam op te starten en het wasemgat en de kijkgaten open te laten om alle stoom te laten ontsnappen. De meeste pottenbakkers controleren of een biscuitoven nog 'stoomt' door af en toe een stukje glas voor het wasemgat of kijkgat te houden.

Naarmate de temperatuur in de oven stijgt zal de kleur die je door het kijkgat ziet eerst veranderen in dofrood, dan in kersrood, dan in oranje, en zo verder tot wit toe. De kleur is een precieze graadmeter voor de temperatuur, maar de pottenbakker staart zo vaak in het vuur dat hij de verschillen vaak niet meer kan beoordelen. Hij of zij gebruikt twee belangrijke hulpmiddelen. Het eerste is de 'pyrometer'. Binnenin de oven zijn, in een beschermende huls, twee met elkaar verbonden elektroden aangebracht; de oplopende hitte doet hiertussen een elektrische stroom ontstaan die buiten de oven kan worden afgelezen op een wijzerplaat of een digitaal display. Het voordeel van een pyrometer is dat de temperatuur kan worden afgelezen op een afstand, zonder in de oven te hoeven kijken; het nadeel is zijn onnauwkeurigheid: een foutmarge van ongeveer 30 °C, te veel voor een pottenbakker. Hij geeft ook alleen een indicatie van de temperatuur en niet van de ontwikkeling van de temperatuur in de tijd.

Hitte die een tijdje aanhoudt kan meer effect hebben bij het bakken of glazuren dan je op grond van alleen de temperatuur zou verwachten. Het hulpmiddel dat wordt gebruikt om de gebrekkige nauwkeurigheid van de pyrometer aan te vullen is de 'Segerkegel'. Deze kegels zijn smalle piramides van ongeveer 7 cm lang, gemaakt van keramische mengsels met een zeer nauwkeurig bepaald smeltpunt. Deze iets schuin staande kegels staan vaak met drie tegelijk in een speciaal vervaardigd blokje op een ovenplaat, dichtbij het kijkgat.

De kegels moeten ook niet té dicht bij het kijkgat staan, en het is niet altijd gemakkelijk ze te plaatsen. Een oven met een deur is volledig donker als de deur dicht is. Daarom is het vaak handig tijdens het laden een elektrische looplamp in de oven te hangen om te controleren of de kegels op de goede hoogte staan en door het kijkgat zichtbaar zijn. De positie is belangrijk omdat de kegels bij hoge temperaturen, als het licht binnen de oven erg fel is, moeilijk te zien zijn, en te lang of van te dichtbij door het kijkgat kijken pijnlijk kan zijn. Een zonnebril helpt, maar plastic zonnebrillen smelten gemakkelijk, wat enig idee geeft van de hitte die uit de oven komt.

Het biscuitbakken voor steengoed gebeurt meestal tot een temperatuur van 1000 °C, die een goed poreus oppervlak oplevert om glazuur op aan te brengen. Industrieel aardewerk, dat vaak wordt gladgebrand bij een temperatuur van ca. 1060 °C, wordt altijd biscuitgebakken tot een temperatuur van meer dan 1100 °C, omdat een chemische verandering die bij deze temperatuur optreedt in de uiteindelijke glazuurlaag een graad van verdichting veroorzaakt die het aardewerk sterker maakt en voorkomt dat het glazuur craqueleert (zie hoofdstuk 16).

Bij cursussen wordt meestal alle werk in één keer biscuit gebakken, ongeacht of het nu aardewerk of steengoed moet worden; de temperatuur van deze eerste brand kan variëren van 960 tot 1120 °C. De juiste manier van stoken voor de biscuitbrand is als volgt: eerst moet de oven twee of drie uur worden opgewarmd bij betrekkelijk lage temperatuur met de wasem- en kijkgaten open, om de resterende waterdamp te laten ontsnappen. Dan moet hij twee of drie uur branden op halve kracht. Het laatste vocht is nu verdampt en de wasemgaten kunnen worden gesloten. De laatste fase van het stookproces – die opnieuw zo'n drie uur kan duren, afhankelijk van de ovencapaciteit – gaat op volle kracht. De temperatuurcurve voor de biscuitbrand blijft dus aanvankelijk tamelijk vlak en gaat daarna steil omhoog. Bij de tweede ronde, het gladbranden, verloopt de curve precies omgekeerd: eerst steil, om later, als de temperatuur het smeltpunt van het glazuur nadert, af te vlakken. In moderne elektrische ovens kunnen de ideale curves met behulp van een kleine computer worden voorgeprogrammeerd, wat voor de moderne pottenbakker een gemak betekent dat traditionalisten of pottenbakkers die alleen over een houtoven beschikken en die dag en nacht moeten stoken misschien stuitend vinden.

## Een glazuuroven vullen

Zowel het vullen als de precieze temperatuur komen bij het gladbranden veel nauwer dan bij het biscuitstoken. Als het glazuur aan het eind van het stookproces vloeibaar wordt, zou het kunnen gaan zakken en zelfs de pot af kunnen gaan druipen. Een pot die aan de onderkant is geglazuurd en op de ovenplaat gezet zou daaraan zeker vastplakken. Geglazuurde voorwerpen blijven ook aan elkaar plakken en om dit risico uit te sluiten moet degene die de oven vult ze tenminste 5 mm van elkaar zetten en ervoor zorgen dat alle geglazuurde onderkanten op 'triangels' komen te staan – kleine vuurbestendige driepootjes met fijne punten waarop het aardewerk rust als op vingertoppen. Deze triangels zijn niet sterk genoeg om de voor steengoed vereiste temperatuur te doorstaan zonder in te zakken of te veroorzaken dat de pot vervormt. Steengoedpotten staan daarom rechtstreeks op de ovenplaat of op speciaal vervaardigde ringen van gebakken klei, maar zonder glazuur aan of dichtbij de onderkant. Porseleinen potten worden zeer week als de scherf op het sinterpunt is; daarmee moet je rekening houden bij het inladen van de oven maar ook bij de vormgeving.

Je kunt het vastbakken van werkstukken aan de ovenplaat tegengaan door de ovenplaat licht met kwartspoeder, molochiet of een ander beschermend middel te bestrooien, maar je moet wel oppassen dat het poeder niet op het te bakken werk terechtkomt dat al op de lagere ovenplaten gestapeld staat. Oude, met glazuur bespatte platen kunnen worden

Bladzijde hiernaast: Ovenplaten en overige ovenaccessoires van sillimaniet. 'Triangels' gebruik je bij de glazuurbrand.

Links: De pottenbakker haalt met een metalen tang een testring uit een brandende houtgestookte oven om te controleren of het glazuur 'gaar' is. In de oven geplaatste Seger-kegels (onder) geven de temperatuur aan; de kromming van H1 geeft een temperatuur van 1100 °C aan.

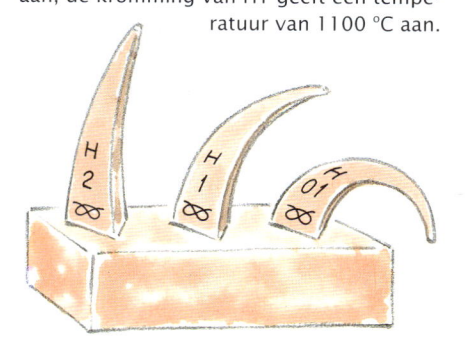

overgeschilderd met een mengsel van kwarts en water als een beschermingsmiddel ('batwash') met hetzelfde doel.

In hoofdstuk 16 hebben we het gehad over variaties in het gedrag van glazuur in de oven, daarom wil ik er hier alleen aan herinneren dat het bakken elke keer weer anders uitvalt, en dat potten die in kleur, oppervlaktestructuur en karakter overeen moeten komen tegelijk gebakken moeten worden, liefst zo veel mogelijk op dezelfde plek in de oven. Dit is vooral van belang bij ovens die met brandstof worden gestookt en waarbij de stoker invloed kan uitoefenen op de atmosfeer in de oven. Veel pottenbakkers zijn van mening dat glazuren mooier worden als de hoogste temperatuur 10 à 20 minuten wordt aangehouden – in plaats van de stroom of de brandstoftoevoer stop te zetten zodra deze temperatuur is bereikt. Deze methode wordt 'pendelen' genoemd en het effect dat dit op het glazuur heeft 'doorgaren'.

### Reducerend en oxiderend stoken

Bij het bakken van aardewerk evenals bij biscuitstoken levert een verandering in de ovenatmosfeer geen decoratieve effecten op, terwijl bij glazuurstook op steengoedtemperatuur in een gereduceerde, dat wil zeggen zuurstofarme atmosfeer de kleur van de klei donkerder wordt, waardoor ook de kleur van het glazuur verandert. Het reduceren heeft ook een spectaculair effect op sommige metaaloxiden, waaraan het zuurstof onttrekt en zo het verbrandingsproces bevordert. Hierdoor verandert koperoxide van groen tot koperkleurig rood, en ijzer van bruin tot groen.

Vermindering van de zuurstoftoevoer in de branders van ovens zonder of met halfopen moffels, of het inbrengen door het kijkgat van een moffeloven van materiaal (zoals mottenballen of aanmaakhout) dat zich bij verbranding verbindt met zuurstof of die absorbeert, is een eenvoudige methode om een reductie tot stand te brengen. Maar veel mensen die thuis een oven stoken weten niet goed hoeveel hout ze moeten nemen en hoe lang ze met het reductieproces moeten doorgaan. Gedurende het hele proces moet constant een voorraad spaanders met de grootte en dikte van aanmaakhout worden toegevoerd. Het proces moet minstens een half uur doorgaan, bij een temperatuur van minimaal 1000 °C, maar omdat het wel eens moeilijk is in een zuurstofarme atmosfeer de temperatuur hoog genoeg op te voeren is een kort laatste oplaaien van het normale (of oxiderende) vuur nodig om de gaarbrandtemperatuur te bereiken.

Bij een houtgestookte oven gaat het reduceren eenvoudig door een klep in de schoorsteen dicht te zetten en zo de trek te verminderen.

Mogelijk komt zo'n precieze technische beschrijving van het reducerend stoken van steengoed op de beginner onnodig technisch over, maar het is belangrijk te weten waarom overeenkomstige glazuursoorten verschillende effecten opleveren en ook om iets te begrijpen van de methode die de meest harmonieuze en de mooiste voorbeelden van oosterse kunst heeft opgeleverd. Elektrische ovens lenen zich minder voor het reductieproces omdat ze werken zonder zuurstofregeling en verbranding en omdat het verbranden van door het kijkgat ingebracht materiaal in de oven de elektrische elementen aantast en hun levensduur vermindert; ook de werkstukken in de oven kunnen beschadigd worden.

### Werken met opdampglazuur

Een zoutglazuuroven moet vanwege de dampen buiten worden geplaatst, en niet in een woonwijk. Het zout wordt meestal in kristalvorm in de vuurmond gebracht. Een oven voor sodaglazuur kan eventueel binnen, mits hij voorzien is van een goede afvoer. Op de binnenwanden van de oven zal zich een laag glazuur afzetten die bij hoge temperaturen weer verdampt en dan werkstukken kan bederven als je de oven later wilt gebruiken voor gewone biscuitbrand en gladbranden. Dit 'neerslaan' is zwakker dan bij zoutglazuurovens en voor pottenbakkers die zijn overgegaan op sodaglazuren is het meestal geen bezwaar.

Je gebruikt een gewone olie- of gasoven en spuit een sodaoplossing door de gaten rond de branders. De damp zal dan dezelfde weg volgen als de vlammen en neerslaan op de potten, als je tenminste geen moffels gebruikt. Er zijn echter ook speciale ovens met spuitgaten op verschillende niveaus aan alle kanten van de oven om te zorgen dat de damp gelijkmatig wordt verspreid.

**EEN SODA-OPLOSSING AANMAKEN**

Een halve liter water wordt toegevoegd aan een handjevol natriumbicarbonaatpoeder. Het water moet heet zijn om het poeder sneller te laten oplossen.

**IN DE OVEN SPUITEN**

De verzadigde oplossing wordt met behulp van een hogedruk-plantenspuit net boven de brander in de oven gespoten.

Terwijl sommige pottenbakkers de soda in kristalvorm toevoegen, gebruikt Ruthanne Tudball, een pionier van het sodaglazuur in Engeland, de volgende methode. Ze lost een handvol natriumbicarbonaat in ongeveer een liter heet water op om een verzadigde oplossing te krijgen. Ze perst de vloeistof vervolgens samen in een plastic plantenspuit, waarop ze een metalen mondstuk heeft gemonteerd om dicht bij de branders te kunnen sproeien. Gedurende een periode van 2 à 3 uur spuit ze daarmee elk kwartier een paar seconden, bij een oventemperatuur van 1260 tot 1300 °C. Ze spuit telkens maar kort omdat te veel stoom in de oven gevaarlijk kan zijn. Voor haar grote oven moet ze haar sodaoplossing verschillende keren bijvullen. Voor één stook gebruikt ze ongeveer 1,5 kg natriumbicarbonaat. Na het sproeien haalt ze met een metalen staaf door het kijkgat testringen uit de oven om te controleren of ze genoeg sodaglazuur heeft toegevoegd, voor de fase van het 'doorgaren' bij maximumtemperatuur, om het glazuur goed te laten versmelten. Al het werk van Ruthanne Tudball is in één keer gebakken.

## Zaagselovens

De allereenvoudigste ovenkamer is een metalen vat – een vuilnisemmer of een olieton met deksel. Deze wordt gevuld met flink aangestampt zaagsel, waarin de werkstukken begraven zitten als cadeautjes in een grabbelton. Omdat je met zo'n oven nauwelijks meer dan 750 °C kunt halen is hij niet geschikt voor het stoken van hard aardewerk, en de in het zaagsel begraven en met zaagsel gevulde potten zijn doorgaans al biscuitgebakken. Met behulp van een fakkel wordt het zaagsel aan de bovenkant aangestoken; de vlammen kruipen langzaam naar beneden. Als er gaten in de metalen ton zijn gemaakt zuigt het vuur zuurstof van buiten aan en zal harder gaan branden. Ervaren pottenbakkers die dit eenvoudige type oven gebruiken doen dat vanwege het carbonisatie-effect – de donkere textuur, vaak onder een glimmend glad oppervlak, die het gevolg is van zuurstofreductie – en laten de ton dicht, zodat het verbrandingsproces plaatsvindt zonder luchttoevoer.

## Een keramiekoven bouwen

Terwijl sommige pottenbakkers het hele ovenbouw- en stookproces het liefst aan hun leraar of een technicus overlaten, is dit voor anderen het meest fascinerende aspect van het keramiek maken, en het idee hun eigen oven te bouwen en stoken vinden zij juist bijzonder spannend.

Nu het stoken met hout weer in populariteit toeneemt bouwen veel amateurpottenbakkers grote houtgestookte ovens met meterslange tunnelachtige vuurkamers, bouwsels die, als ze eenmaal goed branden, veel weg hebben van vurige draken. Zelfgebouwde ovens kunnen echter ook een bescheidener omvang hebben, en er is genoeg modern en eenvoudig materiaal dat de ovenbouwer ter beschikking staat.

## Lichtgewicht ovens

Door de ontwikkeling van keramische vezels voor de ruimtevaart in de jaren tachtig en de al even revolutionaire Amerikaanse 'Sayvit' lichtgewicht isolatiesteen kunnen moderne ovens toe met veel minder isolatiemateriaal dan vroeger. Omdat de elementaire componenten kleiner en lichter zijn, kan de constructie worden gewijzigd en vereenvoudigd. Uit hitte-absorberende lichtgewicht stenen en keramische vezels geperst in dunne platen, vergelijkbaar met gipsplaten, kunnen moderne ovens worden opgebouwd met een kamer van 0,14-0,16 m$^3$ – een bruikbare maat voor een keramiekatelier – en een gewicht van niet meer dan zo'n 100 kg. Dit soort ovens worden geleverd met veiligheidsvoorschriften en aanbevelingen voor het installeren, inclusief de gewenste afstand ten opzichte van de muren.

Er zijn tegenwoordig ronde of achthoekige elektrische ovens in de handel met in metalen kokers gevatte elementen, zodanig geconstrueerd dat de grootte van de kamer kan worden gevarieerd door opbouwranden op te stapelen of weg te nemen, net als de ruimte binnen een stapel rubberbanden kan worden vergroot of verkleind door het aantal banden te wijzigen.

Het voordeel hiervan zit hem in de grotere flexibiliteit, en meer nog in het energieverbruik. Een lichtgewicht oven kan in niet meer dan vijf uur een temperatuur bereiken van 1300 °C. Voor biscuitbrand gaat dit te hard, maar bij gladbrand kun je zo veel brandstof besparen. Lichtgewicht ovens hebben de neiging erg snel af te koelen, wat van oudsher wordt gezien als nadelig voor de kwaliteit van het glazuur. Het lijkt er echter op dat de mythe van de langzame afkoeling eerder is ontstaan omdat de oude generatie ovens nu eenmaal niet sneller kón afkoelen, dan dat het beter voor de potten zou zijn. Alleen bij bepaalde temperaturen leidt snelle afkoeling tot craqueleren.

Net zoals zakenlieden tegenwoordig de meest geavanceerde computertechnologie in hun laptops overal mee naar nemen, zo kunnen pottenbakkers overal demonstraties geven met eenvoudige raku-ovens, voorzien van draagbare propaangasbranders, die ze in de auto kunnen meenemen. Als je ongeveer 4 cm dik isolatiemateriaal van keramische vezels (liefst bedekt met een stijve deklaag om te verhinderen dat de fijne vezels in de longen van de pottenbakker kunnen binnendringen) met nikkelchroomdraad vastmaakt aan de binnenkant van gaas heb je ovenwanden van voldoende stevigheid. Deze worden bevestigd aan een licht ijzeren frame. Zo gemaakte ovens houden genoeg hitte vast om er potten in te bakken en zijn sterk genoeg om vaak gebruikt te worden. Geplaatst op een ondergrond van vuurvaste stenen kunnen deze 'klokovens' uitgerust met handvatten voor het raku-bakken door twee mensen van hun voet getild worden als ze heet zijn, of ze kunnen worden gebruikt voor de normale brand met snelle verhitting of afkoeling. Meestal zijn deze ovens rond, maar er zijn er ook die in opgevouwen toestand kunnen worden vervoerd, om in niet meer dan een half uur ter plekke opgebouwd te worden.

Deze lichtgewicht oven met één enkele brander (ontwerp Phil Cooke) is ideaal voor raku, maar kan temperaturen bereiken voor het bakken van steengoed.

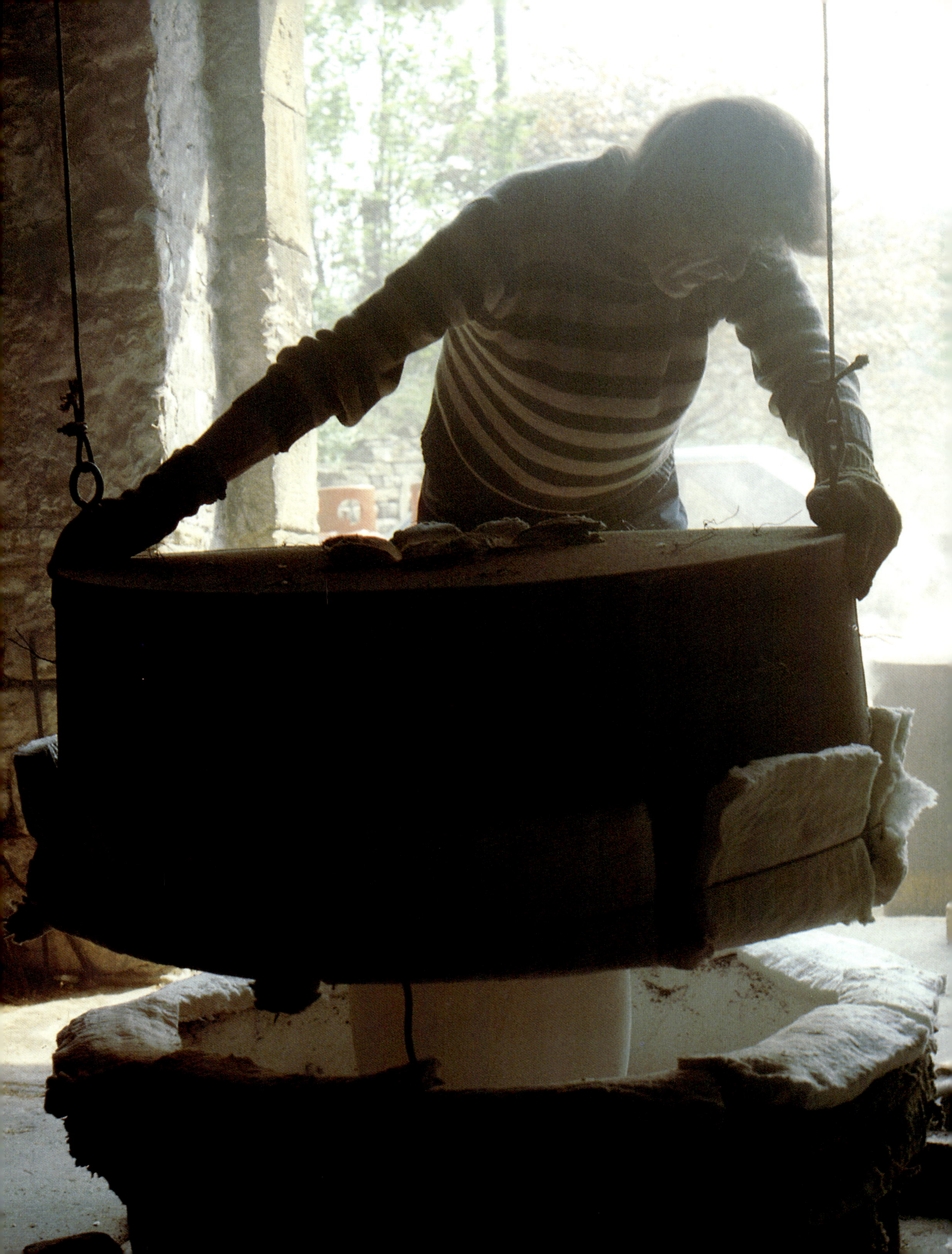

# 21
# RAKU- EN KAPSELSTOKEN

Om raku-werk te kunnen bakken moet je je zowel verdiepen in het stoken als in het vuur zelf, hetgeen voor iemand die dit voor het eerst doet een indrukwekkende en fascinerende ervaring zal zijn. Als jonge pottenbakker was Bernard Leach in Japan getuige van het stoken van een raku-oven, en deze ervaring was het begin van zijn levenslange liefde voor het pottenbakkersambacht.

Het woord raku betekent 'geluk door toeval', en de techniek werd voor het eerst gebruikt in de zestiende eeuw in Japan. Moderne technieken hebben het toevalselement nu grotendeels uitgeschakeld, maar de resultaten zijn nog altijd onvoorspelbaar en er is veel uitval. De techniek berust op het zeer snel gladbranden van dik met lage-temperatuurglazuur bedekte biscuit, gevolgd door zeer snelle afkoeling, vaak met behulp van koud water. Hiervoor is sterke klei nodig die bij verhitting weinig uitzet, en glazuur dat bij een afkoeling van honderden graden binnen enkele seconden gegarandeerd zal craqueleren. De pottenbakkers zijn vooral gecharmeerd van de glazuren met een sterk lustereffect en van een eigenschap die je het best kunt omschrijven als 'instant veroudering'.

Sommige opbouwwijzen zijn minder geschikt voor de raku-techniek. Gegoten of van kleiplakken gemaakte potten, bijvoorbeeld, zullen in een raku-oven waarschijnlijk barsten. Het meest geschikt voor raku zijn potten uit rollen klei, duimpotten en dikke gedraaide potten. Bij gedraaide potten wordt de klei echter opgerekt; ze zijn daarom minder stevig van structuur dan goed gevormde kleirolpotten. Dunne gedraaide potten zullen waarschijnlijk breken, net zoals asymmetrische of ondiepe potten. De 'veiligste' vormen zijn kommen met een niet te grote opening en andere vormen zonder hoeken.

Om een poreuze structuur te bereiken wordt de klei bij voorkeur vermengd met een flinke hoeveelheid chamotte. Omdat raku tegenwoordig in de mode is, wordt in de handel een speciaal kleimengsel aangeboden onder de naam 'raku-klei'. Je kunt ook zelf een mengsel maken door aan plastische klei 10 procent chamotte – grof of fijn – of zilverzand toe te voegen.

Als de potten droog zijn, worden ze op de gebruikelijke manier tot op ca. 1000 °C biscuitgebakken en geglazuurd met een aardewerkglazuur met smeltpunt onder 1000 °C. Vanwege de lage temperatuur van de laatste stookfase en de bezwaren tegen het werken met giftige stoffen is het gebruik van loodglazuur af te raden, zelfs in de vorm van fritten. Alkalifritten met laag smeltpunt, waaraan 15 procent ball clay en krijt zijn toegevoegd, worden het meest gebruikt als raku-glazuur. Het voor alkaliglazuur kenmerkende craquelé vormt hier geen probleem, omdat door de snelle afkoeling bij raku craquelé niet alleen onvermijdelijk, maar zelfs gewenst is.

Meestal wordt het glazuur dik opgebracht met een bol-ronde penseel en niet gedompeld of gespoten. Kleurstoffen, zoals koper, kobalt, mangaan en tin, kunnen ofwel door het glazuur worden gemengd, of als een met water verdund mengsel erop worden geschilderd. Fijne decoratiepatronen zijn af te raden, omdat geschilderde details door de inwerking van het vuur waarschijnlijk toch verloren gaan. Krachtige 'toetsen' met

---

**HET SMOREN VAN RAKU-AARDEWERK**

1 Raku-stokers dragen vuurbestendige handschoenen als ze de oven openen. David Roberts (links) trekt met behulp van contragewichten een 'klokoven' omhoog.

2 Raku-kunstenares Ursula Ströh-Rubens haalt met metalen kolenscheppen een pot uit een oven. Vanwege het brandgevaar bevinden raku-ovens zich altijd buiten.

3 De hete pot wordt in een metalen bak met zaagsel gezet (dat onmiddellijk ontbrandt) om carbonisatie te krijgen terwijl het glazuur nog 'open' is.

oxide of een tweede glazuur, opgebracht met een penseel of een ringeloor, kunnen interessante resultaten opleveren.

**Stooktechnieken**

Traditioneel werd raku gebakken in een kleine geïmproviseerde oven met open vuur (van hout of gas), buitenshuis gebouwd van ovenstenen, een gresbuis als schoorsteen, en oude sillimaniet ovenplaten die overeind werden gezet en als deur dienden. Het proces begon met het voorverwarmen van de oven met de moffel leeg, terwijl de geglazuurde potten bovenop de oven stonden op te warmen om het laatste vocht te verdrijven.

Vervolgens werd vanaf veilige afstand, met behulp van een lange tang, de oven geopend en gevuld, terwijl de vlammen rond de moffel speelden. De oven moest bovendien voorzien zijn van een kijkgat dat groot genoeg was om de potten in de moffel te kunnen zien, zodat de potten konden worden verwijderd – opnieuw met de tang – zodra het

Raku-vaas van Jane Waller, 12 cm hoog.

---

### HET SMOREN VAN RAKU-AARDEWERK

4 Er wordt meer zaagsel over de pot gegooid en hoe langer hij bedekt blijft door dit smeulende materiaal, des te meer zal de reductie onder het glazuur doorgaan.

5 De nog hete pot wordt in een pot water gezet die de soms iriserende reductiekleuren onder het glazuur zal 'bevriezen' of fixeren.

6 Ten slotte worden de verbrande zaagselresten van de pot geschrobd met een schuursponsje en water om de heldere kleuren zichtbaar te maken.

glazuur gesmolten was. Dan volgde het meest opwindende deel van het raku-gebeuren: nadat de pot roodgloeiend uit de oven was gekomen werd hij 'gesmoord' in een metalen bak gevuld met bladeren of zaagsel die daarop met veel rookontwikkeling verbrandden, waarna hij nog altijd heet, maar niet meer roodgloeiend, verder werd afgekoeld in water. Helaas kwam het maar al te vaak voor dat het werkstuk dit moment suprème niet overleefde.

Het is duidelijk dat elektrische ovens ongeschikt waren voor dit proces. Deze situatie is echter radicaal gewijzigd toen Paul Soldner zijn 'klokoven' introduceerde, gebaseerd op het briljante idee de oven van de pot te halen in plaats van andersom, waardoor het gemakkelijk werd veel grotere potten te maken.

Soldner is de koning van de raku in het Westen en hij is sinds de jaren zestig in Amerika bezig met het ontwikkelen van moderne technieken om raku-potten te maken die even groot zijn als welk type keramiek dan ook. Vandaar het verschijnen van de grote en mooie potten met raku-oppervlak die tegenwoordig in de ateliers worden gemaakt. Door de onvoorspelbaarheid van het resultaat is de techniek oninteressant voor de industrie, en het is niet gemakkelijk raku in te passen in pottenbakcursussen, hoewel kleine, traditionele raku-ovens wel opgebouwd kunnen worden op zomercursussen als er genoeg buitenruimte is en een enthousiast publiek. Keramiekkunstenaars die in hun atelier raku willen stoken gebruiken deze klokovens graag.

De lichte met keramische deken geïsoleerde kamer wordt door middel van een katrolsysteem neergelaten op een basis waarop het geglazuurde werk staat. De pottenbakker kan nu de kamer met olie- of gasbranders van onderaf verhitten en hij kan de ovenkamer meteen na het uitschakelen van de branders oplichten, zodat de roodgloeiende potten voor de dag komen. Ook nu moet je ze op veilige afstand met tangen vastpakken en in de bak met zaagsel zetten. Het zaagsel gaat door de hitte van de pot smeulen en heeft voor die verbranding zuurstof nodig die het door reductie onttrekt aan de klei onder het glazuur en deze zo zijn donkere tint geeft. Door de barstjes die zich onmiddellijk in het glazuur vertonen kan koolstof binnendringen en doordat een aantal oxiden zoals dat van tin door het verbrandingsproces worden gereduceerd tot het oorspronkelijke metaal wordt het glazuur meestal overtrokken met een paarlemoerachtige glans. Zo krijgt koper een rood-roze of turquoise gloed. Als de pot nu in een waterbad wordt gedompeld 'bevriest' het glazuur en wordt er opnieuw craquelé gevormd (hoewel dat niet meteen hoeft te gebeuren), hetgeen aan het oppervlak van de pot extra 'diepte' en nuancering geeft. Een minuut of tien in het waterbad is genoeg om de metamorfose te voltooien, waarna je de pot met een nagelborsteltje schoon kunt schrobben om los vuil of schuim te verwijderen.

Al klinkt dit misschien tamelijk ingewikkeld, het enige wat je nodig hebt is handigheid met de ijzeren tang, een goede planning en een veilige plek buitenshuis omdat er volop vuur en stoom aan te pas komt. Het hele procédé neemt maar een paar uur in beslag: bij David Roberts, een vooraanstaand Brits rakustoker, duurt de hele cyclus van koud tot 1000 °C hitte en terug tot koud maar drie uur. Deze techniek heeft dus een directheid die aantrekkelijk is voor diegenen die niet het geduld hebben om wekenlang te wachten tot er een geglazuurde pot te voorschijn komt. Bij raku verandert de pop voor je ogen in een vlinder.

### Reductiestoken in een kapsel

Een wat somberder maar even boeiend oppervlak krijg je door potten in zaagsel te begraven *in* een andere keramische vorm en ze zo in een conventionele open-vuuroven te bakken. Wat je krijgt is geen raku, en het eindproduct is ook niet bedekt met glazuur. Het omhulsel dat traditioneel wordt gebruikt om potten volgens deze methode in te bakken is het kapsel dat al eeuwenlang in het pottenbakkersvak wordt gebruikt, maar elke grote pot die je over hebt is bruikbaar voor dit doel. De biscuitgebakken pot, schuin in een bed van zaagsel geplaatst, verkleurt onder het zaagsel zwart door de reductie en erboven donker door carbonisatie, terwijl daartussen een bleke ring rond de pot loopt, die de plaats markeert waar het zaagsel aan de bovenkant heeft gevlamd. Al wordt de oven gestookt tot steengoedtemperatuur, het smeulende zaagsel in het kapsel verlaagt de temperatuur tot ongeveer 1150 °C, dus de scherf raakt niet volledig verglaasd, en ook niet bedekt met glazuur. De sporen van het vuur blijven echter zichtbaar, tot genoegen van hen die in de laatste fase van het pottenbakproces een vleugje alchemie willen proeven.

De harde vormen van deze schaal van John Leach herinneren aan Afrikaans aardewerk. Het vlekkerige oppervlak is het resultaat van kapselbrand: Leach zet hierbij de potten tot hun middel in met zaagsel gevulde Chinese vuurkleikapsels (boven) en bakt ze vervolgens in zijn houtgestookte oven.

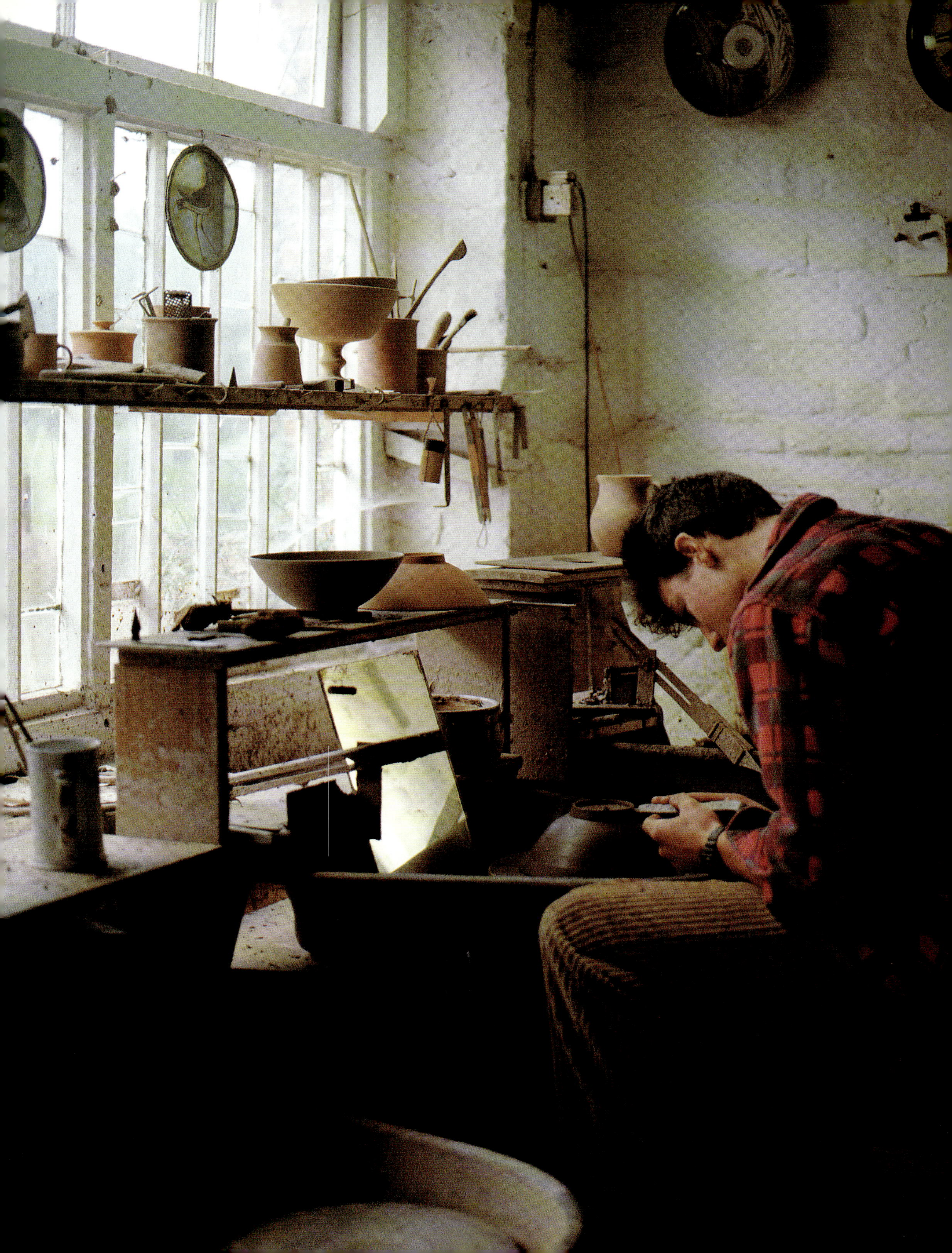

# THUIS POTTENBAKKEN

Pottenbakken doe je niet in de keuken. Een enkele pot kan nog, vooral een die je met de hand opbouwt, maar zo gauw dit simpele stukje creativiteit uitgroeit tot een volwassen vrijetijdsbesteding wordt het werken met klei te midden van de gewone huishoudelijke bezigheden ondoenlijk.

Potten die nog niet klaar zijn nemen veel ruimte in beslag, ze vereisen vaak speciale atmosferische omstandigheden, en in de meeste fasen van het pottenbakproces kun je niet zonder water. In een badkamer heb je genoeg water, en die wordt daarom ook nog al eens gebruikt als doka, maar niet als pottenbakkersatelier, want je hebt er vrijwel nooit genoeg ruimte, je kunt er niet uit de voeten met elektrische apparatuur en het is geen comfortabele plek om te werken. Als je mij niet op mijn woord gelooft, probeer het eens!

Klei is op zichzelf niet vies, maar ze geeft wel hardnekkig stof en op afgewassen oppervlakken als tafelbladen laat ze een ondoorzichtige film achter. Ze maakt geen vlekken op vloerbedekking of kleren, maar veel materialen die je met klei combineert, bijvoorbeeld metaaloxiden, wel, en de pottenbakker die dit weet moet wel heel enthousiast zijn als hij desondanks het risico wil lopen een smeerboel in huis aan te richten, zelfs als het alleen maar gaat om het boetseren van schaakfiguurtjes op een dienblad.

## Waar moet het atelier komen?

De ideale plaats voor een pottenbakkersatelier is een tuinhuisje of -kamer – liefst een kamer op de begane grond die nergens anders permanent voor gebruikt wordt. Flatbewoners en mensen die geen kamer over hebben moeten er thuis niet aan beginnen. Atelierruimte is niet moeilijk te vinden, zelfs in dichtbevolkte steden, maar beginners zijn waarschijnlijk het beste af op een pottenbakkerscursus.

Dit boek zou echter geen goede gids zijn als het mensen die wel de ruimte hebben voor een pottenbakkersatelier zou ontmoedigen. Zelf heb ik in mijn jeugdig enthousiasme een oude kolenkelder, een ruimte in een laarzenfabriek en een kas die ik deelde met een wingerd omgebouwd tot atelier. In geen van deze ruimtes lag vloerbedekking, en kale vloeren die goed geveegd of geschrobd kunnen worden zijn heel belangrijk.

Vreemd genoeg liggen pottenbakkersateliers in nieuwe scholen en academies vaak op de bovenste verdiepingen of in de kelder. De nadelen hiervan worden onmiddellijk duidelijk zodra de zware apparaten en de klei naar binnen moeten. Schoolovens wegen zelden minder dan 250 kg en klei wordt meestal per ton besteld. De student hoeft zich daar natuurlijk niet zo druk over te maken, want de producten die hij maakt zijn veel lichter en gemakkelijker te transporteren, maar het is wel iets waar je mee rekening moet houden bij het kiezen van een ruimte voor een privé-atelier. Een ruimte op de begane grond is ideaal, met een brede deuropening (belangrijk voor grote ovens) en zoveel mogelijk licht. Voor ovens waarin brandstof wordt gestookt heb je een rookafvoer nodig, en gewone schoorstenen kunnen zulke uitbarstingen van energie vaak niet aan. Daarom is een gebouw van één verdieping handig, omdat je dan in ieder geval niet zo'n hoge schoorsteen hoeft te bouwen. Omdat ook stromend water heel belangrijk is, lijkt een niet meer gebruikt washok een ideale ruimte om in te beginnen.

Het probleem met dit soort achterafgebouwtjes is dat ze in de winter nogal kil zijn en al maakt de oven, als hij eenmaal brandt, veel goed, een behoorlijke verwarming en isolatie tegen vorstschade zijn onontbeerlijk. In het eenpersoons pottenbakkersatelier hopen de werkstukken die allemaal in dezelfde fase verkeren zich vaak op, en ik herinner me de treurige aanblik die het atelier van een collega bood toen al het werk voor een expositie tijdens het drogen door één nachtvorst verloren ging. Het is ook geen pretje in de winter met verkleumde handen en voeten te moeten werken, of als in de zomer de oven aan moet, en je hebt nauwelijks ventilatie.

## Het kiezen van de inrichting

Het belangrijkste onderdeel van de inrichting is de oven. De thuis-pottenbakker die een nieuwe of tweedehands-oven wil kopen moet deze zorgvuldig opmeten en zich ervan verzekeren dat hij door de deur van het atelier kan. Behalve de allerkleinste modellen hebben alle elektrische ovens een eigen schakelgroep en bedrading nodig. De hoge kosten van een oven kunnen een barrière vormen, maar of je er nu tijd of geld in moet investeren, zonder oven kun je niet pottenbakken.

De oven komt vóór de draaischijf, en biedt de pottenbakker meteen een breed scala aan mogelijkheden. De thuis-pottenbakker die liever eerst een draaischijf aanschaft heeft daar al gauw spijt van en ziet zich gedwongen zijn ongebakken werkstukken in watten of krantenpapier te gewikkeld te vervoeren – met de nodige schade – en het dan, zij het niet van harte, te laten meebakken op een naburige school of in de plaatselijke steenfabriek. Dit loopt meestal uit op een teleurstelling, omdat de pottenbakker geen enkele invloed heeft op het stookproces, en als hij zijn werk bij een steen- of keramiekfabriek laat bakken is het vaak nog schreeuwend duur ook.

Het volgende vereiste is een stevige werkbank. Een glad stuk leisteen of een plaat marmer uit een oude badkamer geven een goed werkoppervlak voor klei, beter dan hout, maar tegenwoordig is er aan allebei moeilijk aan te komen. Een plaat formica of een glad aanrechtblad voldoen ook prima. De pottenbakker heeft nu een oven geïnstalleerd, hij heeft een werkbank, klei en stromend water: niets staat hem meer in de weg en hij kan aan de slag. Als je nog meer energie stopt in het verbeteren van je werkplek verdwijnt het eindproduct alsmaar verder uit het zicht, wat op den duur frustrerend kan werken. Voor handgemaakte potten heb je maar eenvoudig gereedschap nodig, dat al eerder in dit boek is beschreven. Keukenmessen, houten boetseerspatels, zaagbladen en deegrollen zijn makkelijk aan te komen, en ook schuurpapier, metaal- of nylondraad om te snijden en additieven voor klei. Als de ovenaccessoires niet zijn bijgeleverd moet je die kopen, want die kun je niet zo maar zelf maken.

Het maken en aanbrengen van glazuur vraagt iets ingewikkelder gereedschap, met name een fijne koperen zeef. Een zeef met een maaswijdte van 0,15 mm en een diameter van 20 tot 25 cm is onmisbaar, en het is verstandig ook nog een grovere en een fijnere te hebben. Als je tijd hebt om naar rommelmarkten te gaan kun je weegschalen, emmers, stampers, vijzels, en geëmailleerde kannen en kommen goedkoop op de kop tikken, maar de amateur-pottenbakker die geen zeeën van tijd heeft kan deze hulpmiddelen het beste kopen van modern, hard plastic. Dat is heel verstandig, want hard plastic is de beste vriend van de pottenbakker in zijn atelier. Het is makkelijk schoon te maken en je kunt ook goed zien wanneer het vuil is. Vergelijk maar eens een mooie oranje schrobber met nylon borstel met zijn houten en varkensharen voorganger: afgezien van het uiterlijk, wint plastic het altijd. Voor de pottenbakker is het altijd een beetje pijnlijk dat een keramische kan nooit zo mooi zonder morsen uitschenkt als een kan van gietplastic met zijn scherpe gietbek en zijn waterafstotende oppervlak. De wijdere hals van de plastic kan is ook veel handiger dan zijn tegenhanger van email, die van oudsher bij de hals nauwer is dan aan zijn voet. Een kan, een schrobber, twee kommen en een emmer met een deksel zijn basisbenodigdheden.

Weegschalen zijn heel belangrijk voor de pottenbakker, niet alleen om ingrediënten van glazuur af te meten, maar ook om klei af te wegen. Gebruik geen veerbalans; deze zijn niet alleen onnauwkeurig, maar ook zijn de schalen vaak veel te klein en werken ze trager dan een balans met gewichten aan de ene en het af te wegen materiaal aan de andere kant. Met een goede balans kun je heel kleine hoeveelheden – tot zo'n 5 gr – nauwkeurig afwegen, wat met een veerbalans nooit lukt. Je kunt ook de weegschaal en deegrol uit de keuken pakken, maar dat is niet verstandig omdat sommige pottenbakkersmaterialen ongezond, of zelfs giftig zijn.

Een volledige lijst van bruikbare gereedschappen zou nogal langdradig worden; in de meeste gevallen kun je met je gezonde verstand wel bedenken wat je nodig hebt. Glazen voorraadpotten met goed sluitende deksels, zoals beschreven in hoofdstuk 15, zijn heel geschikt voor glazuur en absorberende materialen (materialen die vocht uit de omgeving hebben opgenomen zijn niet alleen niet droog meer, maar ook zwaarder, zodat het gewicht niet meer klopt als je ze weegt). Je hebt sponzen nodig, synthetische en natuurlijke, deegrollen, kurken en penselen, en ook die moet je schoon houden. Het is belangrijk om voor kleiner spul, zoals stukken zeemleer, één plaats te reserveren, bijvoorbeeld een schap boven de draaischijf, omdat deze anders maar al te makkelijk tussen restanten klei of in de vuilnisbak kunnen belanden.

### Draaischijven

Als je een tweedehands draaischijf koopt moet je goed letten op mogelijke slijtage in de lagers waarin de kopschijf draait en bij een elektrische draaischijf op de weerstand die de motor kan hebben – dat wil zeggen, hoeveel druk je op de kopschijf kunt uitoefenen voor het aandrijfmechanisme slipt. Om dit te testen moet je proberen de op volle kracht draaiende draaischijf met twee handen aan weerszijden vast te pakken en tegen te houden. Als dat gemakkelijk gaat, moet je de schijf niet kopen. Ook voor nieuwe draaischijven is dit een goede test, want de aandrijfkracht loopt nogal uiteen. De koper van een nieuwe draaischijf heeft het probleem dat hij gewoonlijk uit een catalogus moet bestellen en dat hij de koopprijs en vervoerskosten moet betalen voor hij de kans krijgt de schijf uit te proberen. Voor een elektrische draaischijf heb je een stopcontact nodig, maar geen krachtstroom. Hij moet goed in het licht staan, bij voorkeur onder een raam. Als de spatbak onder de kopschijf een afvoer heeft, is dat vermoedelijk in de vorm van een korte buis of slang, waaruit de kleislib vrijuit over de vloer van het atelier kan lopen. Deze afvoer moet je niet in de gootsteen leiden, omdat die door de klei al heel gauw verstopt raakt; het beste is een bak waarin de klei kan bezinken (bijvoorbeeld een oude porseleinen gootsteen) die voorzien is van een overloop met afvoer. De hierin bezonken klei kan er dan regelmatig uit worden geschept en opnieuw gebruikt. Als er geen afvoer is, zet dan een zo groot mogelijke bak onder de slang en maak deze leeg voor hij overloopt. Sommige draaischijven hebben een plastic spatbak die je alleen leeg kunt maken als je eerst de draaikop eraf haalt, wat onhandig is.

### Opslagruimte

Ik heb nog nooit een pottenbakkersatelier gezien dat niet te kampen had met een gebrek aan kastruimte. Potten die staan te drogen, die je nog moet glazuren, afwerken of bakken, en voltooid werk dat getoond wordt moeten allemaal een plek hebben. Werkbladen moeten vrij blijven, dus wat je nodig hebt zijn verstelbare schappen. Je ontdekt natuurlijk pas dat de enige lege plank die je over hebt te laag is op het moment dat je er een zojuist gemaakte pot op wilt schuiven. Maak dus eerste de nodige ruimte voor je een stel potten gaat bakken. Losse schappen die rusten op dwarslatten tussen staanders, als ladders, zijn het makkelijkst te verstellen, maar ze kunnen ook op hoeksteunen rusten die aan de muur zijn bevestigd.

Ook als je er niet elke dag bezig bent, heeft een atelier aan huis het voordeel dat je regelmatig kunt kijken hoe de pasgedraaide potten erbij staan. Je hebt ook veel minder behoefte aan een vochtige kast dan awanneer je alleen elke week naar een cursus gaat. Toch kan het ook de thuispottenbakker overkomen dat een voorraad te drogen gezette potten in een nacht kurkdroog wordt, vooral als de oven aan staat. Een min of meer luchtdichte kast is dus geen overbodige luxe. Als een dergelijke 'vochtige' kast van hout is gemaakt zal hij kromtrekken en als hij van metaal is zal hij zeker roesten, dus gebruik een oude kast die weinig waard is. Met de hand opgebouwde potten kun je in plastic tassen vochtig houden, maar geen gedraaide potten, waarop elke aanraking sporen achterlaat. De beste manier om een juist gedraaide pot vochtig te houden is er een andere pot of een bus omgekeerd overheen zetten en de rand daarvan af te dichten met een kleiring. Dit soort extreme maatregelen zijn maar zelden nodig in een atelier dat regelmatig gebruikt wordt en het is zowel voor de potten als in verband met de ruimte goed om te zorgen dat dingen niet te lang blijven staan.

Er is werk, zoals het drogen van tegels, dat behoorlijk wat tijd en ruimte opeist. Datzelfde geldt voor glazuurproefjes, glazen kannen, klei voor hergebruik, ovenplaten en ander oven-stapelmateriaal. Goed gelukte potten zijn gauw weg, zodat je met hele en halve mislukkingen blijft zitten. Het is heel deprimerend om steeds het minste werk om je heen te hebben; neem dus een flink besluit en gooi het weg.

### Doe het zelf

Ik heb een tante die, met meer liefde dan oordeelsvermogen, een grote verzameling heeft aangelegd van de onbeholpen probeersels die ik tijdens mijn leerproces als pottenbakker heb gewrocht. Nog deprimerender dan een fotoalbum van je kinderjaren is deze keurig geordende, maar gelukkig zelden gebruikte, verzameling slecht geglazuurd en te zwaar serviesgoed, artistieke experimenten, pogin-

Oude en moderne boerenpotten zijn vaak van een verbluffend hoog niveau.

gen tot wasafstotingstechniek en engobedecoratie, of samengestelde bouwsels die zo slecht uitgebalanceerd zijn dat ze met een keer blazen zouden moeten omvallen, wat echter helaas nooit is gebeurd.

Het zien van deze al te blijvende overblijfselen van een moeizaam leerproces herinnert je weer aan je wanhopige pogingen een lelijk misbaksel uit de wereld te helpen, dat je echter met geen mogelijkheid op de rand van de vuilnisemmer stuk geslagen kreeg. In tegenstelling tot de jeugdzonden van een architect, die ten eeuwigen dage blijven staan tot ergernis van iedereen, is slecht pottenbakwerk, behalve als het in de handen van mijn tante valt, gelukkig maar een kort leven beschoren. De zware en onhandige kan, de onpraktische en slecht afgewerkte vaas, de saaie steengoedschaal, ze ondermijnen de trots die je stelt in je werk – doe ze dus weg. Anderzijds geeft een mooie pot je weer moed. Ontevredenheid met de kwaliteit van je werk moet niet tot wanhoop leiden, maar juist een aansporing zijn om het de volgende keer beter te doen, en daaraan je tijd en energie te besteden.

Hoe de potten uitvallen is mede afhankelijk van je stemming, en soms lijkt het, vooral bij het draaien op de schijf, of er niets meer lukt en je achteruitgaat in plaats van vooruit. Zelfs de meest ervaren draaiers hebben hun mindere dagen, waarop ze beter niet op de schijf kunnen werken, maar een andere techniek kunnen kiezen. Er zijn zoveel manieren om je met keramiek bezig te houden dat je nooit stil hoeft te zitten.

Als leraar ben ik altijd weer aangenaam verrast door de rijkdom aan ideeën en vaardigheden van de mensen die aan hun eerste keramiekles beginnen. Dat zakt weer een beetje als iemand me vertelt dat het hem of haar vooral te doen is om originele kerstcadeautjes voor vrienden en kennissen te maken (wat sowieso een heksentoer is als de cursus pas in september begint), maar beginners pakken al vlug een of enkele technieken op, en afwisseling in het werk houdt de moed erin. Als beginners serviesgoed willen maken, versierde schalen, plastieken zonder gebruiksfunctie, of geschilderde tegelpanelen, dan is daar niets op tegen.

Door zelf met klei aan de gang te gaan krijgen mensen meer gevoel voor keramiek in het algemeen, worden kritischer ten opzichte van fabrieksproducten en meer geïnteresseerd in oude en moderne keramische kunst in musea en galeries. Eén korte les elke week doet verlangen naar meer, en beginnende pottenbakkers kunnen veel inspiratie opdoen op tentoonstellingen, waar de confrontatie met het werk en het niveau van anderen kan leiden tot een geheel nieuwe benadering van het onderwerp. Het emotioneel expressieve materiaalgebruik in moderne keramische plastieken kan bezoekers van galeries heftig choqueren of zelfs hun boosheid opwekken over de manier waarop sommige keramiekkunstenaars zich afzetten tegen traditionele opvattingen. Klei heeft altijd tot de verbeelding gesproken, en de enige conclusie die na vijf- of zesduizend jaar van experimenten, traditie en reactie valt te trekken is die van de verbluffende continuïteit van deze kunstvorm. De vorm van een kleine open kom van klei is nog net zo basaal – en heeft hetzelfde rijke potentieel – als in de tijd van Mycene, Akhnaton of Atahualpa. Kwalitatief haalt de moderne schaal het echter meestal niet bij deze voorbeelden.

Veel leveranciers brengen goed geïllustreerde catalogi uit die een schat aan informatie bevatten. Er zijn ook een aantal uitstekende boeken op de markt, maar het beste is *Het Pottenbakkersboek* van Bernard Leach, waarin de opwinding en de voldoening van het pottenbakken als hobby en als roeping prachtig zijn beschreven.

Over de hele wereld zijn er ontelbare keramiekateliers en -coöperaties en het is niet moeilijk in contact te komen met de pottenbakkers die er werken. Je hoeft niet per se bij een vereniging of groep te horen om je als pottenbakker te ontwikkelen, al krijg je daar wel altijd een zekere polarisatie van meningen – het soort van krachtmeting dat kunst levend maakt. De nadruk valt ofwel op het functionele ontwerp van objecten die oorspronkelijk en ook nu nog bedoeld zijn als tafelgerei, ofwel op de esthetische en emotionele kracht van het medium klei als artistieke communicatievorm. Het enige kunstmatige hierbij is deze tweedeling. Goede potten communiceren hun kwaliteit en schoonheid ook lang nadat de discussies zijn verstomd.

Tegeltjes van Johannes Peters, gedecoreerd met reliëfwerk en witte slib en geschilderd met kobaltoxide voor een transparant glazuur is toegevoegd. Steengoed.

## Verklarende woordenlijst

De definities van de meeste ruwe grondstoffen die worden gebruikt in klei en glazuur worden gegeven in hoofdstuk 14, bladzijden 115-117. *Cursief* gedrukte woorden worden elders in de woordenlijst verklaard.

**Aardewerk** Geglazuurde keramiek die wordt gebakken op een temperatuur van rond 1000-1100 °C, waarbij de *scherf* poreus blijft.

**Afdraaien** Bijwerken van het profiel van werkstukken op de draaischijf op het moment dat ze leerhard zijn, om ze hun definitieve vorm te geven. Soms blijft dit beperkt tot het verwijderen van de afdrukken van de mal op gegoten stukken.

**Batwash** Mengsel van flint en water dat dun wordt geschilderd op ovenplaten waarop glazuurdruppels zijn gedropen, om te voorkomen dat de potten er bij het bakken aan vastplakken.

**Biscuit** Keramiek die, na éénmaal bakken, niet meer oplosbaar maar wel poreus is, zoals een bloempot.

**Carbonisatie** De permanente verkleuring van de klei doordat er tijdens het branden kooldeeltjes in doordringen. De donkere lijntjes in *raku*-goed ontstaan door koolstof in de scheurtjes in het glazuur, als de pot gloeiend heet in bladeren of zaagsel wordt geplaatst.

**Celadon** *Steengoed*glazuur dat ijzer bevat en groene, grijze en blauwgrijze kleuren geeft in *reductiebrand*.

**Chamotte** Gebakken klei die is vermalen tot korrels die in grofte variëren van die van bloem tot rietsuiker. Chamotte, ook schervenmeel genoemd, wordt toegevoegd aan *plastische* klei om de droging te bevorderen, de textuur te verbeteren of krimp tegen te gaan.

**Craquelé** Kan een fout of een bewust gezocht effect zijn. Als glazuurfout, als er na afkoeling haarscheurtjes in een gladgebrande glazuurlaag optreden als het glazuur sterker krimpt dan de *scherf*. Een netwerk van fijne scheurtjes in het glazuur kan ook een bewust gezocht decoratief effect zijn.

**Doorgaren** De temperatuur waarop het goed verglaast in de oven wordt, in plaats van de oven uit te schakelen, tien minuten of langer aangehouden om het glazuur een 'rijper' karakter te geven.

**Drukmal** Strikt gesproken een gipsen mal bestaande uit twee delen die wanneer ze worden samengedrukt als een wafelijzer de klei in de gewenste vorm persen. De naam wordt echter meestal gebruikt voor een eendelige mal waarin klei met de hand of een gereedschap wordt gedrukt.

**Engobe** of **slib** Gekleurde, vloeibare klei waarmee werkstukken gedecoreerd kunnen worden (zie hoofdstuk 18).

**Extrusiepers** Een meestal aan de muur opgehangen apparaat waarmee *plastische* klei onder druk door een matrijs geperst kan worden tot rollen of buizen met een homogene doorsnede.

**Fritte** Glazuurmateriaal bestaande uit *vloeimiddel* en silica die samen zijn gesmolten en daarna vermalen tot een fijn poeder.

**Gemengde technieken** Keramiek kan zijn samengesteld uit onderdelen die op verschillende manieren gedraaid of met de hand kunnen zijn gevormd. Zo kan een kandelaar zijn samengesteld uit een van plakken opgebouwde voet, een met rollen opgebouwde steel en gedraaide kaarshouders.

**Gietklei** Klei die, anders dan *engobe*, met *vervloeiingsmiddelen* vloeibaar is gemaakt en waarvan werkstukken in mallen worden gegoten. (zie hoofdstuk 13)

**Gladbranden** Stookproces, vaak volgend op het biscuitbranden, waarbij de glazuurlaag op de voorwerpen wordt gesmolten.

**Hulpplaat** Verplaatsbare, meestal ronde schijf van hout, metaal, plastic, gips of gebakken klei waarop werkstukken kunnen worden gezet bij het draaien, afwerken of te drogen zetten.

**Kapsel** Meestal ronde doos gemaakt uit vuurvast materiaal waarin werkstukken in een oven zonder *moffel* worden geplaatst om ze tegen de hitte of de vlammen te beschermen.

**Kopschijf** De vlakke schijf op de as van een draaischijf, waarop het werkstuk voor het draaien wordt geplaatst.

**Leerhard** of **kaashard** Een belangrijk stadium in de ontwikkeling van een pot van rauwe klei tot voltooide keramiek. Leerharde klei is zo droog dat ze niet aan je vingers plakt, maar zo vochtig en zacht dat je ze nog kunt bewerken zonder gevaar voor barsten of andere schade.

**Lomer** Niervormige schraper gemaakt van buigzaam metaal, rubber of hout waarmee *leerharde* klei wordt afgewerkt.

**Majolica** *Aardewerk* geglazuurd met een dekkend tinglazuur, daarna beschilderd met oxiden. De Italiaanse naam majolica is afgeleid van Mallorca, in het Frans heet het faïence, in het Engels Delftware (naar Delft); van oorsprong is het waarschijnlijk Noord-Afrikaans of Perzisch.

**Moffel** Vuurvaste kamer in een op brandstoffen gestookte oven; de werkstukken worden hierin geplaatst om ze tegen de vlammen te beschermen.

**Ontvlokkingsmiddelen** Stoffen die door hun chemische reactie met *plastische* klei deze vloeibaar maken zonder de toevoeging van water. Natriumsilicaat en natriumcarbonaat zijn twee van zulke wondermiddelen.

**Opzwellen** Een blaar veroorzaakt door in de *scherf* opgesloten gas dat tijdens het bakken uitzet. Opzwellen veroorzaakt vooral problemen bij het *gladbranden* op hoge temperaturen.

**Oxiderend stoken** Stoken van de oven met voldoende zuurstof, zodat de verbranding volledig is en de metaaloxiden in scherf en glazuur hun eigen kleur behouden.

**Papierklei** Door de toevoeging van natte papierpulp aan gewone *plastische* klei, in verhoudingen tot 50%, ontstaat een materiaal met grote plasticiteit, verminderde krimp en grote hechtkracht van samengevoegde onderdelen. Vooral voor sculptuur en handvormtechnieken biedt dit material grote voordelen.

VERKLARENDE WOORDENLIJST **189**

**Plastische klei** Plastische klei is zo zacht dat ze bewerkt kan worden, maar ook zo stevig dat ze haar vorm behoudt.

**Porselein** Wit *steengoed*, gewoonlijk doorschijnend, gemaakt van klei bestaande uit veldspaat, kaolien, flint en krijt.

**Raku** Op zeer lage temperatuur gebakken keramiek. De techniek berust op het zeer snel gladbranden van *biscuit*goed dat dik met lage-temperatuurglazuur is bedekt, gevolgd door zeer snelle afkoeling, vaak met behulp van koud water.

**Rauwe klei** Rauwe klei is ongebakken klei en rauwglazuren is het aanbrengen van glazuur op een ongebakken werkstuk. Scherf en glazuur worden in één keer samen gebakken, iets dat ook wel het éénbrandprocédé wordt genoemd.

**Reductiebrand** Bakken van keramiek in een zuurstofarme atmosfeer, ofwel doordat de zuurstoftoevoer wordt beperkt, ofwel doordat er materiaal in de oven wordt gebracht dat de aanwezige zuurstof aan zich bindt. Reductiebrand wordt toegepast bij *steengoed* en heeft het effect dat de kleur van metaaloxiden in de klei wordt teruggebracht tot die van de metalen zelf. Zo krijgt groen koperoxide weer de oranjeachtige tinten van koper. Reductie wordt gedurende korte tijd toegepast tegen het eind van de oplopende temperatuurcurve.

**Rijpheidstemperatuur** De temperatuur waarop het glazuur de hoogste kwaliteit bereikt. Een afwijking van 10 °C onder of boven deze temperatuur kan het resultaat al bederven.

**Samengestelde potten** Gewoonlijk potten die zijn samengesteld uit verschillende gedraaide onderdelen.

**Scherf** De klei waarvan de pot is gemaakt, in onderscheid met decoratie en glazuur.

**Segerkegels** Eigenlijk geen kegels maar smalle kegelvormige staafjes, genoemd naar de uitvinder, waarmee in een oven de ontwikkeling van de hitte in de tijd kan worden gevolgd. De kegels zijn gemaakt van een keramisch materiaal van een zodanige samenstelling dat ze bij een precies bepaalde temperatuur smelten en doorbuigen.

**Standring** Cirkel van klei als voet onder gedraaide of met de hand opgebouwde potten. De standring verheft de vorm boven het oppervlak waarop hij staat. Bij een gedraaide pot wordt hij bij het *afdraaien* gevormd.

**Steengoed** Geglazuurde keramiek waarbij zowel de *scherf* als het glazuur door het bakken op temperaturen boven de 1200 °C zijn dichtgesinterd (verglaasd) tot een niet-poreuze staat.

**Vloeimiddel** of **Flux** Stoffen die het smelten van silica tot glazuur bevorderen.

**Walken** (en **doorslaan**) Smeuïg en plastisch maken van klei. De bonk klei wordt gekneed, in plakken gesneden, deze plakken worden met kracht op elkaar geslagen en het kneden begint opnieuw.

**Wegtrekken** Meestal als gevolg van vet of stof op de biscuitpot ontstane glazuurfout waarbij het glazuur zich samentrekt zodat kale en altijd lelijke 'littekens' ontstaan. Zie hoofdstuk 14.

**Zeefdruk** In de industrie veelgebruikte decoratietechniek waarbij kleurstoffen vermengd met een vloeibaar medium door een fijne zeef worden gedrukt waarvan gedeelten met was ondoordringbaar zijn gemaakt. Het ontwerp van de versiering is dus het 'negatief' van het was-ontwerp op de zeef; voor een ontwerp in meerdere kleuren kunnen meerdere zeven worden gebruikt.

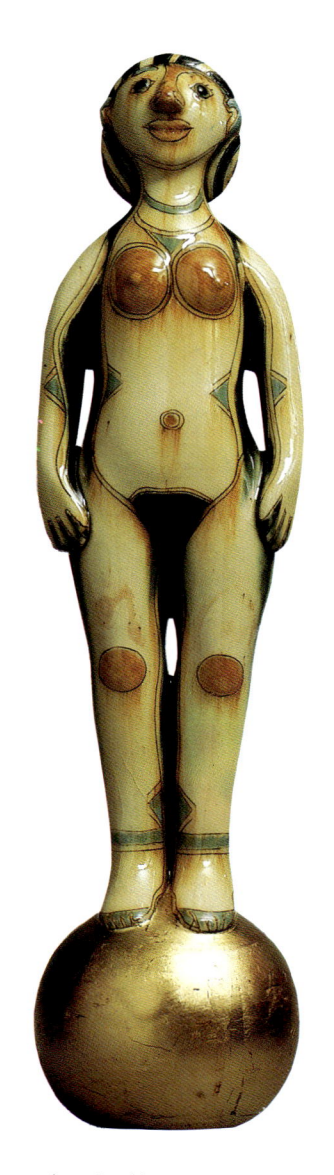

Figuur door Jac Hansen

## LEVERANCIERS

Delfos
Hoge Rijndijk 151
2382 AE Zoeterwoude
tel. 071-5410267

Silex
De Meerheuvel 5
5221 EA 's-Hertogenbosch
tel. 073-6312528

Keramikos
Prinses Beatrixplein 24
2033 WH Haarlem
tel. 023-5351587/5354085

Veka
Veemarkt 192-194
1019 DG Amsterdam
tel. 020-6656511

### België

Colpaert
De Gentse Vuurvaste Producten BVBA
Groendreef 51
9000 Gent
tel. 0032-92262826

Van Leemputten
Ondernemersstraat 9
2500 Lier
tel. 0032-34805272

# INDEX

*Cursief* gedrukte paginanummers verwijzen naar illustraties

aardewerk, 10-13, *13*
   glazuren, 114, 133, *133*
afdraaien, 48, 57-63, *58-63*
   gereedschap, 60, *60*
   op hulpstukken, 60, 62-63, *62*
   standringen, 58-59, 61, *61*
antimoonoxide, 115
asglazuren, 131-132, *131, 132*
   recepten, 136, *136*

ball clay, 117
bandmirette, 60, *60*
bentoniet, 117
biscuitwerk, 10
blaren, 139, *139*
bolle mal, 102, *102, 105*
   maken, *105*
borax in glazuren, 114
brit (theepot), 48, *48*

canneleren, 152, *152*
centreren, klei, 21-22, *20-22*
   leerharde potten, 58-59, *58, 60*
chamotte 17, 71, 93, 181
'chatter' techniek, 153, *153*
china-klei, zie kaolien
chroomoxide, 116
coilen, zie kleirolpotten
Cornish stone, 117
craquelé, 137-138, 181

decoratie, 10, 128-129, 141-171, *140-171*
   afstoottechniek met papier, 158, *167*
   afstoottechniek met was, 166-167, *166*
   canneleren, 152, *152*
   'chatter' techniek, 153, *153*
   dompelen, 165-166, *165*
   engobe, 109, 140, 154-158, *155-157*
   facetteren, 152, *152*
   inkerven, 151, *151*
   inlegwerk, 154, *154*
   kamtechniek, 155, 158, *159*
   luster, 170, *171*
   opglazuurverven, 170
   oxideschildering, 160, *160*
   perforeren, 151
   rauwpolijsten, 160-161, *161, 172*
   reliëfapplicatie, 151
   sgraffito, 158, *158*
   sponspatroon, *167*
   stempelen, 149-151, *149-151*
   van biscuitwerk, 165-171, *164-171*
   van de rauwe scherf, 149-161, *148-161*
   veelkleurige klei, 143-145, *142-147*

deksels, 46-48, *47, 48*
   afdraaien, 48, *63*
   glazuren, 125
   knoppen voor, *49, 63*
dikte controleren, 60-61
dolomiet, 115, 117
doorgaren; 178
doorslaan: 15-17
draaien, 19-63, *18-63*, 181
   afwerken, 35, *35*
   bolle vormen, 28, *28*
   cilindervormen, 25-27, *27-29*
   gemengde kleisoorten, 145, *145, 146*
   insnoeren, 28, *28*
   klei centreren, 21-23, *21-22*
   openen, 25-27, *25*
   op hulpplaat, 37, *37*
   profielen, 31, *31, 37*
   randen, 29, 34-35, *34*
   schenktuit, 48-49, *48-49*
   van de mast, 23, *23*
   voor linkshandigen, 23
   werkstuk van de draaischijf afhalen, 36, *36-37*
draaischijf, 21, 186
drogen, 57, 75
drukmallen, 101-102, *101*, 155
   maken, 102-105
duimpotten, 89-93, *88-95*, 181

éénbrandprocédé, 10, 137
engobe, 102, 154-158, *155-157*
extrusie, 98-99, *99*

facetteren, 152, *152*
ferrioxide, 116
fileren, 122, 125
flens, 48, *48*
flint, 117

galeniet glazuur, 114
gereedschap, afdraaien, 60, *60*
   klei snijden, 16
   rauwpolijsten, 160
   trimmen, 35
gietklei, 107-109, *107-109*, 181
   bereiden, 107-108, *107*
   decoratie van gegoten werk, 109
   mallen uit één stuk, 108-109, *108*
gipsmallen, 102-105, *103-105*
gladbranden, 10-13, *10*, 113, 177-178
glazuur, 110-139, 181
   aardewerk, 114, 133, *133*
   as-, 131-132, *131, 132*, 136, *136*
   bereiden, 119, *119*, 125-127, *127*
   bestanddelen, 113-117
   bewaren, 127
   gladbranden, 10-13, *10*, 113, 177-178
   opbrengen met penseel, 168-179, *169*
   porselein, 136, *36*
   steengoed, 115, 134-135, *134*
   testen, 127

toepassingen, 119-125, *119-126*, 165-166, *165-166*, 168-170, *168-169*

handvormtechnieken, 10, 66-109
handvatten, 42-45, *42-45*
holle mallen, 101-102, *101, 155*
   maken, 102-105
houtas, glazuur, 131-132, *131, 132*
hulpplaat, draaien op, 37, *37*

ijzeroxide, 116
inkerven, 151
inlegwerk (intarsia), 154, *154*
inrichting atelier, 185

jigger, 98, *98*
jolley, 98, *98*

kalium, in asglazuren, 131-132
kamdecoratie, 155, 158, *159*
kannen, glazuren, 124-125, *124-125*
   gietbek, 41, *41*
kaolien, 9, 117
kapsels, 183, *183*
kegels, 176-177, *177*
klei, 8-10, 15, 70, 181
   additieven, 17
   gietklei, 107-108, *107*
   groen, 63
   kaashard, 57
   leerhard, 57
   opslaan, 17
   prepareren, 15-17, *14-17*
   veelkleurige, 143-145, *142-147*
kleiroltechniek, 69-75, *68-77*, 181
   afwerken, 73, 75
   opbouwen, 71-75, *71-72*
   rollen maken, 70-71, *70-71*
kleuren klei combineren, 143-145, *143-147*
   gekleurde engobe, 156
kleurmiddelen, glazuur, 115, 116
   in de klei, 17
kneden, 15-17, *15-17*
knoppen voor deksels, 46, 48, *49, 63*
kobaltoxide, 116
koelscheuren, 139
kommen, draaien, 32-33, *33*
   afdraaien, 62
koperoxide, 116
krijt, 117
krimp, 10, *10*
   bij gietklei, 107
kwarts, 117

lomer, 35, *35*
lood in glazuur, 114, 181
luchtbellen, 29

majolica, 13, 115, 170

mallen, 101-105, *100-105*
   bolle drukmallen, 102, *102*
   decoraties op malvormen, 102, *155*
   holle drukmallen, 101-102, *101*
   maken, 102-105, *103-105*
mangaandioxide, 116
millefiori-techniek, 143, *145*

nefelien syeniet, 117
neriage, 143, *145*
nikkeloxide, 116

onderglazuur, 168
onderverhit glazuur, 139
ontvlokkingsmiddelen, 107
opaakmakers, 115
opdampglazuur, 136-137, 178-179, *178*
openen, 25-27, *25*
opglazuurdecoratie, 168
opslaan van klei, 17
   glazuren, 127
   juist gedraaide potten, 186
opzwellen, 139, *139*
oren, 42-45, *42-45*
ovens, 10-13, 175-179, *175-179, 180*, 185
   bouwen, 178-179, *179*
   kegels, 176-177, *177*
   laden, 176, *177-178*
   lichtgewicht, 179, *179*
   ontwerp, 175
   raku, 180-181, *182-183*
   sodaglazuur, 178-179, *178*
   zaagsel, 179
   zoutglazuur, 179
oververhit glazuur, 139
oxidatiebrand, 178
oxiden in glazuren, 115
   schilderen, 160, *160*

papierklei, 92-93, *92-93*
perforeren, 151
plakken, potten opbouwen uit, 79-85, *78-87*, 181
   samengestelde potten, 85, *85*
   samenvoegen van onderdelen, 80, *81-82, 84*
porselein, 12, *13*, 93
   glazuur, 136, *136*
   gietklei, 107-109

raku, 181-183, *180-183*
randen, 28, 29, 34-35, *34, 46*
rauwglazuren, 10, 137
rauwpolijsten, 59, 76, 160-161, *161*
reductiebrand, 178, 183
   met zaagsel, 183-184, *183*
reliëfapplicatie, 51
ribben, 57, 153
ringeloor, 157, *156, 157*

samengestelde potten, 52-53, *52-53, 64-65, 84, 85*
samentrekken van glazuur, 138, *138*
schenktuit, 41-42, *42*
schervenmeel, zie chamotte
sculptuur, met plakken, 84
   extrusie, 99
sgraffito, 158, *158*

slib, zie engobe
sodaglazuur, 136-137, 137, 178-179, 178
spaartechniek met papier, 158, 167
speldenprikken, 138, 139
spiraalsgewijs kneden, 16, 16
sprigging, 151
spuiten van glazuur, 119
standring, 58-59, 61, 61
steel, als handvat, 43, 43
steengoed, 10-13, 10
   glazuren, 115, 134-135, 134
stempelen, 149-150
stoken, branden, 10-13, 173-183, 172-183
   aardewerk, 10-13
   biscuitbrand, 10, 176-183
   gladbrand (glazuurbranden),10-13, 10, 113, 177-178
   in kapsels, 183, 183
   oxiderend, 178
   steengoed, 10-13, 10
   raku, 180-181, 182-183
   reducerend, 178, 183

talk, 117
tegels, snijden, 97, 97
   decoreren, 150, 171, 171
tekening, sgraffito, 158
   met engobe, 157, 157
tinglazuur, 13, 115
tinoxide, 115
titaniumoxide, 115
triangel
theepotten, 46-49, 47-51, 54-55
   glazuren, 124-125, 124-125
tuit, draaien, 48, 48
   vastzetten, 48-49, 50

uraniumoxide, 116

vanadiumoxide, 116
veereffecten, 102, 155, 156
veldspaat, 115, 116-117
vloeimiddelen, 114, 115, 117
vochtige kast, 57, 186

wax-resist, 166-167, 166
werkbank, 185
werkplaats, 185-186

zaagsel, stook in, 182-183, 183
zeefdruk, 170-171
zegels, 149-150
zeven, van glazuur, 119, 119
zinkoxide, 115
zirkoon, 115
zoutglazuur, 136-137, 136, 178

## FOTOVERANTWOORDING

De uitgever dankt de volgende pottenbakkers, fotografen en organisaties voor hun welwillende toestemming hun foto's in dit boek op te nemen:

David Cripps; 2-3 met dank aan Antony Gormley, foto David Cripps; 4 met dank aan Betty Woodman, Max Protetch Gallery, New York; 6 Cornelia Klein/Harald Mühlhausen; 8-9 foto Michael Holford; Rudolf Staffel - 'Light Gatherer', foto Eric Mitchell, met dank aan Helen Drutt Gallery, Philadelphia; 13 Catherine Vanier; 26 boven Ursula Scheid; 27 rechts Herbert Wenzel, Duitsland; 32 boven Thomas Ward/Bonhams; 34 boven Edouard Chapallaz; 38 links Heijn Severijns/Keramikmuseum Westerwald; 38 rechtsboven Robert Turner/Dorothy Weiss Gallery, San Francisco, Californië; 38 rechtsonder Janet Mansfield 'Flower Vase', in houtoven gebakken in haar anagama-oven in Gulgong, Nieuw-Zuid-Wales, Australië, foto Roger Deckker; 39 linksboven Peter Voulkos, foto Joe Schopplein; 39 linksonder Michael Casson, met dank aan *Ceramic Review*; 39 rechts Thomas Ward/Bonhams; 43 boven Jane Hamlyn, met dank aan *Ceramic Review*; 44 boven foto Harry Fostell/ Canadian Museum of Civilization; 45 boven Theresia Hebenstreit, Wiesbaden; 47 boven Carol Roorbach; 49 rechts Stephen Brayne/Abersytwyth Art Centre; 52 boven Peter Kinnear; 53 Thomas Ward/Bonhams; 54 rechtsboven Jane Hamlyn; 54 linksboven David Cripps; 55 boven Los Angeles County Museum of Art, geschonken door Howard en Gwen Laurie Smits; 55 rechtsonder Michael Casson, met dank aan *Ceramic Review*; 59 boven Duncan Ross; 61 Thomas Ward/Bonhams; 63 boven Nicholas Homoky, met dank aan *Ceramic Review*; 64 links Thomas Ward/Bonhams; 64 rechtsboven Ruth Duckworth, Dorothy Weiss Gallery, San Francisco, Californië; 64 rechtsonder Thomas Naethe; 65 boven Beatrice Wood/Garth Clark Gallery, foto John White, privé-collectie; 65 onder Paulien Ploeger, foto Erik Hesmerg; 66 David Cripps; 70 boven David Roberts; 73 boven Betty Blandino, foto G.O. Jones; 74 Galerie Besson/Alev Ebüzziya Siesbye, foto Michael Harvey; 75 Michael Holford; 76 linksboven Thomas Ward/Bonhams; 76 rechts Martin Lewis, foto Bob Chegwidden; 77 Galerie Besson/Jennifer Lee; 79 boven Thomas Ward/Bonhams; 83 Los Angeles County Museum of Art, toegezegd door Howard en Gwen Laurie Smits; 84 onder Cornelia Klein/Harald Mühlhausen; 85 boven Philippe Lambercy; 85 onder Evelyn Klam/Keramikmuseum Westerwald; 86 Carmen Dionyse, foto Bollaert; 87 linksboven Torbjorn Kvasbo; 87 rechtsboven Ard de Graaf; 87 linksonder David Cripps; 87 Paul Soldner, met dank aan The Louis Norman Galleries, Beverley Hills; 90 links Richard De Vore; 93 boven Mary White; 94 linksboven Elspeth Owen, foto Nicolette Hallett; 94 rechtsboven Mary White; 94 onder Mary Rogers; 95 rechts Mary White; 95 linksonder Johann van Loon; 97 boven Froyle Tiles; 99 boven Emily Myers; 103 Thomas Ward/Bonhams; 104 onder Suzy Atkins, foto Soisson; 106 Sasha Wardell, foto Nicole Crestou; 107 boven Jeroen Bechtold, foto René Gerretzen; 108 boven Dieter Balzar; 109 boven Johann van Loon; 110 Janice Tchalenko; 113 Young Jae Lee; 114 Stephen Brayne/*Ceramic Review*; Edouard Chapallaz; 116 Catherine Vanier; 117 Thomas Ward/Bonhams; 119 boven Tove Anderberg, foto Tom Lauretsen; 124 boven Stephen Brayne/*Ceramic Review*; 126 Thomas Ward/Bonhams; 128 Vaughn Smith; 129 rechts Gilles Le Corre, foto Chris Honeywell; 129 linksboven Robin Welch; 129 linksonder Jac Hansen; 133, met dank aan Betty Woodman, Max Protetch Gallery, New York; 134 linksboven Stephen Brayne/Abersytwyth Art Centre; boven Thomas Ward/Bonhams; 139 onder Peter Kinnear; 146 links foto Harry Foster/Canadian Museum of Civilisation; 146 rechts Galerie Besson/Lucie Rie; 147 Galerie Besson/Claudi Casanovas; 147 onder Galerie Besson/Ewen henderson; 149 boven Paul Soldner, met dank aan *Ceramic Review*; 149 onder Alphabet and Image; 150 Tom en Elaine Coleman; 151 Thomas Ward/Bonhams; 153 boven Galerie Besson/Vladimir Tsivin; 154 Peter Kinnear; 155 rechts Thomas Ward/Bonhams; 158 boven David Cripps; 159 rechts privé-collectie, foto John Colls; 160 rechtsboven Rita Ternes; 160 linksboven Carmen Dionyse, foto Heyrman Graphics; 162 boven met dank aan Astrid Gerhartz, foto Grosse; 162 onder David Cripps; 163 links Rudy Autio; 163 rechtsboven Thomas Hoadley; 163 rechtsonder Elisabeth von Krogh; 165 boven Thomas Ward/Bonhams, © Dacs 1994 (Pablo Picasso - 'Vase Itzteque aux quatre visage', 1968); 166 Sandy Brown; 170 Jean-Claude de Crousaz; 171 boven Explorer/A. de Guise; 182 boven Wayne Higby - 'Midsumer's Bay', met dank aan de Helen Drutt Gallery, Philadelphia; 187 onder Johannes Peters; 189 Jac Hansen.

De volgende foto's zijn speciaal voor Conran Octopus gemaakt door Adam Birks-Hay: 71 onder, 92, 93 onder, 178, 179. Alle andere foto's zijn speciaal voor Conran Octopus gemaakt door Peter Kinnear.

We hebben alles in het werk gesteld om de houders van auteursrechten te achterhalen en verontschuldigen ons bij voorbaat voor eventuele onbedoelde omissies, die wij in volgende edities van dit werk graag zullen herzien.

## WOORD VAN DANK

Tijdens de voorbereiding van deze nieuwe uitgave hebben een groot aantal professionele pottenbakkers en leraren veel van hun tijd geofferd om zich te laten fotograferen en te helpen vorm en inhoud van dit boek te perfectioneren. Vanwege de overstelpende hoeveelheid illustraties uit vijf werelddelen zijn honderden foto's die welwillend waren afgestaan door Abigail Ahern, Harald Mühlhausen en vele anderen uiteindelijk niet opgenomen. Op de pagina's van dit boek zien we de vertrouwde gezichten en het werk van vooraanstaande pottenbakkers, te veel om ieder afzonderlijk op te noemen, maar ze weten hoe fotograaf Peter Kinnear en ik hun hulp op prijs hebben gesteld. Speciale dank gaat uit naar Cyril Frankel, Anita Besson, Bonhams, Albert Clamp, in het bijzonder John Leach en leden van het team van Muckelney Pottery, Bryan en Julia Newman, Betty Blandino, Gabriele Koch, David Cowley en de studenten van Goldsmith's College, Londen, Deirdre Bowles, Mary Wondrausch, Jane Waller, Jennifer Lee, Mike Levy, *Ceramic Review*, Sylvie Girard, *Revue de la Céramique*, John Ford, Alan Caiger-Smith, Claude Champy, Garth Clark, Gunnar Jakobsen, Thea Burger, Nicholas Homoky, David Roberts, Ursula Ströh-Rubens, Janet Mansfield, Stephen Course en Dartington Pottery, uit de grote groep van sympathieke pottenbakkers.